**CURSO DE FORMACION
TEOLOGICA EVANGELICA**

**IV
La Persona y la Obra
de Jesucristo**

ESTE CURSO DE FORMACIÓN TEOLÓGICA EVANGÉLICA

consta de los siguientes títulos:

CURSO DE FORMACION TEOLOGICA EVANGELICA

Volumen IV
LA PERSONA Y LA OBRA DE JESUCRISTO

por

Francisco Lacueva

EDITORIAL CLIE
Ferrocarril, 8
08232 VILADECAVALLS (Barcelona) ESPAÑA
E-mail: libros@clie.es
Internet: http:// www.clie.es

LA PERSONA Y OBRA DE JESUCRISTO
CURSO DE FORMACIÓN TEOLÓGICA EVANGÉLICA V.04

© Editorial CLIE

ISBN: 978-84-8267-848-1

Printed in USA

Clasifíquese:
01 TEOLOGÍA: Cristología
CTC: 01-01-0023-04

ÍNDICE DE MATERIAS

INTRODUCCIÓN

El profesor Griffith Thomas comienza su precioso libro
Christianity is Christ de la siguiente manera:

«El Cristianismo es la única religión del mundo
que se basa en la Persona de su Fundador. Uno puede ser un fiel mahometano sin que tenga nada que
ver con la persona de Mahoma. Igualmente puede ser
un verdadero y fiel budista aunque no sepa de Buda
absolutamente nada. Con el Cristianismo pasa algo
totalmente diferente. El Cristianismo está ligado a
Cristo de un modo tan indisoluble, que nuestra visión
de la Persona de Cristo comporta y determina nuestra visión del Cristianismo.»[1]

Precisamente por eso, el verdadero fundamento de la
Iglesia como realidad histórica divino-humana es siempre
aquella respuesta de Pedro en Cesarea de Filipo, cuando
Jesús, tras informarse por sus discípulos de lo que las
gentes pensaban acerca de él, se encaró con los propios
apóstoles y les preguntó: «Y vosotros, quién decís que soy
yo?» La respuesta de Simón Pedro: «Tú eres el Cristo, el
Hijo de Dios viviente» (Mt. 16:15, 16)[2] constituye la profesión básica de la fe cristiana, y hace del mismo Pedro la
primera «piedra-confesante», primer cimiento (themelios)

---

1. Pág. 7.
2. V. también Lc. 9:20; Jn. 6:68-69.

de la Iglesia, edificada «sobre el fundamento de los apóstoles y profetas, siendo la PRINCIPAL PIEDRA DEL
ÁNGULO *(akrogoniaios)* Jesucristo mismo» *(Ef. 2:20,
comp. con 1 Cor. 3:11; 1 Ped. 2:4-8; Apoc. 21:14). Aquí se
cifra la valiente respuesta e interpelación de Pedro ante
las supremas autoridades judías, que Lucas relata en
Hechos 4:8-12, y que termina con aquel inolvidable versículo:* «Y en ningún otro hay salvación; porque no hay
otro nombre bajo el cielo, dado a los hombres, en que
podamos ser salvos.»

*La respuesta de Pedro, en Mateo 16:16, no es sólo «cris-
tológica», sino también «soteriológica». El concepto de
«Cristo» no queda agotado en una mera definición óntica
del «Hijo de Dios hecho hombre», sino que comporta esencialmente un matiz salvador, pues el Jesús («Yahveh salvará») que muere en la Cruz es el Cristo o «Ungido de
Yahveh», que viene a proclamar y a realizar la liberación
y la restauración de su pueblo (V. Is. 61:1-4). Óntica y
funcionalmente, el Hijo de Dios es indisoluble de nuestro
«Señor Jesús el Cristo». No es extraño que el arrianismo
y el nestorianismo que, bajo diferentes formas, han pulu-
lado a lo largo de la Historia de la Iglesia, hayan solido
ir del brazo de las diversas formas de pelagianismo que
nos han llegado hasta el presente siglo.*

*El ataque frontal que, desde el siglo pasado, se ha des-
encadenado contra la divinidad de Jesucristo, se ha desen-
cadenado igualmente contra la Biblia. No podía ser de
otro modo, ya que la Palabra revelada no puede divor-
ciarse de la Palabra encarnada. La desmitificación de la
Sagrada Escritura ha corrido paralela a la desmitificación
de la persona de Jesús: ambas han sido destituidas de su
carácter divino por el Modernismo bíblico. La Nueva Teología sin Dios, ha pretendido dejarnos un simpático y
amable Jesús, un gran hombre, lleno, sí, de buenas enseñanzas y de óptimas obras, pero también de yerros, fra-
casos e ilusiones marchitas. Todo el Nuevo Testamento
sería así la obra de unos entusiastas seguidores del Gali-*

leo, que habían idealizado su figura hasta elevarla al rango de una deidad adorable.

Sin embargo, el propio Juan Jacobo Rousseau se vio obligado a confesar: «Si la vida y muerte de Sócrates son las de un filósofo, la vida y muerte de Jesucristo son las de un Dios.»[3] *Y, antes y después de Rousseau, lo que el Padre ha escondido a los sabios y entendidos, lo ha revelado a la gente sencilla (V. Mt. 11:25). Sólo a los humildes y sencillos pertenece el Reino de los Cielos (V. Mt. 5:3ss.), porque ellos no necesitan un doctorado en Teología para descubrir el misterio de Cristo, sino que les basta con el hecho innegable, esgrimido como argumento decisivo, contundente, con certeza existencial, por el recién curado ciego de nacimiento:* «Si es pecador, no lo sé; una cosa sé, que habiendo yo sido ciego, ahora veo» *(Jn. 9:25). Millones y millones de seres humanos que han sido cambiados radicalmente,* regenerados, *por la Palabra de Dios y el poder del Espíritu, mediante la obra del Calvario, han confesado, confiesan y confesarán que Jesús es* «el Cristo, el Hijo de Dios viviente» *(Mt. 16:16) y* «el mismo ayer, y hoy, y por los siglos» *(Heb. 13:8).*

Sólo el Espíritu Santo puede tomar de Jesús e interpretárnoslo (V. Jn. 14:26; 16:15), de la misma manera que Jesús nos interpretó fielmente al Padre (Jn. 1:18; 14:9). El Hijo nos reveló el Amor; el Espíritu nos interpreta la Palabra. Es como si el Hijo nos revelara la calefacción divina, mientras que el Espíritu nos calienta la revelación. Por ser él también «Dador del Espíritu», *Jesús podía calentar lo que revelaba:* «¿No ardía nuestro corazón en nosotros, mientras nos hablaba por el camino, y cuando nos abría las Escrituras?» *(Lc. 24:32). Ese mismo Espíritu Santo calentará el corazón de todo aquel cuyo pensamiento esté dispuesto a ser llevado cautivo a la obediencia de Cristo (2 Cor. 10:5), a fin de que pueda conocer* «la gracia de nuestro Señor Jesucristo, quien por amor a nosotros se

---

3. Citado por el Prof. Griffith Thomas, *o. c.*, p. 113.

hizo pobre, para que nosotros fuésemos enriquecidos con su pobreza» *(2 Cor. 8:9). Un amor tan grande, que no cabe en este mundo, porque es un amor de cuatro dimensiones y requiere la respuesta de un amor semejante:* «para que habite Cristo por la fe en vuestros corazones, a fin de que, arraigados y cimentados en amor, seáis plenamente capaces de comprender con todos los santos cuál sea la anchura, la longitud, la profundidad y la altura, y de conocer el amor de Cristo, que excede a todo conocimiento, para que seáis llenos de toda la plenitud de Dios» *(Ef. 3:17-19).*

Queremos terminar esta introducción copiando, para nuestros lectores, una bella página de un autor anónimo o desconocido, con el título de CRISTO, EL INCOMPARABLE, y que, traducida del inglés, dice así:

«Bajó del seno del Padre al seno de una mujer. Se vistió de humanidad para que nosotros pudiésemos vestirnos de divinidad. Se hizo el Hijo del Hombre para que nosotros pudiéramos llegar a ser hijos de Dios. Llegó del Cielo, donde los ríos jamás se hielan, los vientos nunca soplan, nunca la gélida brisa enfría el aire, y las flores no se marchitan jamás. Allí nadie tiene que llamar al médico, porque allí nadie está jamás enfermo. No hay sepultureros ni tampoco cementerios, porque allí nadie se muere; nadie es jamás enterrado.

»Nació contra las leyes de la naturaleza, vivió en pobreza, fue criado en oscuridad. No poseyó riquezas ni utilizó influencias, como tampoco fue a colegios ni dispuso de profesores particulares. Sus familiares eran desconocidos y sin relieve social.

»En su infancia, asustó a un rey; en su adolescencia, desconcertó a los doctores; en su madurez, subyugó el curso de la naturaleza, caminó sobre las olas y sosegó el mar embravecido. Curó sin medicinas a las multitudes y no requirió emolumentos por sus servicios. Nunca escribió ni un solo libro, pero en las bibliotecas de todo el mundo no cabrían los libros que pudieran escribirse de él. Nunca compuso un cántico, pero su persona ha servido de tema de inspiración para más cánticos que los de todos los compositores juntos. Nunca fundó un colegio, pero ni entre todas las escuelas juntas pueden jactarse de tener tantos estudiantes como él tiene. Nunca practicó la medicina, pero ha curado más corazones quebrantados que cuerpos quebrantados hayan podido curar los médicos.

»Nunca dirigió un ejército, ni destacó un soldado, ni disparó un fusil; pero ningún jefe ha tenido bajo su mando más voluntarios, ni ha obligado a más rebeldes a deponer las armas y rendirse sin disparar un solo tiro.

»Él es la Estrella de la Astronomía, la Roca de la Geología, el León y el Cordero de la Zoología, el Armonizador de todas las discordias y el Sanador de todas las enfermedades. Los grandes hombres surgieron y desaparecieron, pero él vive para siempre. Herodes no pudo matarle; Satanás no pudo seducirle; la Muerte no pudo destruirle; el Sepulcro no pudo retenerle.

»Se despojó de su manto de púrpura, para vestirse la blusa de artesano. Era rico, pero por nosotros se hizo pobre. ¿Hasta qué punto? ¡Preguntádselo a María! ¡Preguntádselo a los Magos! Durmió en un pesebre ajeno, cruzó el lago en una barca ajena, montó en un asno ajeno, fue sepultado en una tumba ajena. Todos han fallado, pero él nunca. Él es el siempre perfecto, señalado entre diez mil. *Todo él es codiciable.*»

Dividiremos en tres partes todo este tratado. En la primera estudiaremos la Persona de Jesucristo; en la segunda, los estados por los que pasó el Hijo de Dios hecho hombre; y en la tercera trataremos de los oficios de Jesu-

cristo, deteniéndonos especialmente en el estudio de la Redención llevada a cabo por él en la Cruz del Calvario.

Doy las gracias desde aquí a cuantos han cooperado a que este volumen saliese con menos defectos; y primeramente a los hermanos de la iglesia evangélica sita en Avda. General Aranda, 25, de esta bella ciudad gallega que es Vigo, donde las lecciones aquí desarrolladas han sido estudiadas comunitariamente dos veces: una, con el grupo de jóvenes de la Escuela Dominical; otra, en los estudios bíblicos de los jueves, con asistencia de gran parte de la congregación y de no pocos visitantes. Reservo una gratitud especial para el pastor y escritor evangélico D. José M. Martínez, que con toda solicitud ha revisado el manuscrito, añadiendo sus valiosas sugerencias y correcciones, así como para la Editorial CLIE, que tan esmeradamente cuida de la publicación de todo el CURSO DE FORMACIÓN TEOLÓGICA EVANGÉLICA.

El autor,

Francisco Lacueva

Vigo, a 9 de marzo de 1979

Primera parte

La Persona
de Jesucristo

LECCIÓN 1.ª ANTROPOLOGÍA Y CRISTOLOGÍA

1. Jesucristo, modelo de hombre.

Nada mejor que la lectura atenta de Heb. 2:5ss. para percatarnos de que Jesucristo es el Hombre con mayúscula, el hombre ideal, contrapartida del Adán caído. Citando el salmo 8:4-6, el autor sagrado nos presenta al hombre conforme salió de las manos del Creador: inferior a los ángeles por naturaleza, fue coronado de gloria, al estar destinado a sojuzgar la tierra y señorear sobre el Universo creado, como un virrey (V. Gén. 1:28). Por el pecado, el hombre quedó alienado, un ser extraño en un clima que ya no era el que le pertenecía; por su causa, la tierra fue maldita y se le tornó hosca e inhóspita. Esta condición no cambia durante esta vida, aunque el pecador se convierta a Dios, puesto que aguardamos todavía la redención de nuestro cuerpo. La creación entera gime con dolores de parto, esperando la manifestación gloriosa de los hijos de Dios (V. Rom. 8:19-24).

Es dentro de esta perspectiva, y en contraste con el versículo anterior, donde Heb. 2:9ss. sitúa la condición gloriosa y la obra perfecta de Jesucristo. Jesús es el «Postrer Adán», no el segundo de una serie, sino la réplica, única y final, del «Primer Adán» (1 Cor. 15:45). En el primero recibimos la muerte; en el segundo, la vida (vers. 22). Por eso, «así como hemos traído la imagen del terrenal, traeremos también la imagen del celestial» (vers. 49). Aquel que es «el reflector de la gloria del Padre y la perfecta *imagen acuñada de su persona*» (Heb. 1:3), tomó la forma de siervo, hecho hombre a semejanza de nosotros (Flp. 2: 7-8; Heb. 2:11-17), para que, gracias al derramamiento de su sangre en el Calvario, nosotros pudiésemos llegar a ser *«partícipes de la naturaleza divina*» (2 Ped. 1:4), ya que fuimos predestinados a ser hechos *«conformes a la imagen de su Hijo, para que él sea el primogénito entre muchos hermanos*» (Rom. 8:29). Nuestro parecido con el Hijo del Hombre será manifiesto cuando le veremos *«tal como él es*» (1 Jn. 3:2). En esta gloria radica nuestro privilegio de creyentes, pero también nuestra responsabilidad. Comentando 2 Ped. 1:4, dice León I, obispo de Roma: «Date cuenta, oh cristiano, de tu dignidad; y, puesto que has sido hecho partícipe de la naturaleza divina, no vuelvas, con una conducta indigna de tu rango, a la vileza de tu condición anterior.»[1]

2. Al hombre se le entiende a partir de Jesucristo.

Durante muchos siglos se ha pensado que el método correcto de estudiar a Cristo como hombre era analizar la naturaleza humana «íntegra» y atribuir a Jesucristo todas las cualidades que pertenecen a un ser humano, excepto el pecado. Sin embargo, este método adolece del grave defecto de falsa inducción, ya que, a partir del hombre actual, caído de su condición original, no podemos barruntar el talante existencial de un ser humano totalmente inocente, *«que no conoció pecado*» (2 Cor. 5:21, comp. con Jn. 8:46). El método correcto procede, pues, a la inversa: investigar, a través de la Palabra de Dios, el comportamiento de Jesucristo como Hombre con mayúscula, el *hombre* por excelencia, y ver en todo ser humano una imagen de Cristo, deteriorada tempranamente por el pecado original, pero rescatada por la obra de la Cruz, para que, mediante la recepción del *Verbo de vida* (1 Jn.

---

1. V. Rouet de Journel, *Enchiridion Patristicum*, n. 2193.

1:1) y del poder del Espíritu; el hombre pueda recuperar su primitiva grandeza.

Además, es Jesucristo el perfecto y definitivo revelador de los misterios de Dios (Heb. 1:1). Por tanto, nos revela también, de parte de Dios, el misterio del hombre. Del hombre que, como todas las cosas, fue creado por medio del Verbo (Jn. 1:3; Col. 1:16), y que, a diferencia de todas las demás cosas, fue hecho a imagen y semejanza del Dios Trino o tripersonal. Como ser personal, capaz de pensar y de expresar en palabras sus conceptos, el hombre es imagen del Verbo de Dios, de la Palabra personal en la que Dios expresa, desde la eternidad, cuanto Él es, cuanto sabe, cuanto quiere y cuanto hace (Jn. 1:18; 14:6; Col. 2:9).

3. Jesucristo Hombre, la respuesta a los problemas del hombre.

Por el pecado se ha producido una tremenda distancia moral entre el hombre pecador y el Dios tres veces santo, es decir, santísimo. Dios siempre permanece el mismo, pero nuestras iniquidades han cavado un foso que ningún ser creado puede rellenar: «*He aquí que no se ha acortado la mano de Jehová para salvar, ni se ha agravado su oído para oír; pero vuestras iniquidades han hecho división entre vosotros y vuestro Dios, y vuestros pecados han hecho ocultar de vosotros su rostro para no oír*» (Is. 59:1-2). En vano nos habríamos esforzado, con obras buenas, con méritos, con súplicas, con lágrimas o con sacrificios, por tender un puente que nos recondujese al Dios ofendido. Nuestros gritos de angustia habrían resonado en el vacío. Fue Dios quien tendió ese *puente*, enviando a su único Hijo al mundo para hacerse hombre y morir en la Cruz por nuestros pecados, para ser nuestro «pontífice» (el que hace de puente), nuestro Mediador y nuestro sustituto (Jn. 3:16; 2 Cor. 5:21; 1 Tim. 2:5; Heb. 2:10, 14-15; 5:5-10; 7:21-28; 9:28; 10:12, etc.).

La provisión del pacto de gracia en favor de los hombres perdidos pasa por el Calvario. En Cristo se opera allí nuestra reconciliación con Dios (2 Cor. 5:19) y, satisfecha la santidad de Dios, su amor puede ya derramarse desbordante sobre nuestros corazones (Rom. 5:5).[2] Ahora bien, la obra de nuestra salvación afecta al hombre entero, porque comporta la liberación de todas las esclavitudes del ser humano (Is. 61:1-5). De ahí que Jesús, y su Evangelio, sean la única solución satisfactoria para todos los problemas del hombre.

El ser humano que ha sido regenerado «por la Palabra y por el Espíritu» (V. Jn. 3:5, a la luz de 1 Ped. 1:23), puede hacer de su vida entera un himno de alabanza a su Padre de los Cielos, porque la Palabra de Dios no es una tesis fría, sino un cantar vibrante y cálido, ya que alberga en su interior el Amor, el Espíritu. Con el fruto del Espíritu por experiencia dichosa (Gál. 5:22-23), y con los dones del Espíritu (Is. 11:1-2; 1 Cor. 12:4ss.) por arpa,[3] el creyente puede hacer de su vida entera un sacrificio vivo (Rom. 12:1), de sus labios un manantial de alabanza (Heb. 13:15) y de sus manos un vehículo de beneficencia (Heb. 13:16).

4. La miseria sirve de escabel a la misericordia.

Solemos decir (sobre todo a partir de la expresión acuñada por O. Cullmann) que la Biblia es, antes que nada, una *Historia de la Salvación*. Pero la salvación presupone

---

2. V. L. Berkhof, *Systematic Theology*, p. 305; A. M. Javierre, *Cinco días de meditación en el Vaticano* (Madrid, PPC, 1974), pp. 144-158.

3. A. M. Javierre (*o. c.*, p. 157) cita de Philippon: «A los grandes artistas de la música les bastan siete notas para desplegar todas las creaciones de su genio; siete dones consienten que el Espíritu Santo haga vibrar todas las riquezas de un alma divinizada por la gracia o por la gloria, con tal de que se mantenga dócil en manos del Artista creador.» (V. también la cita de L. M. Martínez en p. 192, nota 15, del mismo libro.)

en el hombre un estado anterior de *perdición*. Por el pecado, el ser humano se había perdido y se había echado a perder.[4] Había descendido del nivel de amigo e hijo de Dios, al de enemigo de Dios y esclavo del pecado y del demonio. Cuando éramos enemigos de Dios y no le amábamos, la infinita misericordia de Dios se apiadó de la profunda miseria del hombre: *«Dios muestra su amor para con nosotros, en que siendo aún pecadores, Cristo murió por nosotros* (Rom. 5:8). *«En esto consiste el amor: no en que nosotros hayamos amado a Dios, sino en que él nos amó a nosotros, y envió a su Hijo en propiciación por nuestros pecados»* (1 Jn. 4:10). Ya podemos repetir en primera persona lo que los ángeles anunciaron, en segunda, a los pastores de Belén: *«Nos ha nacido un Salvador, que es Cristo el Señor»* (Lc. 2:11). Efectivamente, fue llamado Jesús (*«Yahveh salvará»*) *«porque él salvará a su pueblo de sus pecados»* (Mt. 1:21). *«Porque el Hijo del Hombre vino a buscar y a salvar lo que se había perdido»* (Lc. 19:10).

Por medio de Jesús tenemos el perdón del pecado, la liberación de la esclavitud, la posesión de la vida eterna y la participación de la divina naturaleza.[5] La liturgia romana de la vigilia pascual llega a cantar: *«¡Oh, feliz culpa, que mereció tener tal Redentor!»* Quizás el arrebato poético llevase al autor del magnífico himno a una expresión de dudosa ortodoxia teológica, pero el pensamiento que quiso manifestar se clarifica cuando nos percatamos de que Dios, al no impedir el pecado original, tenía en sus ocultos designios el maravilloso plan de revelar un atributo suyo, la *misericordia*, que hubiese pasado desapercibido sin la miseria, a la vez que proyectaba el envío de un Redentor, que de otro modo hubiese quedado sin encarnar,[6] y la elevación de sus elegidos a la categoría, no sólo

---

4. V. mi libro *Ética Cristiana* (Terrassa, CLIE, 1975), p. 129.
5. V. L. S. Chafer, *Teología Sistemática*, I (Dalton, Georgia, 1974), pp. 813-820.
6. V. la lección 20.ª del presente volumen.

de hijos suyos, sino de *hijos en el Hijo*, pámpanos de una misma cepa con él, miembros de su Cuerpo, y piedras vivas de su Templo.

CUESTIONARIO:

1. ¿Cuál es la clave para interpretar el misterio del hombre? — 2. ¿Cuál es el objetivo de nuestra predestinación, según Rom. 8:29? — 3. ¿Cuál es el método correcto de enfocar la antropología? — 4. ¿Qué papel ha correspondido al Hijo de Dios en la creación del hombre? — 5. ¿Qué es lo que ha hecho necesaria la Encarnación del Hijo de Dios? — 6. ¿Por qué es necesaria la intervención de Cristo para que obtengamos la gracia? — 7. ¿Qué implica la palabra salvación respecto de nuestro estado de hombres caídos? — 8. ¿Cómo da Jesucristo solución a los más importantes problemas humanos? — 9. ¿Qué atributo divino no se hubiese manifestado a no ser por nuestra miseria espiritual? — 10. ¿Qué versículo del Nuevo Testamento compendia mejor el objetivo de la Primera Venida de Cristo?

LECCIÓN 2.ª   LA PLENITUD DE LOS TIEMPOS

1. El Cordero, predestinado desde la eternidad.

Siendo eternos los designios de Dios, es obvio que tanto la Encarnación del Verbo como la Redención de la humanidad por medio de la muerte en Cruz de nuestro Señor Jesucristo estaban ya programadas desde la eternidad, juntamente con la creación de la raza humana y la permisión de la caída original. A esto apunta la frase «antes de la fundación del mundo», que se repite en textos como los siguientes: *«según nos escogió en él* (Cristo) *ANTES DE LA FUNDACIÓN DEL MUNDO»* (Ef. 1:4); *«sabiendo que fuisteis rescatados... con la sangre preciosa de Cristo... ya destinado DESDE ANTES DE LA FUNDACIÓN DEL MUNDO»* (1 Ped. 1:18-20). Apocalipsis 13:8 parece dar la impresión de que Cristo, no sólo fue predestinado desde la eternidad a ser inmolado, sino que, de alguna manera, ya fue inmolado desde antes de la fundación del mundo. Si se compara este versículo con Apoc. 17:8, se verá que se trata de una trasposición, frecuente en latín y en griego, pues la verdadera lectura debería ser la siguiente: *«Y la adoraron todos los moradores de la tierra cuyos nombres no estaban escritos, desde el principio del mundo, en el libro de la vida del Cordero que fue inmolado.»*

2. ¿Por qué se hizo esperar tanto la Redención?

Génesis 3 no muestra, pero insinúa, que la tentación y la caída no se hicieron esperar; sin duda, el demonio tenía mucha prisa por hacer caer a nuestros primeros padres *antes de que tuviesen descendencia,* para poder así contaminar a toda la raza humana. Por el contrario, la Redención del género humano se hizo esperar durante muchos siglos. ¿Por qué fue así? A. Strong[7] apunta dos razones: *a)* para mostrar la verdadera malicia del pecado y la profunda depravación que la caída original causó en nuestra raza; *b)* para poner bien en claro la incapacidad en que el ser humano quedó para preservar, o recuperar por sí mismo, un correcto conocimiento de Dios y un comportamiento moralmente honesto.

Ello no significa que Dios dejase a los hombres sin testimonio de su poder y de su deidad. En Jn. 1:9-10 vemos que el Verbo vino a iluminar a todo hombre, aunque el mundo no le conoció. Pablo dejó bien claro, ante los habitantes paganos de Listra, que el Dios vivo *«no se dejó a sí mismo sin testimonio, haciendo bien, dándonos lluvias del cielo y tiempos fructíferos, llenando de sustento y de alegría nuestros corazones»* (Hech. 14:17). Y, escribiendo a los fieles de Roma, dice que *«no tienen excusa»* cuantos detienen con injusticia la verdad, *«porque lo que de Dios se conoce, les es manifiesto, pues Dios se lo manifestó»* (Rom. 1:18-20).

Por otra parte, inmediatamente después de la caída, vino la primera promesa de un Redentor, de modo que, por fe *en el que había de venir,* se pudiese alcanzar buen testimonio delante de Dios y de los hombres (V. Heb. 11:39).

3. Las profecías mesiánicas.

Puesto que la Biblia es una Historia de la Salvación que había de ser plenamente realizada en Jesucristo y por medio de él, ya el Antiguo Testamento va anunciando poco a poco al Mesías, Salvador de su pueblo, y aun *de los que estaban lejos.* En Gén. 3:15 se profetiza que un descen-

---

7. En su *Systematic Theology,* p. 665.

diente de la mujer (comp. con Gál. 4:4: *nacido de mujer*) *herirá en la cabeza* a la serpiente, es decir, destruirá el imperio del demonio, a costa de sufrir él mismo una herida en el talón, es decir, en la parte vulnerable de su Persona. En Gén. 12:3, Dios revela a su escogido Abram que *serán benditas en ti todas las familias de la tierra*. Esta promesa fue hecha a Abraham a causa de su *simiente* o descendencia (vers. 7, comp. con Gál. 3:8, 16), de manera que, de algún modo, pudo ver «el día» de Cristo (V. Jn. 8:56). En Gén. 49:10, Jacob profetiza que *no será quitado el cetro de Judá, ni el legislador de entre sus pies, hasta que venga SILOH;*[8] *y a él se congregarán los pueblos* (comp. con Jn. 12:32). En Núm. 24:17, Balaam se ve forzado a profetizar que, en un futuro no cercano, *saldrá ESTRELLA de Jacob, y se levantará cetro de Israel*. Como advierte en nota a este versículo la *Biblia de Jerusalén*, «en el oriente antiguo, la estrella es el signo de un dios; de ahí pasó a ser signo de un rey divinizado». Si comparamos este texto con Apoc. 22:16: «*Yo Jesús... soy la raíz y el linaje de David, la estrella resplandeciente de la mañana*», entenderemos mejor por qué los magos de oriente fueron atraídos por la estrella de Jesús y vinieron a ofrecerle presentes que correspondían a un Dios y a un rey (V. Mt. 2:1, 11).

Si de la Ley pasamos a los Escritos y a los Profetas, vemos que los salmos 2, 22, 45 y 110 tienen un sentido claramente mesiánico, como puede verse por las referencias que a ellos hace el Nuevo Testamento. El salmo 2 anuncia el reinado del Mesías; el 22, sus padecimientos y su liberación; el 45, su fiesta nupcial; y el 110, su eterno sacerdocio, que es un sacerdocio regio (comp. con 1 Ped. 2:9). Isaías 7:14 profetiza su nacimiento y su nombre «Immanuel» («Dios con nosotros»); 9:6, sus títulos mesiánicos; 11:1-5, la plenitud de los dones del Espíritu Santo sobre

---

8. O «hasta que venga aquel a quien está reservado» (el cetro). En todo caso, se trata de un anuncio mesiánico.

él, para que gobierne con toda justicia; todo el 53 anuncia la obra sustitutoria del Calvario; 61:1-3, la proclamación de su Buena Nueva liberadora. Jeremías 23:5-6;
33:14-17 nos hablan del Rey-Mesías, descendiente y sucesor
de David, bajo cuyo reinado se hará plena justicia, «será
salvo Judá, e Israel habitará confiado».[9] Daniel 7:13 profetiza acerca del «Hijo del Hombre, y, en 9:24-27, profiere
la famosa profecía de las 70 semanas, dentro de las cuales
«se quitará la vida al Mesías, mas no por sí» (vers. 26).
En Hag. 2:7 se anuncia que el nuevo templo se llenará de
gloria cuando venga «el Deseado de todas las naciones».
A Zacarías le es revelado que el verdadero rey de Jerusalén vendrá a ella, «justo y salvador, humilde, y cabalgan-
do sobre un asno», conforme refieren Mt. 21:5; Jn. 12:15.
Y Malaquías, el que cierra la cuenta de los profetas del
Antiguo Testamento, predice la aparición del Precursor y
del propio Mesías: «He aquí, yo envío mi mensajero, el
cual preparará el camino delante de mí; y vendrá súbita-
mente a su templo el Señor a quien vosotros buscáis, y el
ángel del pacto, a quien deseáis vosotros» (Mal. 3:1).

Cuando se comparan todas estas profecías del Antiguo
Testamento acerca del Mesías, con el cumplimiento que
de tales profecías nos ofrece el Nuevo Testamento, vemos
el acierto de Agustín de Hipona al decir: «El Antiguo Testamento está patente en el Nuevo; y el Nuevo Testamento
está latente en el Antiguo.» El mismo Jesucristo apela a
las Escrituras del Antiguo Testamento como prueba feha-
ciente de lo que en él se había cumplido (V. Lc. 24:25-27,
44-46; Jn. 5:39ss.). Y los judíos de Berea son alabados
como «más nobles que los que estaban en Tesalónica, pues
recibieron la palabra (predicada por Pablo y Silas) con
toda solicitud, escudriñando cada día las Escrituras para
ver si estas cosas eran así» (Hech. 17:11, comp. con 2 Ped.
1:18, 19). Nuestra fe cristiana nos obliga, pues, a defender

---

9. Los rabinos judíos admiten el carácter mesiánico de estos
textos de Jeremías. (V. Rabbi Dr. H. Freedman, Jeremiah —London,
The Soncino Press, 1970.)

la unidad de la Biblia y, en concreto, el valor del Antiguo Testamento, contra Marción y Harnack y algunos cristianos mal informados. Berkouwer ve en el antisemitismo la causa principal de este desprecio del Antiguo Testamento.[10] A ello coadyuva un estudio superficial de la Biblia.

Aunque no estemos enteramente de acuerdo con Lutero cuando decía que Jesucristo estaba contenido en cada detalle del Antiguo Testamento, lo mismo que del Nuevo, sí podemos afirmar que Jesucristo es el hilo conductor de toda la Biblia, algo así como la clave que nos permite descifrar un enigma o recomponer un rompecabezas.

4. Los tipos mesiánicos.

Comparables a las profecías son los tipos mesiánicos. Se da el nombre de *tipo,* en Sagrada Escritura, a todo personaje, acontecimiento o institución del Antiguo Testamento que prefiguraba alguna otra realidad del Nuevo.

Entre otros tipos, o figuras simbólicas, de Jesucristo, encontramos en el Antiguo Testamento los siguientes:

A) *Adán,* primera cabeza física y representativa de la humanidad, figura de Jesucristo, «*Postrer Adán*» (1 Cor. 15:45). En Rom. 5:12ss. vemos el contraste entre los males producidos en la raza humana por el pecado de Adán, y los bienes producidos por la justicia y la obediencia de Cristo.

B) *Melquisedec,* que significa «rey de justicia» en Salem, «ciudad de paz», que aparece «*sin padre, sin madre, sin genealogía; que ni tiene principio de días, ni fin de vida, sino hecho semejante al Hijo de Dios, permanece sacerdote para siempre*» (Heb. 7:3, comp. con vers. 24, a la luz de Sal. 110:4; Heb. 7:17).

C) *José,* vendido por sus hermanos, y salvador, después, de toda su familia, a la que mantuvo con el trigo

---

10. En *The Person of Christ,* 113.

almacenado por su previsión. Jesucristo murió por nuestros pecados, y era *el pan vivo que descendió del cielo* (Jn. 6:51).

D) *Moisés,* conductor del pueblo de Israel a través del desierto, después de salir de Egipto llevando *el vituperio de Cristo* (Heb. 11:26), es figura del Señor, que nos libera del cautiverio del pecado, nos pasa a través del Mar Rojo de su sangre y nos conduce por el desierto de esta vida hacia la verdadera «Tierra Prometida». Por eso leemos en Heb. 13:13-14: *«Salgamos, pues, a él, fuera del campamento, llevando su vituperio* (comp. con 12:2); *porque no tenemos aquí ciudad permanente, sino que buscamos la por venir.»*

E) *Josué,* equivalente a Jehosuah = Jesús, a quien Moisés cambió el nombre, pues se llamaba Oseas («Dios salvó»), para que significase «Dios salvará» (V. Núm. 13:16, a la vista de Éx. 17:9ss.). Él introdujo al pueblo de Israel en la Tierra Prometida. Jesús es nuestro verdadero Salvador, que nos da acceso a la presencia del Padre (Ef. 2:5-6, a la vista de Heb. 4:14-16; 10:19-22).

F) *David,* rey de Israel «según el corazón de Dios», primer rey de la tribu de Judá, del que Jesús había de ser «renuevo» y anticipo (V. Jer. 23:5; 33:15, a la luz de Apoc. 7:17; Ez. 34:23; Os. 3:5; Lc. 1:32; Apoc. 5:5; 22:16).

G) *Jonás,* según la analogía propuesta por el propio Jesucristo (Mt. 12:40-41, a la luz de Jon. 1:17; 3:5).

H) *El sacrificio de Isaac* es figura del sacrificio de Jesucristo, en la forma que se nos expone en Heb. 11:17-19, a la luz de Gén. 22:1-13, donde el carnero sustituyó a Isaac. Jesús fue llevado por el Padre (V. Hch. 2:23) al Monte Calvario, figurado por el Monte Moriah (la raíz hebrea indica «amargura») y donde Jesús fue atado, clavado, al «leño», para que sobre él descargase el cuchillo de la ira de Dios.

I) *La serpiente levantada en el desierto* (Núm. 21:6-9), figura de Jesús en la Cruz, levantado en ella para salvación de cuantos vuelvan con fe sus ojos hacia él (V. Jn. 3: 14-16).

J) En fin, *todos los sacrificios del Antiguo Testamento*, empezando por los de los animales con cuyas pieles vistió Dios a nuestros primeros padres (Gén. 3:21), eran figura del sacrificio de Cristo, como explica el capítulo 9 de *Hebreos*.[11]

5. "El ángel de Jehová".

Otra señalada figura profética de Jesucristo, como el gran «Enviado del Padre», según aparece en los Evangelios y en Heb. 1:1, es la designada en el Antiguo Testamento como «el ángel de Jehová». Este título aparece con frecuencia, como puede comprobarse consultando una buena Concordancia. No es seguro que siempre haya de referirse al futuro Mesías. La primera referencia se halla en Gén. 16:7ss.; precisamente el vers. 11 emplea una fraseología muy semejante a la del ángel Gabriel en Lc. 1:31. Parecidas referencias se hallan en Gén. 18:2ss. (nótese el vers. 13); 19:1ss., etc.

Pero hay tres referencias que manifiestan, mediante dicha expresión, una persona divina, distinta del Padre, y que no puede ser otra que el Hijo, nuestro Mediador. La primera la encontramos en Gén. 32:24-30, en que Jacob lucha con un ángel que bendice (vers. 26), que es Dios (vers. 28, 30), y cuyo nombre es inefable (vers. 29). La segunda es Éx. 3:2ss., en que *«el Ángel de Jehová»* (vers. 2) manifiesta al Dios inefable (vers. 4-15). La tercera y más notable se halla en Zac. 3, capítulo lleno de simbolismo

---

11. Puede verse una detallada exposición en las notas de la *Biblia Anotada de Scofield* a los ocho primeros capítulos del Levítico. Queda a juicio del lector el estar de acuerdo con cada una de las analogías allí expresadas. En todo caso, resulta muy instructivo. Para un estudio más amplio de los tipos mesiánicos, véase L. S. Chafer, *o. c.*, I, pp. 930-941.

(V. vers. 8). El ángel de Jehová se comporta allí de acuerdo con lo que 1 Jn. 2:1 y 2 nos dice de Jesucristo. Lo más curioso es que el vers. 2 comienza diciendo: «Y dijo Jehová a Satanás: Jehová te reprenda...» Esta especie de desdoblamiento de Jehová nos indica dos personas distintas que tienen una misma naturaleza (comp. con Jn. 10:30). El tema de la justificación por la fe está bien dramatizado en todo el capítulo, especialmente en los versículos 2 al 5. (V. también Jue. 13, especialmente vers. 18, 20).

Otra referencia que se presta a una profunda meditación sobre lo que el Verbo de Dios hecho hombre es como Revelador del Padre y Sustituto nuestro, es «las espaldas de Dios», a través de tres textos clave sacados del Antiguo Testamento. El primero se encuentra en Éx. 33:23, donde las espaldas simbolizan la parte visible de Dios (comp. con Jn. 14:9), del Jehová «que habita en luz inaccesible; a quien ninguno de los hombres ha visto ni puede ver» (1 Tim. 6: 16). El segundo es Is. 38:17, en que Ezequías escribe acerca de la salvación que Jehová le ha proporcionado: «porque echaste tras tus espaldas todos mis pecados». Bella expresión para dar a entender la magnitud del perdón otorgado por un Dios inmenso e inmensamente misericordioso, que renuncia a tener delante de su rostro los pecados del creyente arrepentido. Isaías 53:6 viene a decirnos que sobre esas espaldas «Jehová cargó el pecado de todos nosotros».

6. El clímax de la Historia.

Desde el llamamiento de Abraham (Gén. 12:1), Dios se escogió un pueblo, al que reveló sus oráculos, y del que había de nacer el Salvador (Jn. 4:22; Rom. 3:2; 9:4-5). A pesar de las continuas rebeldías de este pueblo (V. Hech. 7:51), Dios lo liberó de sus enemigos, lo cuidó con esmero y se desposó con él (V. Is. 5:1-7; 54:5; Ez. 15:1-8; 16:1ss.; Oseas). Israel persistió en su rebeldía y se prostituyó yendo tras dioses ajenos.

El destierro de Babilonia tuvo dos efectos principales: el fortalecimiento del monoteísmo, hasta el extremo de parecerles blasfemia la igualdad con el Padre que Cristo proclamará de sí mismo (V. Mt. 26:65; Jn. 5:18; 10:33); y la transformación de los judíos agrícolas en un pueblo de comerciantes.[12]

Con todo, el pueblo judío en masa, excepto un pequeño «remanente», se había formado un falso concepto del futuro Mesías. En vez de considerarlo, ante todo, como el liberador del pecado, pensaba en él como liberador del yugo extranjero (V. Jn. 6:14-15). Al obrar como Is. 61:1ss. lo había profetizado, Jesús se concitó la oposición cerrada de los dirigentes de Jerusalén, hasta llegar a ser condenado a muerte en el tribunal religioso y en el político, y ser tenido por loco en el cultural y mundano.

Pero una cosa era cierta: Con la Encarnación del Verbo había llegado «la plenitud de los tiempos» (V. Mc. 1:15; Gál. 4:4), y la Primera Venida de Cristo marcaría el clímax de las edades, dividiendo en dos partes la Historia (antes y después de Cristo) y la Geografía (a la derecha o a la izquierda de Cristo). Como él mismo dijo: «*Y yo, si fuere levantado de la tierra, a todos atraeré a mí mismo. Y decía esto dando a entender de qué muerte iba a morir*» (Jn. 12:32). La Cruz se convierte en el eje sobre el que el Universo gira.

---

12. V. Strong, *o. c.*, p. 668.

CUESTIONARIO:

1. Cítese algún texto bíblico sobre la predestinación eterna de Jesucristo. — 2. ¿Cuál es el verdadero sentido de Apoc. 13:8? — 3. ¿No hubiera sido una señal de mayor misericordia por parte de Dios redimir en seguida al hombre caído? — 4. ¿Por qué no constituye excusa para el pecador el estado miserable en que se encuentra? — 5. Explique dónde se halla y qué sentido tiene la primera profecía del Redentor. — 6. ¿Cómo prueba Hech. 17:11 la unidad de la Biblia? — 7. ¿En qué se parece Zac. 3:2 a 1 Jn. 2:1? — 8. ¿Qué texto del Nuevo Testamento aplica a Cristo la figura de la serpiente de bronce? — 9. ¿Qué texto de Isaías se parece mucho a Ef. 5:23? — 10. ¿Qué indica la frase «el cumplimiento del tiempo» de Gál. 4:4?

LECCIÓN 3.ª LAS PRIMERAS HEREJÍAS SOBRE LA PERSONA DE JESUCRISTO

Desde el primer siglo de la Iglesia ya pulularon diversas herejías acerca de la persona de Jesucristo, las principales de las cuales exponemos a continuación.

1. Los ebionitas.

Los ebionitas (del hebreo *ebion* = pobre, en el sentido de indigente) fueron unos herejes de origen judío que proliferaron a últimos del siglo I y principios del siglo II. Debido a su deseo de mantener a toda costa el monoteísmo del Antiguo Testamento, negaron la divinidad de Cristo y su concepción virginal. Según ellos, Jesús era un mero hombre, pero muy observante de la Ley, lo que le capacitó para ser escogido por Dios como Mesías. Al ser bautizado por Juan el Bautista, fue consciente de ser ungido (Cristo) como un especial Hijo de Dios, al descender sobre él el Espíritu Santo en plenitud. Así quedó capacitado para realizar su obra de gran profeta y maestro, pero el Espíritu Santo le dejó desamparado en el Calvario. Contra ellos (y contra Cerinto) escribió Juan lo que dice en 1 Jn. 5:6: «*Éste es Jesucristo* (el Hijo de Dios —vers. 5), *que vino mediante agua y sangre; no mediante agua solamente, sino mediante agua y sangre. Y el Espíritu es el que da testimonio; porque el Espíritu es la verdad.*» Este versículo quiere decir que el Espíritu Santo, el Espíritu de la verdad (V. Jn. 16:13), da testimonio de que Jesús *vino* a este mundo ya como Hijo de Dios, y que siguió siéndolo, no sólo a través de su Bautismo en el Jordán («mediante agua»), sino también a través de la Cruz del Calvario («mediante sangre»).

2. Cerinto.

Cerinto fue un heresiarca[13] que vivió en la segunda mitad del siglo II. Decía que Jesús era un hombre ordinario, hijo de María y de José (al menos, como padre legal),[14] mientras que el Cristo era un espíritu superior, o una fuerza poderosa que descendió sobre Jesús en el momento de ser bautizado por Juan, y le dejó de nuevo antes de la crucifixión.[15] Juan ataca indirectamente estos puntos de vista en Jn. 1:14; 20:31; 1 Jn. 2:22; 4:2, 3 (varios MSS importantes dicen: «disuelve», en lugar de «no confiesa»), 15; 5:1, 5, 6; 2 Jn. 7.

Cerinto pertenece a la secta paganocristiana de los gnósticos. Para entender el fondo filosófico del gnosticismo en todo este tema y, al mismo tiempo, para entender todo el fondo doctrinal de la primera epístola de Juan en su respuesta a las pretensiones gnósticas, bueno será conocer en resumen las bases del gnosticismo. En lo que concierne a nuestro estudio, estas bases son tres: A) El espíritu inmortal del hombre no se contamina con las obras de la carne. El que ha sido verdaderamente iluminado, no peca. Contra esto va lo que dice 1 Jn. 1:5-6; 2:4, 9; 3:7-9. B) Cristo fue un emisario de luz, ya en forma de ser celestial con un aparente cuerpo humano (docetas), ya

---

13. Esta palabra, de origen griego, significa «fundador, o principal mantenedor, de una herejía».

14. Según aparece en los escritos de Celso, los gnósticos, como los ocultistas modernos, afirmaban que Jesús era hijo de un soldado romano, llamado Pandira, de guarnición en Nazaret. (V. F. Hartman, *Vida de Jehoshuah Ben-Pandira*, pp. 33-37.)

15. V. L. Berkhof, *The History of Christian Doctrines*, p. 45; Ch. Hodge, *Systematic Theology*, II, p. 400.

en forma de un ser terrenal al que temporalmente se asoció un espíritu superior (cerintianos). Contra esto escribe Juan en 1 Jn. 2:22; 4:2-3; 5:6. C) Los seres humanos se dividen en tres clases: a) *hílicos* (del griego *hyle* = materia), incapaces de ningún conocimiento espiritual y abocados a la perdición; b) *psíquicos* (de *psykhé* = alma), miembros ordinarios de la Iglesia de Cristo; y c) *pneumáticos* (de *pneuma* = espíritu), que poseen un conocimiento superior o *epignosis* y forman la *élite* de los iluminados. Contra esta división en castas habla Juan en 1 Jn. 2:20, 24, 27.

3. Los docetas.

La palabra «doceta» procede del verbo griego *dokeo* = = parecer. Los docetas aparecen ya en el primer siglo de la era cristiana y pertenecen a una rama del gnosticismo. Negaban la realidad terrenal del cuerpo humano de Cristo, puesto que si Cristo había de ser puro y la materia es mala, el Hijo de Dios sólo pudo tomar una *apariencia* de cuerpo humano; algo etéreo, que no fue concebido en el vientre de la Virgen María, sino formado en el Cielo y expelido, como por un canal, a través del útero de María. Si esto fuera cierto, toda la vida terrena de Cristo y, especialmente, su muerte y su resurrección habrían sido una pura farsa. Textos como Heb. 2:14; 1 Tim. 3:16 y 1 Jn. 4:2-3, como un eco de Jn. 1:14, muestran que el Hijo de Dios asumió una verdadera naturaleza humana, es decir, se encarnó realmente.

4. Un falso concepto del anonadamiento del Hijo de Dios.

Una falsa inteligencia de la *kénosis* o vaciamiento de que se nos habla en Flp. 2:7, y una malsana interpretación del verbo *egéneto* de Jn. 1:14, influyeron en las herejías cristológicas de los primeros sigloos, especialmente en una rama del Monofisismo, y han dado ocasión a que ciertos teólogos del siglo pasado, como Hofmann y Ebrard, en Alemania, y H. Ward Beecher, en América del Norte, propusieran una nueva forma de la herejía del anonadamiento ontológico del Hijo de Dios, pretendiendo que, al encarnarse, el Verbo se contrajo a los límites de un cuerpo humano, quedando así despojado de su poder divino.

Contra esta herejía, y apoyados en la Palabra de Dios, hemos de decir:

A) El verbo *egéneto* de Jn. 1:14 no indica ninguna contracción esencial del Hijo de Dios en un cuerpo humano, sino que retiene su primordial significación de «llegó a ser» o «vino a ser». Por otra parte, el uso del término *sarx* = carne, por parte de Juan, indica la naturaleza humana entera en su condición terrenal, es decir, el hombre entero, no sólo el cuerpo (V., por ejemplo, Jn. 3:6). Por tanto, el sentido de la frase es: «Y el Verbo llegó a ser hombre»; por supuesto, sin dejar de ser Dios. Lo muestra el verbo *eskénosen* = acampó, del contexto, que alude claramente a la presencia de Dios en el desierto, por medio de la gloria o *shekinah*. Por eso Juan continúa: «... *y vimos su gloria, gloria como del Unigénito del Padre...*» A esto apuntan también 1 Tim. 3:16; 1 Jn. 4:2.

B) Esta herejía incurre en un error típicamente monofisita; por una parte, va contra la inmutabilidad de Dios, que no puede cambiar ni contraerse en su esencia (V. Sal. 102:25-27; Mal. 3:6; Sant. 1:17); por otra parte, las Escrituras nos ofrecen evidencia suficiente de la integridad de la naturaleza humana de Jesucristo. Por ahora nos basta con citar Heb. 2:16 (V. la lecc. 9.ª).

C) Esta herejía nos lleva a unas consecuencias desastrosas en el plano soteriológico. En efecto, si el Verbo cesa de ser y obrar como Dios y se contrae a los límites de un cuerpo humano, entonces ni existe en Jesucristo una verdadera naturaleza humana, capaz de sufrir voluntariamente y de hacer que Jesucristo sea nuestro sustituto, ni una verdadera naturaleza divina que dé valor infinito al sacrificio de la Cruz.

D) En cuanto a la recta interpretación de Flp. 2:6ss., véase la lecc. 11.ª.

CUESTIONARIO:

1. ¿Qué decían de Cristo los ebionitas? — 2. ¿Por qué se negaban a reconocer a Jesucristo como Dios? — 3. ¿Cuál es la fuerza de 1 Jn. 5:6, 8 contra los ebionitas? — 4. ¿Qué tiene de especial la herejía de Cerinto? — 5. Bases doctrinales del Gnosticismo. — 6. ¿Qué lugares de 1 Juan atacan a estas bases? — 7. ¿Cuál era el fundamento filosófico de los docetas? — 8. ¿Qué consecuencias se seguirían de ser cierto el docetismo? — 9. ¿Qué significa la primera frase de Jn. 1:14? — 10. ¿Cómo demostrarías que dicha frase no indica que el Verbo se contrajese en un cuerpo humano?

LECCIÓN 4.ª
LA CONTROVERSIA CRISTOLÓGICA (I)

Las herejías sobre la persona de Jesucristo pueden clasificarse en tres grandes grupos: *a*) las que afectan a la realidad de las naturalezas de Cristo (ebionitas, cerintianos, docetas); *b*) las que afectan a la integridad de dichas naturalezas (arrianos, apolinaristas); *c*) las que afectan a la unión personal de las dos naturalezas (nestorianos, monofisitas). Ya hemos tratado del primer grupo en la lección anterior. En esta lección y en la siguiente vamos a tratar de los otros dos.

1. El Monarquianismo.

Resumiendo lo que ya hemos dicho en otra parte,[16] diremos que el Monarquianismo, como herejía trinitaria, sostuvo que en Dios hay una sola persona con tres modos de expresarse (Monarquianismo modalístico de Sabelio) o con tres distintas formas de actuar (Monarquianismo dinámico de Pablo de Samosata). Así como el Gnosticismo fue la herejía imperante en el siglo II, el Monarquianismo lo fue en el siglo III. En el plano cristológico, Pablo de Samosata, obispo de Antioquía desde el año 260 al 270, sostuvo que Jesús fue un hombre ordinario, sobre quien vino la impersonal razón (*Logos*) de Dios de manera ex-

---

16. En mi libro *Un Dios en Tres personas* (Terrassa, CLIE, 1974), pp. 128-129.

cepcional, y el poder de Dios *(Pneuma)* que le capacitó para la obra que había de llevar a cabo; fue digno de honores divinos, pero no era una persona divina. En esta herejía son notorios los resabios cerintianos.

2. El Arrianismo.

También hemos hablado del Arrianismo en otro lugar,[17] pero vamos a resumir lo que respecta al terreno cristológico. Recordemos que Arrio, presbítero de Alejandría el año 313, comenzó a difundir sus errores en 318, siendo condenado el 325 en el Concilio de Nicea. Por una parte sostenía que el Verbo que se unió a la carne humana no era igual al Padre, sino el primero y más noble de los seres creados; por medio de él creó Dios todos los demás seres; de ahí que pueda ser llamado *demiurgo*, es decir, «artesano manual» del Universo. Arrio apelaba a textos como los siguientes: «*Oye, Israel: Jehová nuestro Dios, Jehová uno es*» (Deut. 6:4, versículo clave para el monoteísmo judío); «*Jehová me poseía en el principio, ya de antiguo, antes de sus obras*» (Prov. 8:22); «*el Padre mayor es que yo*» (Jn. 14:28). El primero de los textos citados no es óbice a la doctrina de la Trinidad, sino que está en conformidad con textos como Jn. 10:30; 17:3. El segundo está en consonancia con Jn. 1:1-3. Del tercero hablaremos en la lección 12.ª.

Por otra parte, Arrio negaba la integridad de la naturaleza humana de Jesucristo, afirmando que el Verbo se había unido a un cuerpo humano, en el que hacía las veces de principio vital, sustituyendo así al alma racional. Decía que dos espíritus no pueden formar una sola persona. Con esto parecía no entender la unión hipostática. Los arrianos pretendían que el Verbo era un ser creado, porque no podían concebir la generación eterna del Hijo de Dios. A la objeción que ellos planteaban hemos replicado en el

---

17. *O. c.*, pp. 127-128.

libro *Un Dios en Tres Personas*.[18] Como ya expusimos allí, y volveremos a insistir en ello, los cristianos no admitimos en Jesucristo ninguna inferioridad en cuanto a la naturaleza divina respecto del Padre, sino sólo de origen en el seno de la divinidad, y de oficio y función en el aspecto soteriológico.

Los semiarrianos admitieron que el Verbo poseía una naturaleza semejante *(homoiusios)* a la del Padre, pero no la misma *(homousios)*.

3. El Apolinarismo.

Apolinar de Laodicea (310-390), hijo de Apolinar de Alejandría, fue obispo de su ciudad natal y defendió contra los arrianos la divinidad de Jesucristo, pero, apoyándose en la tricotomía platónica, negó que la naturaleza humana de Jesucristo poseyese espíritu propio, provisto de razón deliberante y de voluntad libre. Argüía: *a)* que dos voluntades no pueden coexistir en una sola persona; *b)* que si Cristo hubiese poseído un espíritu humano, al tener un conocimiento limitado y disfrutar de plena libertad, hubiese podido negarse a padecer la muerte en cruz, con lo cual el plan de la redención no se hubiese llevado a cabo. A esto replicaremos en la lección 9.ª, cuando tratemos de la libertad de Jesucristo.

4. El Nestorianismo.

Tanto esta herejía, como la siguiente, afectan directamente a la unión de las dos naturalezas en la única persona del Hijo de Dios.

El Nestorianismo tuvo su «prehistoria» con Teodoro de Mopsuestia o de Mopsuesto (350-428), nacido en Antioquía y posteriormente obispo de Mopsuesto (392), quien, con el fin de afirmar rotundamente la realidad e integridad de la naturaleza humana de Jesucristo, y quizá por descono-

---

18. Pp. 153-154.

cer la índole peculiar de la unión hipostática, admitió una inhabitación moral, pero no *esencial*, del Verbo en Jesucristo; sin embargo, ilógicamente, negó que en Cristo existiesen dos personas.

Nestorio (380-451) fue discípulo de Teodoro de Mopsuesto, y llegó a ser patriarca de Constantinopla en 428. Adicto a las doctrinas de su maestro y afiliado a la escuela teológica antioquena, se negó a reconocer a la Virgen María como *theotókos* o «madre de Dios», arguyendo que una creatura no pudo dar a luz al Creador.[19] Sostenía que cada una de las dos naturalezas de Jesucristo tenía su propia *hypóstasis* o subsistencia, y su propio *prósopon* o personalidad, admitiendo un tercer *prósopon* que servía de lazo de unión. Esta unión no era, según él, sustancial, ni personal, ni hipostática, sino moral, afectiva, de pertenencia, de inhabitación, etc.[20] La falsa base filosófica de esta herejía, igualmente que del monofisismo, era que a cada naturaleza individual corresponde una persona o *hypóstasis*.

Nestorio fue condenado y depuesto el año 431 por el Concilio de Éfeso, el cual definió que María era *theotókos* = engendradora de Dios, «porque dio a luz según la carne al Verbo de Dios hecho carne».[21]

5. El Monofisismo.

La condenación de Nestorio fue formulada en los famosos anatematismos de Cirilo, patriarca de Alejandría (376-444), quien, preocupado justamente por sostener la unidad de persona en Jesucristo, empleó a veces expresiones que parecían poner en peligro la dualidad de naturalezas, pues

19. V. Rouet de Journel, *o. c.*, n. 2057a. Nestorio decía que a María sólo podía llamársela *Christotokos*, no *Theotokos*. Por tanto, Jesús no sería Dios, sino un hombre en el que habitaba Dios. Se le podía adorar, no por ser Dios, sino por el Dios que había en él.
20. V. Rouet de Journel, *o. c.*, n. 2057d, e, f, g.
21. V. Denzinger-Schönmetzer, *Enchiridion Symbolorum...*, n. 252.

llegó a decir que en Cristo había «una sola naturaleza (*physis*) del Verbo de Dios encarnada». Su modo de expresar la llamada «comunicación de idiomas»,[22] así como el ejemplo sacado del compuesto humano,[23] hacen dudar de su ortodoxia, conforme fue ésta formulada por el Concilio de Calcedonia.

Tras la concesión por el Concilio de Éfeso de que había en Cristo dos naturalezas perfectamente distintas, muchos de los seguidores de Cecilio no quedaron satisfechos. Así nació el Monofisismo (de *monos* = uno solo, y *physis* = naturaleza). Su principal fautor fue Eutiques (378-454), superior (archimandrita) de un monasterio, acérrimo adversario de Nestorio, pero no muy versado en Teología, quien parece haber defendido que la naturaleza humana de Jesucristo fue, en cierto modo, absorbida por la divina (con lo cual se acercaba al docetismo), mientras otros sostenían que la naturaleza divina se había anonadado en la humana (teoría parecida a la expuesta en el punto 4 de la lección anterior); otros entendían que las dos naturalezas se habían mezclado, como una aleación de metales o una combinación química, llegando a formar una tercera naturaleza distinta de las anteriores. La forma más sutil de monofisismo fue la defendida por Severo de Antioquía, (465-538), patriarca de la misma ciudad en 512, quien afirmaba que la unión de las dos naturalezas en Cristo era semejante a la del alma y el cuerpo en el compuesto humano. Todas las formas de monofisismo estaban de acuerdo en que se trataba de la unión *de* dos naturalezas, pero no *en* dos naturalezas. En otras palabras, admitían que de dos naturalezas hubiese resultado una, pero no que estas dos naturalezas permaneciesen íntegras después de la unión.

---

22. Así, dice contra Nestorio: «Lo que es propio de la humanidad, llegó a hacerse propio del Verbo; y lo que es propio del Verbo mismo, llegó a ser propio de la humanidad.» (V. R. de Journel, *o. c.*, n. 21.30.)

23. V. Rouet, *o. c.*, n. 2134. El mismo ejemplo es empleado en el llamado «himno atanasiano».

6. La definición de Calcedonia.

Con el fin de establecer una fórmula de fe cristológica que condensase la doctrina ortodoxa acerca de la persona de Jesucristo, huyendo a la vez del nestorianismo y del monofisismo, fue convocado en Calcedonia, el año 451, un Concilio General, al que envió sus delegados el obispo de Roma, León I. La fórmula de Calcedonia, aceptada hasta hoy por todas las denominaciones cristianas, dice así:

«Siguiendo, pues, a los Santos Padres, todos a una voz enseñamos a confesar un solo y el mismo Hijo, nuestro Señor Jesucristo, el mismo perfecto en divinidad, así como en humanidad; verdaderamente Dios y verdaderamente hombre, con alma racional y cuerpo; consustancial con el Padre en cuanto a la divinidad, y consustancial con nosotros en cuanto a la humanidad, "hecho en todo semejante a nosotros, pero sin pecado" (V. Heb. 4:15); engendrado del Padre antes de todos los siglos en cuanto a la deidad; y en estos últimos días, por nosotros y por nuestra salvación, nacido de la Virgen María, Madre de Dios, en cuanto a la humanidad;

»Que uno y el mismo Cristo, Hijo, Señor, Unigénito, ha de ser reconocido en dos naturalezas, sin confusión, sin cambio, sin división, sin separación; sin que en manera alguna sea suprimida la diferencia de las naturalezas a causa de la unión, sino quedando más bien a salvo la propiedad de cada naturaleza, y concurriendo ambas en una sola persona y subsistencia ("*hén prósopon kai mían hypóstasin*"), no partido ni dividido en dos personas, sino uno y el mismo Hijo, el Unigénito, Dios el Verbo, el Señor Jesucristo; como desde el principio han declarado los profetas acerca de él, y el mismo Señor Jesucristo nos ha enseñado, y el Credo (*symbolon*) de los Padres nos lo ha transmitido.»[24]

24. V. Denzinger, *o. c.*, n. 301, 302.

Más de una vez volveremos a referirnos a los distintos puntos de esta profesión de fe. También insistiremos en su importancia con relación al plan de la redención, el cual exigía que nuestro Salvador fuese verdaderamente Dios y verdaderamente hombre en la una y misma persona del Verbo o Hijo de Dios el Padre.[25]

CUESTIONARIO:

1. ¿Cuál era la doctrina de Pablo de Samosata acerca de Cristo? — 2. ¿Quién sostenía una opinión parecida en este punto? — 3. ¿Qué idea se había formado de Jesucristo Arrio? — 4. ¿Cuáles son las bases filosóficas y bíblicas del arrianismo? — 5. ¿En qué se distingue la doctrina de Apolinar de la de Arrio? — 6. ¿Por qué negaba Apolinar que Cristo poseyese espíritu humano? — 7. ¿Cómo concebía Nestorio la unión de las dos naturalezas de Cristo? — 8. ¿Por qué rechaza el título de «Madre de Dios»? — 9. Distintas formas de monofisismo. — 10. ¿En qué punto estaban de acuerdo todos los monofisitas?

---

25.   Véase la lección 14.ª.

LECCIÓN 5.ª
LA CONTROVERSIA CRISTOLÓGICA (II)

7. Monotelismo.

El Concilio de Calcedonia había expuesto con claridad y precisión la realidad e integridad de las dos naturalezas de Cristo y la unión de ambas en la única persona del Hijo de Dios. Siendo la persona el único centro de atribución y el único sujeto de responsabilidad, ¿será esta única persona la que lleve la iniciativa en toda operación de cualquiera de las dos naturalezas?; ¿será ella la que ordena todo y actúa en todo lo que Cristo hace? Más adelante, en la lección 13.ª, explicaremos el correcto concepto de «naturaleza» y de «persona». Bástenos por ahora con decir que la personalidad, como tal, no añade ningún elemento a la naturaleza concreta individual, no es parte integrante, ni principio agente, no responde a un ¿qué es? o a un ¿con qué obra?, sino a un ¿quién? Repetimos que la persona es un puro término de atribución y sujeto de responsabilidad.

Por una mala inteligencia del concepto de «persona» surgió, tras el Concilio de Calcedonia, la opinión de que en Cristo había una sola *voluntad* decisoria y una sola *energía* o agencia operativa principal (divinas), de las que la naturaleza humana era un mero *órganon* o instrumento de ejecución. Por eso se llamó a esta herejía *monotelismo* (de *monos* = único, y *thélesis* = voluntad) y *monenergismo* (de *monos* y *enérgeia* = fuerza operativa). El principal fautor de esta herejía fue Sergio, patriarca de Constantinopla desde el año 610 hasta el 638. Después de una cuidadosa investigación, parece ser que él no negó la existencia en Cristo de dos voluntades en cuanto instrumentos de ejecución, sino la *iniciativa* de la voluntad humana para ponerse en acción por sí misma, necesitando de la divina como de la chispa o encendido que pone en marcha un motor.

El monotelismo ponía en peligro la declaración de Calcedonia, puesto que afectaba a la integridad de la naturaleza humana de Cristo, la cual, de no haber dispuesto de una voluntad libre, enteramente como la nuestra, no habría sido perfecta. Por eso fue condenado en el tercer Concilio de Constantinopla, celebrado el año 680 y terminado el 681. Este Concilio añadió al Concilio de Calcedonia lo siguiente: «*Igualmente promulgamos, de cuerdo con la enseñanza de los Santos Padres, que en él* (Cristo) *hay dos voluntades naturales y dos modos naturales de obrar, sin división, sin cambio, sin separación, sin mezcla; y que esas dos voluntades naturales no se oponen mutuamente, como han afirmado los impíos herejes, sino que la voluntad humana sigue* (es decir, obedece), *y no resiste ni se opone, y más bien sometida, a su omnipotente y divina voluntad.*»[26] Lo mismo dice, con mayor precisión todavía, acerca de las dos *enérgeias* o fuerzas operativas.[27]

Es una pena que un teólogo evangélico como A. H. Strong se sienta monotelista y acuse de heterodoxia al Concilio III de Constantinopla. Sobre esto volveremos en otra lección, al tratar de la personalidad de Cristo, y descubriremos el equívoco de Strong al definir la personalidad.[28]

En carta a Sergio (año 634), el Papa Honorio, quizá por no entender el estado de la cuestión, mandó que sólo se admitiese una voluntad en Cristo. En Concilio condenó como herejes, no sólo a Sergio y a sus epígonos, sino tam-

---

26. Denzinger, *o. c.*, n. 556.
27. V. Denzinger, *o. c.*, n. 557.
28. V. su *Systematic Theology*, p. 695.

bién al difunto Papa Honorio.[29] El Papa León II, en carta al emperador Constantino IV (año 682), confirmó las decisiones del Concilio, incluida la condenación de Honorio I.[30]

El Concilio apeló a Jn. 6:38: «*Porque he descendido del Cielo, no para hacer mi voluntad, sino la voluntad del que me envió.*» Pudo haber citado igualmente dos lugares más claros, si cabe: «*Pero no sea como yo quiero, sino como tú*» (Mt. 26:39); «*no se haga mi voluntad, sino la tuya*» (Lc. 22:42). Es obvio que en estos tres lugares se habla de una voluntad distinta de la divina, pues ésta es común al Padre y al Hijo. La libertad humana de Cristo (la espontaneidad negada por Sergio) es afirmada en Jn. 10:18, donde Cristo dice acerca de su vida humana terrenal: «*Tengo poder para ponerla* (para morir), *y tengo poder para volverla a tomar. Este mandamiento recibí de mi Padre.*» Ahora bien, la voluntad divina de Cristo no podía recibir del Padre un mandamiento que implicaba obediencia y sumisión. Otros lugares que presuponen una voluntad obediente y libre son: Is. 53:7; Jn. 4:34; 5:30; 8:29; 14:31; Flp. 2:8; Rom. 5:19; Heb. 10:9. No olvidemos que una obediencia que no hubiese sido voluntaria y libre, hubiera privado al sacrificio de la Cruz de todo su valor soteriológico.

8. Nuevos peligros de herejía.

Con mucha razón opina Berkouwer, contra Korff y otros teólogos modernos, que Calcedonia no supuso un ¡alto! en la reformulación del dogma cristológico. «Todo depnde —dice Berkouwer— de lo que se entienda por evolución

---

29. V. Denzinger, *o. c.*, n. 551, 552. L. Ott, en *Fundamentals of Catholic Dogma*, p. 150, sostiene que tal condenación fue injusta.

30. V. Denzinger, *o. c.*, n. 561-563. L. Ott (*o. c.*, p. 150) sostiene que León II no reprochó a su predecesor Honorio I por herejía, sino por «negligencia en la supresión del error». Traducimos literalmente de la carta de León II: «Igualmente anatematizamos... también a Honorio, quien no mantuvo limpia esta Iglesia apostólica con la doctrina de la tradición apostólica, sino que trató, con profana traición, de subvertir la fe inmaculada.»

del dogma... Él (Korff) no tiene en cuenta, al menos suficientemente, la posibilidad de una progresiva y obediente inteligencia del mensaje de la Escritura, a base de una adhesión cada vez más firme a la Palabra de Dios.»[31]

Después de Calcedonia, uno de los peligros que se cernían era el hablar de la naturaleza humana de Cristo como «impersonal», por el hecho de que carece de personalidad propia, puesto que el Verbo no asumió una *persona*, sino una *naturaleza* humana, en la forma que explicaremos más adelante. Pero, ¿cómo puede ser Jesucristo un hombre perfecto si carece de una personalidad *propia* de un hombre? Ya en tiempo del Concilio de Calcedonia, Leoncio de Bizancio encontró la solución correcta al apuntar que la naturaleza humana de Cristo era «in-personal», en el sentido de no poseer una personalidad distinta de la del Verbo, pero que era «en-personal», porque subsistía en la persona del Hijo de Dios. Esto es lo que hizo afirmar a Tomás de Aquino (III, q. 2, a. 4) que la persona de Cristo es compuesta (se entiende no real, sino virtualmente), «porque subsiste en dos naturalezas; de donde, aun cuando es uno solo el que subsiste, hay, sin embargo, dos distintas razones de subsistir». En otras palabras, el Hijo de Dios, que subsiste desde la eternidad en la naturaleza divina, extiende su infinito poder de subsistir a la naturaleza humana en el momento de asumirla como suya. Todo lo que pertenece a las naturalezas es doble, pero hay un solo «yo», que unas veces se expresa y actúa como Dios, y otras veces como hombre.[32]

Otro peligro surgió en expresiones que implicaban una especie de mezcla o, al menos, traspaso de los atributos de la naturaleza divina a la humana. Aunque Juan Damasceno, en el siglo VIII, usó frases ambiguas, especialmente en el uso de comparaciones, no defendió «una comuni-

31. *The Person of Christ,* p. 89.
32. Volveremos sobre esto en la lección 14.ª.

cación de los atributos divinos a la naturaleza humana».[33] En todos los siglos, como veremos más adelante en esta lección, así como en la lección siguiente, se han levantado opiniones con resabios, ya de monofisismo, ya de nestorianismo.

9. El Adopcionismo.

Los obispos españoles Félix de Urgel († 800) y Elipando de Toledo († 808) sostuvieron tenazmente que Jesucristo fue siempre Hijo *propio* de Dios, por su generación eterna del Padre; pero que, *en cuanto hombre,* como descendiente de David, fue *también* hijo adoptivo espiritual de Dios, a partir de su Bautismo en el Jordán hasta la Resurrección. Admitían la declaración del Concilio de Calcedonia, pero parece ser que lo que les movió a opinar así, junto con cierta confusión doctrinal, fue su anhelo pastoral de evangelizar con más eficacia a los invasores musulmanes, quienes también creían en Jesús como gran Profeta e hijo adoptivo de Dios. A esta herejía se le llamó Adopcionismo, y también «la herejía española». Los adopcionistas fueron condenados en el Sínodo de Francfurt (año 794).

Estos herejes no tenían en cuenta que la adopción es algo estrictamente *personal;* es decir, no se adopta a una naturaleza, sino a una persona, ya que ésta es el sujeto propio de *filiación.* El Concilio de Calcedonia ya había recalcado que en Cristo hay *un solo Hijo.* Aunque la naturaleza humana no es *hija* propia de Dios, ni le pertenece filiación alguna, pues ésta es propia de la persona, sin embargo se puede decir que «este hombre, que es Jesús, es Hijo propio de Dios», por la sencilla razón de que *este hombre* tiene su personalidad en la persona del Hijo de

---

33. Así piensa Berkhof en su *History of Christian Doctrines,* p. 111, quien no parece haber entendido bien el sentido de la llamada «comunicación de idiomas», correctamente expuesta por el Damasceno, a pesar del ambiguo uso que éste hace del término *perichóresis* o circumincesión de las dos naturalezas de Cristo. V. Rouet, *o. c.,* n. 2361, 2362.

Dios. Y como el Hijo de Dios es tan Dios como el Padre, también se puede decir que «este hombre, que es Jesús, es Dios».

10. Discusiones medievales.

Durante la Edad Media, el péndulo no cesó de moverse hacia uno u otro de los dos extremos de la controversia cristológica. Mientras Tomás de Kempis hacía un especial énfasis en Jesús-Hombre, Pedro Lombardo llegó a afirmar que, en comparación con su divinidad, la humanidad de Cristo es «como nada». Lo que Pedro Lombardo (1100-1160)[34] quería quizá poner de relieve era la infinita distancia entre el Dios trascendente y algo creado, como es la humanidad de Jesucristo; sin embargo, su expresión suena a monofisismo del peor.

En Tomás de Aquino (1224-1274), la enseñanza cristológica de la Iglesia de Roma queda, por decirlo así, oficialmente fijada. De la persona de Cristo, como Primera parte del presente volumen, tratan las 25 primeras cuestiones de la Tercera parte de la *Summa Theologica*. En las cuestiones 2.ª, 3.ª, 4.ª, 5.ª, 6.ª, 16.ª, 17.ª, 18.ª, 19.ª y 23.ª, y de refilón en otras, expone correctamente la doctrina proclamada en Calcedonia y en el Concilio III de Constantinopla. A su tiempo anotaremos nuestras diferencias con él en aspectos relacionados con la gracia y con la ciencia humana de Jesucristo. En lo que respecta a las voluntades de Cristo, justamente afirma Tomás que hay una sola voluntad humana en Cristo, igual que en nosotros, en cuanto que voluntad significa «el primer motor en el terreno de los actos humanos».[35] Sin embargo, hemos de notar que Lc. 22:42: *«no se haga mi voluntad, sino la tuya»*, llama

---

34. También llamado «Maestro de las Sentencias», por ser en Occidente el primer sistematizador de la Teología en 4 libros de «sentencias» o tesis, con abundantes citas de los llamados «Santos Padres».

35. V. *Summa Theologica*, III, q. 18, a. 3, *Sed contra*.

voluntad a la tendencia instintiva que se oponía al sufrimiento y a la muerte. En efecto, ¿con qué voluntad *decidió* Cristo que se hiciera la voluntad del Padre? No con la divina, pues ésta le era común con el Padre. Tampoco con la que él llama «mi voluntad», pues ésta se oponía; es decir, se resistía a beber la copa de aflicción. Sólo su voluntad humana, propiamente dicha, podía tomar la libre resolución de afrontar la muerte en cruz; lo cual es de suma importancia en el aspecto soteriológico. Sin embargo, en el art. 5 de la misma cuestión 18.ª, Tomás niega que la voluntad humana de Cristo quisiera siempre lo que Dios quería, y lo hace apoyado en una cita de Agustín, que se basa en Lc. 22:42.

Tomás niega que hubiese en Cristo «contrariedad de voluntades»,[36] en lo cual estamos de acuerdo. Pero no cabe duda de que Tomás negaba también en Cristo la *libertad de contrariedad,* es decir, la facultad radical de elegir entre el bien y el mal. Lógicamente tenía que pensar así, al negar la limitación del entendimiento humano de Cristo en forma de ignorancia,[37] ya que a ello se oponía la visión beatífica por parte del alma de Cristo. Ahora bien, esto va directamente en contra de textos como Mc. 13:32 y Lc. 2:52, en que se expresa la limitación del conocimiento humano de Cristo, así como su progresivo crecimiento en sabiduría. Por otra parte, Jn. 10:18 nos presenta la libertad física y psicológica de Cristo en cuanto a ofrecer su vida por nosotros, acerca de lo cual había un verdadero «*mandamiento del Padre*», que no hubiera podido ser quebrantado sin pecado (comp. con Rom. 5:19 y Heb. 5:8, sin descartar Flp. 2:8). Sin embargo, había siempre en la voluntad humana de Cristo una sujeción *moral* a la divina, debido a que era conducido en todo por el Espíritu Santo, el cual se le había dado en plenitud (V. Jn. 3:34; 4:34).

---

36. V. *Summa Theologica,* III, q. 18, a. 6.
37. V. *Summa Theologica,* III, q. 15, a. 3. Es significativa la interpretación que Tomás de Aquino hace de la frase *«lleno de gracia y de verdad»* (Jn. 1:14), como si «verdad» en tal texto significase conocimiento intelectual».

CUESTIONARIO:

1. ¿Qué enseña el Monotelismo? — 2. ¿Qué textos del Evangelio dan evidencia de dos voluntades en Cristo? — 3. ¿Es impersonal la naturaleza humana de Jesucristo? — 4. Cuando Cristo hablaba, ¿quién hablaba y con qué naturaleza hablaba? — 5. ¿Es omnipotente el espíritu humano de Jesucristo, o no? — 6. ¿Qué sostenía el Adopcionismo? — 7. ¿Podemos decir que este hombre, que es Jesús, es Dios? — 8. ¿En qué sentido puede decirse que la naturaleza humana de Jesucristo, en comparación con la divina, es como nada? — 9. ¿Quién fijó la doctrina oficial de la Iglesia de Roma sobre la Cristología? — 10. En Lc. 22:42 aparecen dos voluntades opuestas, ¿cuál de las dos produce la decisión de beber la copa de aflicción?

LECCIÓN 6.ª ENSEÑANZA CRISTOLÓGICA DE LA REFORMA

1. Doctrina común de los Reformadores.

La Reforma en general aceptó, como la Iglesia de Roma, la fe del Concilio de Calcedonia, aunque un concepto más bíblico de «gracia» y de «ciencia» en Jesucristo preservó, a las profesiones de fe reformadas, de algunas desviaciones introducidas en el Medievo. Podemos verlo reproduciendo aquí las enseñanzas de los Artículos de Religión de la Iglesia Anglicana, de la Confesión de Fe de Westminster y del Catecismo de Heidelberg.

La primera parte (cristológica) del Artículo II de la Iglesia Anglicana dice así:

> «El Hijo, que es el Verbo del Padre, engendrado desde la eternidad por el Padre, el verdadero y eterno Dios, y de una misma sustancia que el Padre, tomó naturaleza de hombre en el vientre de la Bendita (o Bienaventurada) Virgen, de la sustancia de ella; de tal manera que las dos naturalezas, divina y humana, quedaron inseparablemente unidas, íntegras y perfectas, en la unidad de la persona; por lo que hay un solo Cristo, verdadero Dios y verdadero Hombre.»

Por su parte, la Confesión de Fe de Westminster, capítulo VIII, párrafo II, expresa lo mismo de esta manera:

«El Hijo de Dios, la segunda persona en la Trinidad, siendo verdadero y eterno Dios, consustancial e igual al Padre, cuando llegó el cumplimiento del tiempo, tomó sobre sí la naturaleza de hombre, con todas las correspondientes propiedades esenciales y debilidades comunes, aunque sin pecado; siendo concebido por el poder del Espíritu Santo, en el vientre de la Virgen María, de la sustancia de ella. De modo que las dos naturalezas, enteras, perfectas y distintas, la Divinidad y la humanidad, quedaron inseparablemente unidas en una persona, sin cambio, ni composición, ni confusión. La cual persona es verdaderamente Dios y verdaderamente hombre, y con todo es un solo Cristo, el único Mediador entre Dios y el hombre.»

Finalmente, el Catecismo de Heidelberg, a la pregunta 35.ª (¿Qué significa que «fue concebido del Espíritu Santo y nació de la Virgen María»?), responde:

«Que el eterno Hijo de Dios, el cual es y permanece verdadero y eterno Dios, tomó verdadera naturaleza humana de la carne y de la sangre de la Virgen María, por obra del Espíritu Santo, para ser, con todo, verdadero descendiente de David, semejante a sus hermanos en todo, excepto el pecado.»

2. Diferencias entre los Reformadores.

A) Entre los principales Reformadores del siglo XVI, Calvino fue el que más estrechamente ligado se mantuvo a la letra y al espíritu de Calcedonia, cuya doctrina expone magistralmente en su *Institutio Christianae Religionis*, libro II, capítulos 12, 13 y 14.

B) Lutero admitió también las enseñanzas de Calcedonia, pero tomó algunos resabios de monofisismo. Parece ser que su pensamiento se forjó a base de una equivocada interpretación de la frase *«se sentó a la diestra de Dios»*, según aparece en lugares como Heb. 10:12. Si Cristo se ha sentado a la diestra del Padre —decía Lutero—, y la diestra del Padre está en todas partes, se sigue que Jesucristo está en todas partes. De ahí que esté *también* en el pan y en el vino de la Cena del Señor, según Lutero.[38] Esto condujo al punto de vista típicamente luterano acerca de la llamada «comunicación de propiedades o "idiomas"»,[39] hasta afirmar que «cada una de las naturalezas de Cristo penetra en la otra *(pericóresis)*, y que su Humanidad participa de los atributos de su Divinidad».[40] Según eso, los atributos divinos de omnipotencia, omnisciencia y omnipresencia le fueron comunicados a la humanidad de Cristo en el momento de la Encarnación.

Por su parte, los luteranos atacan lo que llaman el *«extra-calvinisticum»*, o sea, la afirmación de que, por la Encarnación, el Verbo de Dios no queda *encerrado* en la humanidad de Cristo, puesto que conserva su divina infinidad y omnipresencia, fuera de los límites que la naturaleza asumida comporta, aun cuando está y permanece personalmente unido a dicha naturaleza.[41] Sin embargo, en esto el calvinismo lleva toda la razón, con base en la Escritura. No cabe ninguna duda de que Jesucristo es inmenso en cuanto Dios, pero es limitado en cuanto hombre; ésta es la enseñanza de la Biblia y del Concilio de Calcedonia. Hay cuatro textos clave, que necesitan una explicación:

a) *Heb. 10:12,* que es el texto invocado por Lutero, expresa el final del único sacrificio de Cristo y su gloria celestial, compartida con el Padre, usando dos antropomor-

---

38. Sin embargo, Lutero no admitía la transustanciación y decía que tal presencia de Cristo en los elementos de la Mesa del Señor tenía eficacia sacramental, mediante la fe, *sólo* en el momento de la comunión. (V. también mi libro *La Iglesia, Cuerpo de Cristo*]Terrassa, CLIE, 1973[, pp. 316-317.)

39. V. la lección 16.ª del presente volumen.

40. Neve, *Lutheran Symbolics,* citado por Berkhof, *Systematic Theology,* p. 308.

41. V. Berkouwer, *The Person of Christ,* pp. 93ss.

fismos: 1) la «*diestra del Padre*», porque Dios es Espíritu y, por tanto, no tiene manos; 2) que Cristo está «*sentado*», pues en la visión de Apoc. 5:6 aparece «*en pie*», para indicar que está vivo, a pesar de que fue muerto. Podemos decir que Jesucristo está en todas partes (su persona divina; es decir, en cuanto Dios), pero es erróneo afirmar que la naturaleza humana de Jesucristo (es decir, Jesucristo en cuanto hombre) esté en todas partes.

b) *Jn. 1:14* nos dice que «*el Verbo llegó a ser hombre*», pero el texto original no indica, ni mucho menos, que el Verbo quedase encerrado dentro de las paredes opacas de un cuerpo humano, pues al hacerse hombre no dejó de ser el Dios infinito e inmenso.

c) *Jn. 3:13.* Aunque se admita la lectura, muy dudosa, «*que está en el Cielo*»,[42] sólo se trataría de un caso de correcta «comunicación de idiomas», ya que la persona divina del «Hijo del Hombre» está en el Cielo, así como en todas partes.

d) *Col. 2:9:* «*Porque en él* (Cristo) *habita corporalmente toda la plenitud de la Deidad.*» Mirando al contexto anterior y posterior, vemos que la enseñanza que Pablo quiere aquí poner de relieve es la siguiente: los creyentes no necesitamos de ninguna jerarquía de espíritus angélicos ni humanos por los que se nos transmita el conocimiento y la posesión de la esencia divina (resonancias gnósticas), sino que tenemos al mismo Cristo, en el cual habita en forma visible, incorporada (comp. con Jn. 14:9), la plenitud de la esencia divina. Por eso, teniendo a Cristo, ya estamos llenos de Dios en él y por él (vers. 10). Ahora bien, el hecho de que Dios habite *entero* en Cristo, no significa que la divinidad quede achicada dentro de los límites de la humanidad, perdiendo así su inmensidad, o que la humanidad participe de la inmensidad de la esencia divina, puesto que Dios, siendo Espíritu purísimo y simplicísimo, sin composición de partes, está entero en

---

42. Dicha frase falta en numerosos e importantes MSS.

todas partes y en cada uno de los subátomos del Universo. Por eso está en Cristo con toda su plenitud, aunque rebasa infinitamente, con esa misma plenitud, los límites de la naturaleza humana de Jesucristo.

C) Un grupo de los Anabaptistas resucitó el antiguo error de que el cuerpo de Jesús no fue concebido de la sustancia de la Virgen, sino que bajó del Cielo y *pasó*, como por un canal, por el útero de la Virgen. Alegaban que «el Logos no se puede unir a una verdadera naturaleza humana».[43] Sin duda pensaban que, de lo contrario, Jesús habría contraído el contagio de la culpa original, olvidando que la depravación natural no es como una enfermedad física y que la culpabilidad solidaria se contrae cuando surge una nueva persona humana. Como persona divina, Cristo estaba radicalmente exento de todo pecado, y, como hombre, el Espíritu Santo, por cuya obra fue concebido, le hizo totalmente *santo* (Lc. 1:35) y le mantuvo sin pecado (Jn. 8:46).

Por desgracia, esta especie de docetismo continúa todavía en nuestros días en algunos grupos, aunque reducidos, que se llaman «evangélicos».

3. Paso al antropocentrismo cristológico.

A principios del siglo xix la Cristología pasó a ser completamente antropocéntrica, desdeñando el aspecto teológico. Comenzó a prevalecer el estudio del «Jesús histórico», allanando el camino al punto de vista modernista sobre Jesús. Es la época de las «Vidas» de Jesús; en este contexto se inscribe ya la de Ernesto Renán. En ellas se propone a Jesucristo como «modelo de hombre sabio y bueno», dejando de lado al Cristo sobrenatural, verdadero Dios.

Matices distintos en la base de este movimiento son:
a) F. Schleiermacher (1768-1834) es el verdadero líder de

---

43. V. Berkouwer, *o. c.*, p. 79.

esta corriente errónea sobre la persona de Cristo. Se trata del «sentimentalismo religioso» y tiene raíces en B. Spinoza, así como en Fichte y en Hegel, pasando por la *Crítica de la Razón Práctica* de Manuel Kant; *b*) A. Ritschl (1822-1889), partiendo también de la total separación, propugnada por Kant, entre teología y fe, se situó en un plano cercano al monarquianismo dinámico de Pablo de Samosata, pues cargó el énfasis más en la obra que en la persona de Cristo («Cristo es una ventana que nos muestra a Dios trabajando» —frase todavía en boga y que constituye una «media verdad»).

Con estas corrientes, la trascendencia de Jesucristo, en cuanto Verbo de Dios, Hijo de Dios, persona divina, queda soslayada o abiertamente negada, dando paso a una inmanencia exclusiva; es decir, el totalmente distinto deja de serlo para hacerse totalmente semejante a nosotros. El grado de perfección en la humanidad de Jesucristo puede ser superior al nuestro, pero no hay una diferencia radicalmente cualitativa en su persona, puesto que su divinidad se niega o queda en entredicho. Bultmann irá más lejos, como veremos en la lección siguiente.

4. Reacción de la "Nueva Ortodoxia".

En reacción contra la inmanencia de Schleiermacher y Ritschl, y contra el afán desmitificador de R. Bultmann, Karl Barth (1886-1968), dentro de un contexto ultraluterano, matizado por el existencialismo, lleva el péndulo hacia una excesiva trascendencia. Barth no niega que Jesucristo sea Dios, aunque algunas frases suyas suenan a sabelianismo,[44] pero asegura que ni el mismo Jesucristo puede revelarnos propiamente a Dios, porque, en fin de cuentas, «Dios, cuanto más se revela, más se esconde». Es cierto que, a medida que conocemos más a Dios, más resalta la infinidad de su trascendencia, pero también es verdad

---

44. V. mi libro *Un Dios en Tres Personas*, p. 129, hacia el fin, y nota 6.

que se nos hace más inteligible la profundidad de su inmanencia. En Jesucristo no vemos a un Dios que juega al escondite (V. Jn. 14:9; 16:26-30).

5. La controversia cristológica, tema permanente.

En el siglo pasado, el teólogo católico-romano alemán A. Günther (1783-1863) sostuvo que la esencia de la personalidad consiste en la autoconsciencia; de lo cual se derivaba que en Cristo hay dos personas, al haber en él dos conciencias, aunque existía, según dicho teólogo, una unidad «formal» entre el Hijo de Dios y el Hijo de la Virgen, gracias a la mutua penetración de la autoconciencia. Este error tuvo sus implicaciones trinitarias, porque si la personalidad consiste en la autoconsciencia, al haber en Dios tres personas, resulta que hay tres conciencias, lo que equivaldría a triplicar la naturaleza divina. La Congregación del Índice, en carta al arzobispo de Colonia el año 1857, condenaba las doctrinas de Günther como contrarias a la fe católica.[45] También enseña Günther que el alma de Cristo careció de la visión beatífica en esta vida, como lo prueban los Evangelios y, en especial, el relato de la Pasión. En esto tenía Günther toda la razón.[46]

El error de Günther, en lo tocante a la Cristología, estribó en confundir la conciencia con la personalidad. Es cierto que uno de los atributos de la persona es ser «autoconsciente» de su «yo», de ser «él-mismo», pero esa consciencia se distingue de la personalidad como se distingue la pantalla del espectador. Por eso en Cristo hay una sola persona, porque hay un solo «yo», el cual es consciente de ser el Hijo de Dios mediante su consciencia divina, y de ser el hijo de María, mediante su consciencia humana, siendo el Espíritu Santo el encargado de establecer la co-

---

45. V. Denzinger, o. c., n. 2828.
46. Que no existe tal visión directa de la esencia divina, lo hemos explicado en el libro *Un Dios en Tres Personas*, pp. 40-42. (V. también mi libro *Catolicismo Romano*, pp. 130-131, nota 5.)

municación, como en todas las obras divinas *ad extra* —según la expresión técnica de la Teología tradicional.

Opinamos que ésta es la solución correcta al problema suscitado por la Psicología Moderna, y que hace algunas décadas levantó una interminable polémica entre los teólogos católicos P. Galtier y P. Parente, en la que terció el carmelita español R. Xiberta. Confesamos que se trata de un tema muy difícil. En realidad, la base del problema está en los distintos modos de concebir la personalidad, ya desde la Edad Media. Los partidarios de J. Duns Scot ponen la personalidad en algo *negativo*: el hecho de no subsistir *en sí*, mientras los dominicanos estiman que consiste en algo real: el hecho de que la personalidad cierra en sí, como último término del subsistir, una naturaleza concreta individual. Esto es lo correcto, aunque no estimamos correcto el afirmar que en Cristo hay una sola *existencia*, la divina, como sostienen los dominicanos.[47]

CUESTIONARIO:

1. *De entre los Reformadores del siglo XVI, ¿quién se atuvo mejor a la enseñanza del Concilio de Calcedonia?* — 2. *¿Cómo entendía Lutero la presencia de Cristo en los elementos de la Cena del Señor?* — 3. *¿Qué antigua herejía se parece a la de ciertos Anabaptistas en cuanto al origen del cuerpo del Señor?* — 4. *¿En qué se fundaban dichos Anabaptistas?* — 5. *¿Quiénes abrieron paso al Modernismo del siglo XIX?* — 6. *¿Cómo considera a Jesucristo toda esta corriente inmanentista?* — 7. *¿En qué matiz consiste la diferencia entre la opinión de Schleiermacher y la de Ritschl?* — 8. *¿Cómo se llama, en oposición a la inmanencia, el extremo opuesto, defendido por Barth?* — 9. *¿En qué bases se apoya Barth para sostener que ni el mismo Jesucristo puede revelarnos propiamente a Dios?* — 10. *Errores y aciertos cristológicos de A. Günther.*

---

47. V. el último punto de la lección 15.ª.

LECCIÓN 7.ª LA HEREJÍA MODERNISTA

1. Cómo surgió la gran crisis en la Cristología moderna.

En los siglos XIX y XX se ha producido un asalto frontal contra la fe de Calcedonia, con la excusa de que la doctrina de las dos naturalezas en una sola persona, y ésta divina, era «irreal, inimaginable e insostenible a la luz de una reflexión genuinamente religiosa».[48]

A producir este estado de cosas han contribuido —unos, hace siglos, y otros, recientemente— los siguientes factores:

A) El Socinianismo (un nuevo Pelagianismo), con su fiero ataque al carácter sustitutorio de la obra de Jesucristo;

B) El Racionalismo, con su aversión al misterio y su pretensión de que sólo la razón humana es el árbitro de la verdad conocida y por conocer;

C) El Modernismo, que ha tratado de presentarnos un *Jesús histórico* (aceptado por la investigación científica) en oposición al *Cristo de la fe* (producto de la fantasía, del pensamiento mágico y de la autosugestión de la primitiva comunidad cristiana).

D) El Existencialismo, que sitúa lo trascendente en la zona de lo incognoscible.

Las conclusiones cristológicas de este ataque combinado han sido las siguientes:

---

48. V. Berkouwer, *o. c.*, p. 22.

A') Jesucristo era un hombre como los demás, aunque con una progresiva consciencia de que Dios estaba en él, llevando a cabo *su* obra.[49]

B') Toda la Cristología tradicional está entramada en una filosofía trasnochada, que ha ido configurando el llamado «dogma cristológico».

C') Con ello la figura del verdadero Jesucristo se ha enfriado y se ha fosilizado; ha perdido auténtico calor humano, al haberlo elevado a la altura metafísica de un «Dios Hombre».

2. Cómo se ha configurado la herejía modernista.

Un denominador común de todos los movimientos que, desde el primer tercio del siglo pasado, se han confabulado contra la fe cristiana es la llamada *Dialéctica*. Por Dialéctica se entiende, en el terreno filosófico-teológico, un esfuerzo mental de comprensión y expresión de lo real mediante una síntesis resultante de la contraposición de conceptos o términos. Existe una dialéctica correcta cuando los distintos aspectos de la realidad se suman para ofrecer una mejor comprensión del objeto, pero no es correcta una dialéctica teológica que pretenda elaborar datos o conceptos religiosos a base de una oposición entre la fe y la razón, la Ciencia y la Biblia, etc. Toda dialéctica que ponga en tela de juicio la verdad inmutable de «*la fe que ha sido una vez dada a los santos*» (Jud., vers. 3), no puede ser admitida por un verdadero creyente. La comprensión y la vivencia de la verdad revelada son cosas muy distintas de la verdad proposicional de la misma revelación divina.

Éste es, en realidad, el equívoco que la Teología Dialéctica ha introducido en el dogma cristológico, como en el resto de las verdades reveladas. Es curioso que el Racionalismo y el Sentimentalismo se hayan dado la mano,

---

49. V. F. Schleiermacher, *Der Christliche Glaube*, pár. 94.

quebrando la línea divisoria establecida por Kant, para dar pie a esta herejía. El resultado ha sido la negación de todo lo sobrenatural y el agnosticismo respecto a todo lo trascendente, haciendo de la razón o del sentimiento la norma de toda investigación sobre la persona y obra de Jesucristo.

Ya Hegel concluyó que Cristo es una humanización de Dios, la cual requiere una «ampliación», puesto que Jesucristo es el gran modelo para todos los hombres. El Existencialismo ha prestado su apoyo a Bultmann para elaborar la desmitificación de la Biblia, incluso del Nuevo Testamento, con la excusa de intentar así preservar mejor la fe en él. Según Bultmann, Jesús, poseído de su papel de Enviado de Dios, subió a la Cruz, no para llevar a cabo una obra sustitutoria, sino para expresar el amor perdonador de Dios, lo cual queda respaldado simbólicamente por el «misterio pascual» (la fe en una resurrección de Cristo sin base histórica).

Pero lo que más nos interesa aquí de la desmitificación bultmaniana es su punto de vista acerca de la misma Cristología. Dice así en su libro *Jesuucristo y Mitología:*

«En particular, la concepción del Hijo de Dios preexistente, que desciende al mundo en forma humana para redimir a la humanidad, forma parte de la doctrina gnóstica de la redención, y nadie vacila en llamar mitológica a esta doctrina.»[50]

3. Refutación de esta herejía.

Nadie debe dudar de la seriedad que comporta el ataque el Modernismo supone para la fe cristiana. Por eso, debemos poner todo nuestro empeño en la refutación de esta herejía, incluyendo los presupuestos en que se basa. Lo haremos desde distintos ángulos:

50. Pág. 20. (Trad. de R. Alaix y E. Sierra, Ediciones Ariel, Esplugas de Llobregat, 1970.)

A) De acuerdo con todas las confesiones de fe procla-
madas por la Reforma (y por las demás iglesias fuera de
la Reforma), debemos afirmar que la declaración del Concilio de Calcedonia está en total conformidad con el Nuevo
Testamento. Por tanto, va en ella la inspiración divina y
la inerrancia de la Biblia.

B) No sirve de excusa el tener un buen fin en la presentación del mensaje o *kerygma* del Evangelio, si, por
cobardía ante lo supuestamente «científico», traicionamos
la Palabra de Dios, la cual exige de todo entendimiento
humano una humillación previa (V. 1 Cor. 1:18-31; 2 Cor.
10:5). Estamos, sí, de acuerdo en que una correcta hermenéutica ha de tener en cuenta dos principios fundamentales: *a)* que la Biblia no es un «libro de Ciencia», sino
una Historia de la Salvación con apelación de Dios al
hombre para que éste sea hecho receptivo a dicha salvación; *b)* que, para interpretar correctamente la Biblia,
es necesario conocer los géneros literarios semitas y el
sentido popular de las expresiones científicas de la Biblia.

C) Contra Bultmann sostenemos que la simbología corriente en el género literario semita no puede extenderse
a hechos como la confesión de su divinidad que hizo y
aceptó Jesús (V. Mt. 16:16ss.; 26:63-65), la obra sustitutoria
del Calvario (V. Rom. 4:25; 2 Cor. 5:14, 21), y, en especial, la Resurrección de Jesucristo (V. 1 Cor. 15:14-17).

D) Jesucristo, confesado por Simón Pedro como *«Hijo
del Dios viviente»* (algo misterioso, que sólo el Padre puede revelar —vers. 17 del citado cap. 16 de Mateo), es el
fundamento o «piedra angular» de la Iglesia (Mt. 16:18;
Ef. 2:20-21; 1 Ped. 2:5-8). Además, como dotado de autoridad divina, nos impone su verdad para creerla: «Creéis
en Dios; creed también en mí» (Jn. 14:1). Ahora bien, como
dice G. Vos:

«O dice la verdad o no. Si no la dice, nos queda
esta sola alternativa: o dice falsedad de intento o no.
Si la dice de intento, es el mayor impostor de la His-

toria. Si la dice inconscientemente, entonces es la más patética víctima de la megalomanía religiosa jamás conocida. Ante esta alternativa, no tenemos otro remedio que creer que Jesucristo dijo la verdad, y que tenía derecho a decirla con autoridad divina, sencillamente porque era Dios.»[51]

E) Como una consecuencia lógica de todo lo dicho, hemos de concluir, contra la opinión de Bultmann, que, si Jesucristo era Dios, preexistía eternamente antes de hacerse hombre.[52]

CUESTIONARIO:

1. ¿Qué factores han confluido en la moderna negación de la divinidad de Jesucristo? — 2. ¿A qué es debido, según los modernistas, que la figura del verdadero Jesús se haya fosilizado y haya perdido calor humano? — 3. ¿Cuál es el denominador común de racionalistas y sentimentalistas en este punto? — 4. ¿Qué suponía para Hegel la figura de Cristo? — 5. ¿Cómo se llama la tarea que, según Bultmann, hay que llevar a cabo para encontrar en el Nuevo Testamento al Jesús «histórico»? — 6. Según Bultmann, ¿tuvieron carácter de hechos históricos la crucifixión de Cristo y su resurrección? — 7. ¿Cuál es el equívoco principal introducido por la Teología Dialéctica? — 8. ¿Por qué defendemos y profesamos la declaración del Concilio de Calcedonia? — 9. Los géneros literarios semitas, ¿afectan a los hechos o a su dramatización? — 10. ¿Por qué no podemos admitir que Jesucristo fuese un falsario?

---

51. Citado por Berkouwer, o. c., p. 54.
52. Más adelante dedicaremos varias lecciones al tema de la divinidad de Jesucristo.

LECCIÓN 8.ª LOS NOMBRES DE CRISTO

En esta lección, y antes de abordar los temas de la verdadera divinidad y de la verdadera humanidad de Jesucristo, vamos a dedicar una lección a los nombres que la Biblia nos ofrece de él. Por supuesto, no pensamos seguir aquí los pasos de Fray Luis de León en su famosa obra *Los Nombres de Cristo,* sino que nos atendremos escuetamente a los datos netamente bíblicos.

1. Jesús.

Cuando el ángel se apareció a José (V. Mt. 1:21), y antes a María (Lc. 1:31), anunció que el niño que les iba a nacer tenía que ser llamado JESÚS, *«porque él salvará a su pueblo de sus pecados»* (Mt. 1:21, comp. con Sal. 130:8). Es de notar que el ángel no dijo «le pondrás por nombre», sino *«llamarás su nombre»,* dando a entender que el nombre le había sido ya asignado en el Cielo.

El Nuevo Testamento nos presenta helenizado («Iesús») el nombre hebreo *Yeshuah=Yoshuah* (Josué) y *Yehoshuah.* El rabino Hertz opina que dicho nombre proviene del verbo *hoshiah* (forma hiphil de *yashah* = ayudar, liberar, salvar). En Núm. 13:16 se nos dice que Moisés había cambiado (V. Éx. 17:9ss.) el nombre de *Hosheah* (Oseas) = él ayudó, en *Yehoshuah* (Josué) = él ayudará, con lo que al nombre anterior se le añadía como prefijo la letra *Y,* con la que comienza el más típico nombre de Dios *(Yahveh),* y se daba a entender que el mismo Dios que hasta entonces había ayudado a su pueblo, le había de salvar también en el futuro.[53]

Con el uso del mismo tiempo del verbo hebreo en el nombre *Jesús* se nos da, pues, a entender el carácter perpetuo de *Salvador*, propio de Cristo (V. Hech. 4:12), junto con el énfasis en la iniciativa divina de la salvación (*Él, Dios, salvará*), descrita en Rom. 5:6, 8, 10; 1 Jn. 4:10, 19. Los «Yo soy», sin predicado, de Jesús en S. Juan, especialmente en 8:24, 58; 18:6, tienen una resonancia inequívoca de Éx. 3:14-15: EL YO SOY. Filipenses 2:9-10 nos declara la dignidad infinita, divina, de este nombre *(Jesús)*, pues sólo ante Dios se puede *doblar la rodilla* (comp. con Hech. 10:25-26; Apoc. 22:8, 9).

2. Cristo.

El Nuevo Testamento llama al Señor *Christós*, que significa «ungido» (V. Is. 61:1; Hech. 2:36, como manifestación notoria de un hecho perpetuo). Su equivalente en hebreo es *Mashiaj* (Mesías), del verbo *mashaj* = ungir.

Dice Hertz[54] que el aceite, excelente preventivo contra el ardiente sol de Palestina, era considerado entre los judíos como símbolo de alivio, consuelo, felicidad, etc., «y se hizo sinónimo de la comunicación de las bendiciones divinas».

No es extraño, por consiguiente, que el aceite aparezca en el Nuevo Testamento como símbolo del Espíritu Santo, o de la unción de consuelo y poder, con que el Señor (el *Santo*) capacita a los suyos para interpretar la Escritura y ejercer el ministerio específico (V. Is. 61:1ss.; Zac. 4:1-6; 2 Tim. 1:7; 1 Jn. 2:20, 27). De ahí también la conexión del aceite con el *Paráclito*, en calidad de alquien que viene al lado de una persona, llamado para ayuudarle y conso-

---

53. En su Comentario al Pentateuco, p. 624.
54. *O. c.*, p. 345.

larle (como le llama Jesús al Espíritu Santo en Jn. 14:16, 26; 15:26; 16:7).

En el pueblo de Israel se ungía a sacerdotes, profetas y reyes (V. Éx. 29:7; Lev. 4:3; Jue. 9:8; 1 Sam. 9:16; 10:1; 24:10; 2 Sam. 19:10; 1 Rey. 19:16). La unción significaba: a) nombramiento para un oficio sagrado; b) establecimiento de una relación sagrada con Dios, con el respeto que esto comportaba hacia la persona ungida (V. 2 Sam. 1:14; 1 Crón. 16:22; Sal. 105:15); c) comunicación del Espíritu Santo.

Cristo fue ungido por el Espíritu Santo en el mismo momento de su concepción, como leemos en Lc. 1:35: «El Espíritu Santo vendrá sobre ti —dice el ángel a María—, y el poder del Altísimo te cubrirá con su sombra; por lo cual también el Santo Ser que nacerá, será llamado Hijo de Dios» (comp. con Mc. 1:24: «Sé quién eres, el Santo de Dios»); y como «Mesías-Cristo» fue manifestado en su Bautismo (V. Mt. 3:16 y paral.), para ejercitar su triple oficio de rey, sacerdote y profeta.

3. Hijo del Hombre o Hijo de hombre.

«El Hijo del Hombre» es una expresión que Jesucristo se aplica a sí mismo con mucha frecuencia. Como hace notar J. Jeremias,[55] no se trata en ella de un término de humillación, sino de un término de gloria. Así lo entendió la apocalíptica judía, y en ese contexto aparece en Dan. 7:13ss. No ha de confundirse la aparición del Hijo del Hombre, envuelto en las nubes y rodeado de ángeles, con la Parusía o Segunda Venida del Señor. El hecho de que en Dan. 7:13 el Hijo del Hombre se acerque al «Anciano de días» de abajo arriba, nos da la pista para entender que se trata más bien de la glorificación de Jesús, como se nos presenta en Hech. 1:9, desapareciendo tras la nube. La Parusía, en cambio, aparece como una venida de Cris-

---

55. En Teología del Nuevo Testamento, I, pp. 316ss. V. también O. Cullmann, Cristología del Nuevo Testamento, pp. 161ss.

to de arriba abajo (V. 1 Tes. 1:10; 2:19; 3:13; 4:16; 5:23). El hecho de que Jesús se refiera a sí mismo como «el Hijo del Hombre», en tercera persona, se debe, según J. Jeremias,[56] a la diferencia que Cristo quiere hacer resaltar entre el estado de debilidad en que entonces se encontraba y el estado de gloria en que había de encontrarse cuando marchase hacia el Padre envuelto en las nubes.

Según G. Vos,[57] Jesús «probablemente prefirió este nombre, porque quedaba lo más alejado posible de toda prostitución, por parte de los judíos, del oficio mesiánico».[58] El mismo Vos distingue, a este respecto, cuatro clases de pasajes en los Evangelios:

A) *Escatológicos:* «*Porque el Hijo del Hombre vendrá en la gloria de su Padre con sus ángeles, y entonces pagará a cada uno conforme a sus obras*» (Mt. 16:27. Véase también el vers. 28, así como Mc. 8:38). «*Entonces verán al Hijo del Hombre, que vendrá en las nubes con gran poder y gloria*» (Mc. 12:26, comp. con Mt. 24:30; 25:31; Lc. 21:27).

B) *Referentes a la obra redentora de Cristo:* «*El Hijo del Hombre será entregado en manos de hombres, y le matarán; mas al tercer día resucitará*» (Mt. 17:22. También 12:40 y paral.; 17:12; 20:18, 19, 28; Jn. 3:14, entre otros).

C) *Connotando el lado sobrehumano, preexistente, divino:* «*Nadie subió al Cielo, sino el que descendió del Cielo; el Hijo del Hombre*» (Jn. 3:13). «*Pues, ¿qué diréis si viereis al Hijo del Hombre subir adonde estaba primero?*» (Jn. 6:62). Vos cita aquí también Jn. 1:51; 3:14; 6:27, 53; 8:28, los cuales o no hacen referencia al lado divino, o se encuentran en cercanía con versículos que hacen referencia al lado divino, pero no se ve dicha referencia en la expresión misma «Hijo del Hombre».

---

56. *O. c.*, pp. 319-320.
57. Citado por L. Berkhof, *Systematic Theology*, p. 313.
58. V. en la Reina-Valera de 1960 las referencias, en Dan. 7, a Apoc. 1:7, 13; 11:15; 12:14; 13:5-7; 14:14; 17:12; 20:4; 22:5.

D) *En conexión con el lado simplemente humano:*
«*Vino el Hijo del Hombre, que come y bebe, y dicen: He
aquí un hombre comilón y bebedor de vino...*» (Mt. 11:19).
«*Si no coméis la carne del Hijo del Hombre, y bebéis su
sangre, no tenéis vida en vosotros*» (Jn. 6:53). A nuestro
juicio, Jn. 1:51; 5:27 se refieren más bien al lado escatológico. Marcos 2:28 nos resulta dudoso, pues lo mismo podría referirse al lado humano, como incluido en la afirmación del versículo anterior, que al lado divino, por su
soberanía infinita.

4. Hijo de Dios.

Este título aparece en la Biblia atribuido a muchas
personas y de muchas maneras:

A') *Al pueblo de Israel,* escogido por Dios: «*Jehová ha
dicho así: Israel es mi hijo, mi primogénito*» (Éx. 4:22).
«*Cuando Israel era muchacho, yo lo amé, y de Egipto
llamé a mi hijo*» (Os. 11:1). El hecho de que este último
texto aparezca citado en Mt. 2:15 con referencia a Jesucristo, nos aclara el sentido de los textos en que Dios
aparece como *Marido* de Israel y Jesucristo aparece como
Cabeza de la Iglesia, hasta llegar a identificarse con ella.
Cuando Saulo de Tarso, derribado en el camino de Damas-
co, oyó a Cristo decir: «*Yo soy Jesús, a quien tú persigues*»
(Hech. 9:5), comprendió por primera vez la grandiosa verdad de que los creyentes somos un solo cuerpo en Cristo.

B') A los varones puestos por Dios para juzgar a su
pueblo: los reyes y los jueces (V. 2 Sam. 7:14; Sal. 82:6:
«*Yo dije: Vosotros sois dioses, y todos vosotros hijos del
Altísimo*», comp. con Jn. 10:34). La razón es que el juzgar
es un atributo divino, el cual es delegado en alguna medida a los que tienen este cometido, ya en la sociedad, ya
en la iglesia y, en algún sentido, a toda la congregación
y a cada uno de los creyentes, especialmente en el plano
escatológico (V. Deut. 1:16; Núm. 35:24; 1 Cor. 5:3; Mt.

7:1, comp. con Lc. 6:37; Stg. 4:11-12; Mt. 19:28; Lc. 22:30; 1 Cor. 2:15; 6:2-3; 14:29).

C') A los ángeles. Así leemos en Job 1:6: «*Un día vinieron a presentarse delante de Jehová los hijos de Dios, entre los cuales vino también Satanás.*» También 2:1.

D') A varones piadosos: «*Hijos sois de Jehová vuestro Dios*» (Deut. 14:1, aunque quizás encaje mejor en A'), así como Sal. 73:15). Más claro es Mt. 5:9: «*porque ellos serán llamados hijos de Dios*», así como en el vers. 45. No cabe duda de que éste es el sentido de Gén. 6:2: «*viendo los hijos de Dios...*», aunque aquí el sentido no es personal, sino como descendientes de Set, a partir de cuyo hijo, Enós, los hombres comenzaron a invocar a Dios como su Yahveh o Señor, cosa que los descendientes de Caín parecían haber olvidado.[59] Hertz cita Éx. 4:22; Deut. 14:1; 32:5; Is. 1:2; Os. 2:1, como ejemplos de varones piadosos que son llamados hijos de Dios. Respecto a la opinión, todavía hoy compartida por algunos evangélicos, de que Gén. 6:2 se refiere a los ángeles caídos, dice Hertz que se trata de una leyenda totalmente ajena al pensamiento hebreo, y añade: «La explanación mitológica de este pasaje ha sido siempre rechazada por un grandísimo número de comentaristas, tanto judíos como no judíos, aunque haya sido resucitada por muchos modernos.»[60]

E') *Finalmente, y de una manera muy especial, se atribuye a Jesucristo,* aunque en diversos sentidos:

a) *mesiánico* (V. Mt. 24:36; Mc. 13:32; son dudosos Mt. 3:17; 17:5 y paralelos de ambos);

b) *trinitario* (V. Mt. 11:27; 16:16; Mc. 1:1; 9:7; Jn. 1:35; 20:31; Rom. 1:3-4; 8:3, 32; Gál. 2:20; 4:4; Col.

---

59. V. Hertz, *o. c.*, p. 16, comentando Gn. 4:26.

60. V. Hertz, *o. c.*, p. 19. Hertz presenta también como probable traducción de la frase hebrea «*beney Haelohim*» de Gn. 6:2 «hijos de los potentados», comparándolo con Sal. 29:1, donde significa eso mismo. En este caso, significaría que los nobles, llevados de su pasión carnal, tomaron por la fuerza hijas de plebeyos para casarse con ellas.

1:15; Heb. 1:2ss.; 4:14; 5:8; 7:28; 1 Jn. 3:8; 4:14-15; 5:5, 9-13, 20; 2 Jn. vers. 9);

  c) *nacido sobrenaturalmente por obra de Dios:* Lc. 1:35: «*El Espíritu Santo bajará sobre ti y la fuerza del Altísimo te cubrirá con su sombra; por eso el que va a nacer será santo, se llamará Hijo de Dios*»;[61]

  d) *ético-religioso,* según el probable sentido de Mt. 17:24-27.

5. El Señor.

Jesucristo es en el Nuevo Testamento el *Señor* o «*Kyrios*» por excelencia. La versión del Antiguo Testamento llamada de los *Setenta* usa el término «*Kyrios*» como equivalente de *Yahveh* (Jehová) o como sinónimo de *Adonai,* que es el único nombre con que los judíos se dirigen a Dios, puesto que no se atreven a pronunciar el nombre de Yahveh o Jehová.

Aplicado a Jesucristo, este nombre («*Kyrios*» = Señor) indica: 1) simplemente *respeto,* como en Mt. 8:2; 20:33; Jn. 4:11; 2) *señorío y autoridad,* como en Mt. 21:3; 24:42; 3) *título divino,* como en Mc. 12:36-37; Lc. 1:43 (comp. con 1:9, 16, 17, 25); 2:9 (comp. con vers. 11); 3:4; 5:8; Jn. 20:28; Hech. 2:36; 7:59-60; 16:31; 1 Cor. 4:4; 12:3, 5; Flp. 2:11; Col. 2:6; Stg. 4:15.

6. Otros nombres.

Muchos otros nombres son aplicados en la Biblia al Señor Jesucristo. Entre ellos destaca el de *Cordero* (de Dios), como víctima para el único verdadero sacrificio

---

61. Así traduce la *Nueva Biblia Española* y, en forma muy parecida, la *Biblia de Jerusalén* y la *Versión Fuenterrabía,* que escogen esta lectura con el fin de evitar que se pueda pensar que Jesucristo sea *Hijo de Dios* precisamente por haber sido concebido por obra del Espíritu Santo, o que el Espíritu Santo sea el «padre» de Cristo.

de expiación por los pecados (V. Is. 53:7; Jn. 1:29; Apoc. 5:6, 8, etc.). También se le llama «*Postrer Adán*» (1 Cor. 15:45), por haber sido constituido Cabeza de la humanidad redimida, como Adán lo fue de la humanidad caída; *Autor de la vida* (Hech. 3:15, comp. con Jn. 10:10), en el sentido de «productor y distribuidor de la vida divina en nosotros»; *Obispo, Pastor, Príncipe de los pastores* (1 Ped. 2:25; 5:4); *Servidor* (Rom. 15:8, comp. con Mt. 20:28; Mc. 10:45; Lc. 22:27; Jn. 13:1-16); *Siervo,* en el sentido de *dúlos* = esclavo (Flp. 2:7); etc.

CUESTIONARIO:

1. Diga en dos palabras el exacto significado del nombre JESÚS. — 2. ¿Qué indica el «doble toda rodilla» *de Flp. 2: 10? 3. ¿Se imagina por qué no podían dar aceite las vírgenes de Mt. 25:9? — 4. ¿Por qué es llamado* «Santo» *el niño de Lc. 1:35? — 5. ¿Qué significa en 1 Jn. 1:20 la frase* «tenéis la unción del Santo»? *— 6. ¿En qué texto del Antiguo Testamento se profetizaba que el Espíritu ungiría a Cristo? — 7. ¿A qué texto del Antiguo Testamento se refirió Jesús en su respuesta al sumo sacerdote? — 8. ¿En qué sentido le parece que llamó el diablo a Jesús* «Hijo de Dios» *en Mt. 4:6? — 9. ¿A qué persona divina se refiere 1 Cor. 12:5? — 10. ¿Cómo fue posible matar* (Hech. 3:15) *al inmortal?* (1 Tim. 6:16).

LECCIÓN 9.ª
JESUCRISTO, VERDADERO HOMBRE (I)

1. Centrando el tema.

Al tratar de las herejías sobre la persona de Jesucristo ya vimos quiénes negaban, o menoscababan, la realidad, la integridad o la correcta unión de las dos naturalezas de Cristo en su única persona. Recordemos, con la declaración de Calcedonia, que en la única persona del Hijo de Dios subsisten dos naturalezas: la divina, por la que Jesucristo es igual al Padre y al Espíritu Santo, aunque se despojase de la gloria correspondiente al tomar *«la forma de siervo»*; y la humana, por la que es totalmente igual a nosotros, incluidas nuestras debilidades naturales, excepto el pecado.

Hoy, en consonancia con el humanismo y el modernismo de moda, se tiende a ver en Jesucristo preferentemente, o quizá sólo, al *hombre,* como reacción contra un Cristo «Pantocrátor» (sí, lo es) que antes, especialmente en la Iglesia de Roma, aparecía demasiado lejano. La Biblia nos ofrece la figura de Jesús en perfecto equilibrio dogmático y, al presentarnos a Jesucristo como verdadero Dios, también nos lo presenta como verdadero hombre, como vamos a ver en esta lección y en la siguiente.

2. Jesús es llamado "hombre".

Lo primero que encontramos al abrir el Evangelio según S. Mateo, es decir, al comienzo mismo del Nuevo Testamento, es el árbol genealógico de Jesús como israelita descendiente del «padre de los creyentes», Abraham (Mt. 1:1-17). Lucas, el Evangelista del Salvador, introduce una genealogía distinta que, empalmando con el mismo Adán, enraiza a Jesús en nuestra raza humana (V. Heb. 2:11, 14, 17). Para más detalles, véase la lección 22.ª, punto 1.

Entre los textos sagrados que mencionan en Jesús su cualidad de hombre, tenemos Mt. 4:4; 11:19; Jn. 1:14; 8:40: *procuráis matarme a mí, HOMBRE que os he hablado la verdad*; Hech. 2:22: *varón aprobado por Dios*; Rom. 5:15: *por la gracia de un HOMBRE, Jesucristo*; 1 Cor. 15:21; 1 Tim. 2:5: *un solo Mediador entre Dios y los hombres, Jesucristo HOMBRE*; 3:16; 1 Jn. 4:2.

3. Jesús poseyó una verdadera humanidad.

En efecto, vemos que en Jesucristo había:

A) *Los elementos integrantes de una naturaleza humana:*

    a) *un cuerpo humano.* V. Mt. 26:26, 28; Mc. 14:8; 1 Tim. 3:16 (comp. con Jn. 1:14; 1 Jn. 4:2); Heb. 2:14; 1 Jn. 1:1. Este cuerpo es una realidad manifiesta, incluso después de la Resurrección, como puede verse por Mt. 28:9; Lc. 24:39-40: *un espíritu no tiene carne ni huesos, como veis que yo tengo*;[62] Jn. 20:17, 27;

    b) *un alma humana:* «Mi alma está muy triste, hasta la muerte» (Mt. 26:38; Mc. 14:34);

    c) *un espíritu humano:* «Padre, en tus manos encomiendo mi espíritu» (Lc. 23:46). «Se estremeció en espíritu» (Jn. 11:33). «Y, habiendo inclinado la cabeza, entregó el espíritu» (Jn. 19:30).

B) *Actividades realmente humanas,* ya que Jesucristo:

---

62. Berkouwer hace notar (*The Person of Christ*, p. 206) que el verbo «parecía» del vers. 37 es precisamente *dokeo*, de donde viene la palabra «docetismo» con que se llamó a la herejía ya descrita en la lección 3.ª de este volumen.

a') padeció hambre (Mt. 4:2), sed (Jn. 19:28), cansancio (Jn. 4:6), sueño (Mt. 8:24), miedo (Mt. 26:37), tristeza (Mt. 26:38), llanto (Jn. 11:35, comp. con Lc. 19:41), sufrimientos físicos y morales (Mt. 27:46; Lc. 22:44; Heb. 2:16; 5:7), muerte cruenta (Jn. 19:30; Hch. 3:15; 5:30);

b') tuvo emociones: amor (Jn. 11:5, comp. con Mc. 10:21), amistad (Jn. 11:3), ira santa (Jn. 2:15), compasión entrañable (Mt. 9:36), enojo, mezclado con tristeza (Mc. 3:5), sorpresa (Lc. 7:9);

c') estuvo sujeto a las leyes del crecimiento (Lc. 2:52), de la obediencia (Lc. 2:51), de la limitación (Mc. 6:5; 13:32), de la tentación (Mt. 4:1ss.; Mc. 1:13; Lc. 4:2ss.; Heb. 4:15), aunque sin pecado ni «quinta columna». Hubo que enseñarle a hablar, a andar, a leer y a escribir; preguntaba para saber y se asombraba de lo que no sospechaba, pues *en cuanto hombre* no lo sabía todo[63] (Lc. 9:18; Jn. 4:52; 11:34; Mt. 8:10; Lc. 7:9).

C) *Una naturaleza perfecta, modelo del ideal humano.* Su perfección humana resalta cuando se compara Sal. 8:4-8 con Heb. 2:6-10. También se ve en 1 Cor. 15:45, 49; 2 Cor. 3:18 (comp. con Rom. 8:29; 1 Jn. 3:2-3); Flp. 3:21; Col. 1:18; 1 Ped. 2:21, como modelo cuyas huellas debemos seguir.

Hay quienes ven en la frase de Pilato: «¡He aquí el *hombre!*» (Jn. 19:5) la expresión de la ejemplaridad de Cristo, como si el gobernador romano hubiese dado testimonio de que Cristo era el hombre por excelencia. El sentido verdadero es el siguiente: «¿Qué os parece? ¿No ha sufrido ya bastante este hombre inocente?»[64]

En cuanto a su atractivo físico, hubo una época en la Historia de la Iglesia (siglos II y ss.) en que algunos escritores eclesiásticos enemigos a ultranza de la cultura

---

63. Contra el decreto del llamado «Santo Oficio», de 5 de junio de 1918, en que se niega que Cristo careciese de la ciencia beatífica o que su conocimiento sufriese limitaciones. (V. Denzinger, *o. c.*, n. 3645, 3646, 3647.)

64. V. W. Hendriksen, *John*, sobre este vers., y Berkouwer, *o. c.*, pp. 228-235.

griega, como Tertuliano, opinaron que Jesús no había poseído belleza física. Incluso apelaban a Is. 53:2: *«No hay parecer en él, ni hermosura; le veremos, mas sin atractivo para que le deseemos.»* El contexto dice bien a las claras que se trata del rostro de Jesús, desfigurado por los tormentos de la Pasión (V. vers. 3-5). Su hermosura es profetizada en el Sal. 45:2: *«Eres el más hermoso de los hijos de los hombres.»* A él se aplican con razón las alabanzas de la esposa en Cant. 5:10ss.: *«Mi amado es blanco y sonrosado,*[65] *señalado entre diez mil..., todo él codiciable.»* Por la atracción que ejercía sobre sus discípulos y sobre las multitudes que le seguían, no cabe duda de que había tal brillo en su mirada, un tono tan dulce y firme en su voz y una majestad tan grande en su rostro, en su andar y en todo su gesto, que bien podemos suponer su perfecta belleza, teniendo también en cuenta que su cuerpo había sido formado por el Espíritu Santo del vientre de una virtuosa doncella hebrea, raza que siempre ha dado bellísimas mujeres. No olvidemos el encanto que la virtud añade al atractivo físico.

Ya que los Evangelios no nos ofrecen ningún retrato físico de Jesús, los evangélicos nos resistimos a plasmar en cuadros o imágenes su figura; en parte, por respeto a su persona divina; en parte también, por el peligro de venerar cuadros e imágenes, con el probado riesgo de fetichismo. Sin embargo, es preciso poner espiritualmente *los ojos en él,* para ir transformándonos en su gloriosa imagen (2 Cor. 3:18; Heb. 12:2; 1 Jn. 3:2).

Otro aspecto que prueba su perfecta humanidad es que poseía un libre albedrío, con su consiguiente juego de valores y motivaciones psicológicas. Alguien ha llegado a negar que se pueda hablar de «psicología de Jesús», con lo que se pondría en tela de juicio la declaración de Calcedonia y, más aún, la del Concilio III de Constantinopla acerca de

---

65. Es una grave equivocación traducir «rubio», como hacen muchas versiones.

la espontaneidad de la voluntad humana de Jesucristo. Juan 10:18, con el contexto del vers. anterior, nos muestra la plena libertad de Cristo. Para demostrar que en el ejercicio de su libre albedrío entraba en juego el peso de los valores distintos, en orden a una correcta y eficaz motivación, nos basta con Is. 53:11: «*Verá el fruto de la aflicción de su alma, y quedará satisfecho*»; Lc. 22:43: «*Y se le apareció un ángel del cielo para fortalecerle*»; y Heb. 12:2: «*el cual (Jesús) POR EL GOZO PUESTO DELANTE DE ÉL sufrió la cruz, menospreciando el oprobio*». Todos estos textos demuestran que Jesús necesitaba, como todo ser humano, un valor satisfactorio (una redención gloriosa) que compensase el desgaste enorme de energía psíquicofísica que suponían los sufrimientos que había de arrostrar. También lo demuestra el «*Por lo cual...*» de Flp. 2:9, tras su contexto de los vers. 6-8.

CUESTIONARIO:

1. *¿Qué aspecto de la Cristología necesita hoy mayor énfasis que en otras épocas?* — 2. *Tres textos del Nuevo Testamento en que se diga explícitamente que Jesús es hombre.* — 3. *¿Pudo Jesús estar sometido a emociones, siendo santo?* — 4. *¿Hay algún texto sagrado con el que se demuestre que Cristo, en cuanto hombre, no lo sabía todo?* — 5. *¿Qué significa la frase de Pilato en Jn. 19:5?* — 6. *¿Prueba Is. 53:2 que Jesús era feo?* — 7. *¿Pueden darnos las «estampas» un retrato siquiera aproximado de Jesús?* — 8. *¿Por qué no hubiese sido más digno de Jesucristo el sufrir porque sí, sin motivos de compensación?*

LECCIÓN 10.ª
JESUCRISTO, VERDADERO HOMBRE (II)

4. Jesús, nuestro Representante y Sustituto.

Ya hemos aludido en otros lugares a la necesidad de que Jesús, nuestro Salvador, fuese Dios y hombre a la vez. Aquí queremos hacer notar que Jesús, por ser hombre, es nuestro Representante y nuestro Sustituto. Aunque ambos conceptos van unidos, es preciso distinguirlos con todo cuidado. Cristo es nuestro Representante en cuanto que, como sumo sacerdote del Nuevo Pacto, ocupó nuestro lugar al ofrecer en la Cruz el único sacrificio que podía tener valor propiciatorio, redentor y reconciliador de la humanidad pecadora con el Dios tres veces santo (Heb. 7:22-28). En este sentido, la obra de Jesús es *a favor de* todos los hombres, en general (V. 1 Jn. 2:2: «*Y él es la propiciación por nuestros pecados; y no solamente por los nuestros, sino también por los de TODO EL MUNDO*»). Es decir, hay en la propiciación de Jesucristo un valor universal, disponible en el plano objetivo para todos. En cambio, Jesucristo es nuestro Sustituto en cuanto que su muerte al pecado en la Cruz del Calvario se hace nuestra muerte cuando nosotros recibimos el don de la justicia (V. 2 Cor. 5:14-15, 21). En este sentido, Jesús sustituye, en realidad, sólo a los que se salvan. De lo contrario, los pecados de los que se condenan serían llevados dos veces (V. Jn. 8:24: «*Si no creéis que yo soy, en vuestros pecados moriréis*»). Más detalles, en la Tercera parte.

5. Jesús, nuestro Primogénito.

Mientras que, como Dios, aparece Jesús como *Unigénito* (Jn. 1:14, 18; 3:16, 18; 1 Jn. 4:9), en cuanto hombre aparece como *Primogénito*[66] (Rom. 8:29: *«para que él sea el primogénito entre muchos hermanos»*. V. también Heb. 2:11, 17).

Ahora bien, este epíteto de Primogénito, aplicado a Jesús, reviste distintos matices, según el contexto:

A) En los lugares citados recibe el sentido de heredero de la vida, que él puede transfundir, por su función mediadora y salvífica, en sus hermanos. De ahí la cita de Is. 8:18 en Heb. 2:13, dentro de un contexto de *hermanos*. Con ello está conectado el sentido de Is. 53:10: *«verá linaje»*, de Is. 9:6: *«Padre Eterno»*, o mejor, *«Siempre Padre»*, y de Hech. 3:15: *«al Autor de la vida»*, en una sola palabra griega que significa «productor y conductor hacia la vida». De aquella *vida*, que estaba en él (Jn. 1:4), comunicada por el Padre (Jn. 5:21), para que la recibamos en Cristo (Jn. 5:40; 6:33ss.; 10:10; 12:24; 15:1ss.; 17:2; 20:31; 1 Cor. 15:45; Ef. 2:5; 1 Jn. 5:12-13).

B) En Col. 1:15 *«el primogénito de toda creación»* significa «el heredero del Universo», con quien somos «coherederos» (Rom. 8:17), y como siendo Hijo único del Padre a él le viene toda la herencia, somos copartícipes con él de una herencia infinita e indivisa. Él ha sido constituido «centro de gravitación de todo el Universo» (Ef. 1:10, como eco de Jn. 12:32), puesto que todo cae bajo su jurisdicción y gobierno y, en cierto modo, él es la *Cabeza* de todo (comp. con Ef. 1:20-21).

C) En Col. 1:18 *«el primogénito de entre los muertos»* significa «el primer triunfador de la muerte»; por quien la muerte perdió su aguijón, que es el pecado (1 Cor. 15:55-57).

---

66. En Mt. 1:25; Lc. 2:7 aparece en el sentido natural de *primer hijo* de una madre. (V. la lección 22.ª, punto 3, acerca de la fuerza probatoria de la palabra «primogénito» en orden a demostrar que Jesús tuvo hermanos de padre y madre.)

6. Jesús, nuestra Cabeza.

La palabra «cabeza» se aplica a Jesucristo en dos sentidos:

A') En sentido de *autoridad*, como cuando se dice en 1 Cor. 11:3 que «*Cristo es la cabeza de todo varón*» (comp. con vers. 10).

B') En sentido de *principio de vida, unidad y movimiento*. En este sentido, Jesucristo es *Cabeza de su Iglesia* (V. Ef. 1:22-23; Col. 1:24, etc.),[67] de la cual somos miembros en el momento en que, injertados en Cristo, nacemos a una nueva vida espiritual.

Hebreos 5:9 precisa bien cuándo y cómo llegó Cristo a ser nuestra Cabeza espiritual, pues dice de Cristo que «*habiendo sido perfeccionado, vino a ser autor de eterna salvación para todos los que le obedecen*». Aquí vemos: *a)* que, mediante su Pasión y Muerte en Cruz, Cristo quedó perfeccionado como Salvador nuestro (comp. con Jn. 17:19, puesto que *sacrificio* comporta la *consagración* de nuestro sumo sacerdote, y con Heb. 2:10: «*perfeccionase por aflicciones al autor de la salvación de ellos*»); *b)* esta salvación sólo se aplica a *los que le obedecen*, es decir, a los que *creen*, puesto que la fe es una obediencia al Evangelio (V. Rom. 1:5; 16:26).

Así que Cristo comienza a ser nuestra Cabeza cuando nosotros empezamos a ser miembros de su Cuerpo, que es la Iglesia, y no antes. En la Cruz se abren las fuentes de la salvación, pero no se sacia la sed; allí queda la salvación disponible, pero sólo se aplica eficazmente a los que creen (comp. con Jn. 3:15-16). En esto se diferencia la capitalidad de Adán en cuanto a nuestra culpa original, de la justicia que se nos imputa por la fe en Cristo: la culpabilidad en Adán se contrae por solidaridad racial; la justicia de Cristo se obtiene por la fe personal. Tanto a los niños como a los adultos es preciso *aplicar* la salva-

---

67. V. mi libro *La Iglesia, Cuerpo de Cristo*, lecciones 9.ª y 14.ª.

ción obtenida en el Calvario; la diferencia está en el modo de aplicarla a los primeros y a los segundos.[68]

Sólo un sofisma basado en la filosofía platónica, hizo que algunos de los llamados «Santos Padres» afirmasen que Cristo se constituyó como Cabeza nuestra al asumir la naturaleza humana en el vientre de la Virgen. Otro sofisma («la Madre del Redentor es la Madre de la Redención») dio pie a Pío X para asegurar en su Encíclica *Ad Diem Illum*, de 2 de febrero de 1904, que «se puede decir que María llevó en su seno al Salvador y, al mismo tiempo, a todos aquellos cuya vida estaba incluida en la vida del Salvador».[69]

El *Nuevo Catecismo Holandés*, desde otro punto de vista del de Pío X, ensancha más el ámbito de la salvación, diciendo que, por el hecho de haber nacido como seres humanos, ya somos compañeros de viaje de Jesucristo y partícipes, de alguna manera, de las bendiciones de la salvación.[70]

Finalmente, hemos de señalar la equivocación de A. H. Strong al aprobar tácitamente la afirmación de Simon: «Todo hombre es, en un sentido real, esencialmente de naturaleza divina —conforme Pablo enseña, *"linaje divino"* (Hech. 17:29).»[71] La frase de Pablo, citando a un poeta griego, no tiene otro sentido sino que Dios, que nos hizo a su imagen y semejanza (Gén. 1:26-27), es el *Padre de nuestros espíritus* (Heb. 12:9); por tanto, no hemos de figurarnos a Dios como algo material.

----

68. V. en la última lección de mi libro *El Hombre: Su grandeza y su miseria* cómo se aplica a los que mueren sin haber alcanzado el uso de razón necesario para responsabilizarse de las propias acciones.

69. V. mi libro *Catolicismo Romano*, p. 100.

70. V. p. 249 de la edición inglesa. No se confunda esta opinión («por el hecho de haber nacido hombre») con la nuestra sobre la universal posibilidad de salvación.

71. V. A. Strong, *Systematic Theology*, p. 681.

CUESTIONARIO:

1. ¿En qué sentido es Jesús nuestro Representante? — 2. ¿Es nuestro Sustituto en el mismo sentido? — 3. ¿Qué diferencia hay entre el «Unigénito» de Jn. 1:14 y el «Primogénito» de Rom. 8:29? — 4. ¿Por qué se llama al Mesías en Is. 9:6 «Padre Eterno»? — 5. ¿Qué sentido tiene el «primogénito» de Col. 1:15? — 6. ¿Y el de Col. 1:18? — 7. Significado de la palabra «cabeza» en 1 Cor. 11:3. — 8. ¿Cuándo y cómo llegó a ser Cristo nuestra cabeza? — 9. ¿Qué piensa de las afirmaciones de Pío X a este respecto? — 10. ¿Por qué resultan incorrectas las opiniones del Nuevo Catecismo Holandés y de A. Strong en cuanto a nuestra conexión salvífica con Cristo?

En el volumen II de esta serie teológica, p. 155, hemos visto, a la luz de la Biblia, que el Hijo, o segunda Persona de la Trina Deidad, es Dios. Ahora damos un paso más y vamos a ver cómo la Palabra de Dios nos muestra que Jesucristo es Dios, el Hijo de Dios en sentido trinitario, conforme siempre lo ha confesado la Iglesia. La lógica de esta confesión se basa en el dato implícitamente revelado de que en Jesucristo hay *una sola persona* con dos naturalezas, y de que esa persona es la segunda de la Santísima Trinidad. El texto sagrado nos suministra suficientes pruebas de la divinidad de Cristo.

1. Jesús es llamado "Dios".

A) El Verbo que se hizo hombre, Jesucristo, de cuya plenitud todos recibimos, y que nos interpretó al Padre, es *Dios* (comp. Jn. 1:1, con los vers. 14 y 18 del mismo capítulo). «*Y DIOS era el Verbo*», dice enfáticamente el texto original, colocando primero el predicado «*Dios*» (sin artículo, denotando no una persona, sino la naturaleza divina) y después el sujeto «el Verbo», como si presintiera Juan la objeción de que el Verbo podía estar junto al Padre, pero sin ser verdadero Dios él mismo. En vano se pretende traducir: «El verbo era un dios», apelando a Hech. 28:6, donde la traducción «*era un dios*» es correcta, puesto que, aparte del énfasis que encontramos en Jn. 1:1, los que opinaban en Hech. 28:6 que Pablo era un dios, eran idólatras que admitían muchos dioses y, por tanto, podían pensar que Pablo era un dios en forma humana; mientras que el que afirma en Jn. 1:1 que el Verbo era Dios, era un judío radicalmente monoteísta, para quien el admitir muchos dioses verdaderos era una blasfemia nefanda. Los Testigos de Jehová pretenden defender una última barricada afirmando que el término «dios» es un mero título o función, como en Sal. 82:6 (comp. con Jn. 10:34),[72] mientras que el término «Jehová» denota la naturaleza del único verdadero Dios. Nuestra réplica a esta objeción es doble y contundente: a) En Flp. 2:6-7, por no citar más que un ejemplo, encontramos un perfecto paralelismo entre la *forma de Dios*» y la *forma de siervo*»; a esta segunda corresponde la «*condición* (o naturaleza) *de hombre*» (vers. 8); por tanto, a la primera corresponde la naturaleza de Dios; b) es curioso notar, por ejemplo en Gén. 2:8, que la expresión «*Jehová-Elohim*» es traducida, por los judíos de la versión griega llamada de los LXX, por «*Ho Kyrios ho Theós*» = el Señor Dios. Ahora bien, es precisamente este término «Ho Kyrios» = el Señor, el que se aplica a Jesucristo en todo el Nuevo Testamento, excepto en los casos en los que hay citas del Antiguo Testamento y en Lc. 1:6, 9, 11, 16, «al Señor Dios»; 17, «*para preparar al Señor*» (con el doble sentido de *a Dios* y *a Jesús*); 25, 28, 32, 38, para llegar al importante vers. 43: «*¿Por qué se me concede esto a mí, que la madre de MI SEÑOR venga a mí?*» ¿Señor de Elisabet un feto de menos de tres meses? ¿Acaso no es porque este feto era el «*nacido de mujer*» de Gál. 4:4, quien era el «*propio Hijo*» de Dios? (Rom. 8:32). El texto más relevante a favor del sentido trinitario de la palabra «Señor» aplicada a Jesucristo es 1 Cor. 12:5: «*Y hay diversidad de ministerios, pero EL SEÑOR es el mismo.*» La alineación trinitaria es patente cuando se compara el vers. 5 con el 4 y el 6. Por otra parte, textos proféticos como Gén. 19:24 y Zac. 3:2,

---

72. Sobre este vers., con su contexto, hablaremos en la lección 13.ª.

con su reduplicación del término *Jehová*, insinúan a un
«Jehová» que habla aludiendo a otro que también es «Jehová». En otros lugares, como en Zac. 3:1, se le llama
«*el ángel de Jehová*».[73]

B) En Jn. 20:28 exclama el apóstol Tomás, ante la invitación de Jesús a que palpara sus llagas: «*¡Señor mío,
y Dios mío!*» Poco importa el saber si Tomás dijo esto por
percatarse de que Jesús había realmente resucitado, o
porque un cuerpo vivo con cinco grandes agujeros que
no manaban sangre sólo podía explicarse por una fuerza
divina. Lo que interesa es su confesión de la divinidad de
Jesús, y quizá de su omnisciencia, y la sumisión que le
profesa. Tampoco importa el que la frase se encuentre en
caso nominativo, en vez del vocativo, pues esto era frecuente en el griego clásico, y sobre todo en el bíblico, como
puede comprobarse en el caso clarísimo de Heb. 1:8, en
que el «*oh Dios*» está en nominativo. No se olvide que Tomás, como Juan, era un judío, radicalmente monoteísta, y
que además un innecesario uso del nombre sagrado podría
suponer un quebrantamiento del tercer mandamiento.

C) En Rom. 9:5 leemos «*de quienes* (los israelitas) *son
los patriarcas, y de los cuales, según la carne, vino Cristo,
el cual es DIOS sobre todas las cosas, bendito por los
siglos. Amén.*» Sea cual sea la puntuación del griego original, dos cosas parecen claras: *a)* que el término «Dios»
no es sujeto, sino predicado, puesto que no lleva artículo,
ya que éste está al principio de la frase, conectando con
su antecedente, que es «Cristo»; *b)* que, como demuestra
J. Murray en su excelente comentario a esta epístola,[74]
tal frase no puede traducirse como una *doxología* (¡Sea
Dios bendito por los siglos!), pues jamás aparece en el
Nuevo Testamento una doxología con semejante construcción gramatical. Por tanto, la única versión correcta es
la que hemos dado (Reina-Valera de 1960), contra la tra-

---

73. V. la lección 2.ª, punto 5.
74. Vol. II, p. 245.

ducción que hacen varias versiones modernas, tanto católicas como protestantes.

D) Filipenses 2:6ss.: *«el cual (Cristo Jesús), siendo en forma de Dios, no estimó el ser igual a Dios como cosa a que aferrarse, sino que se despojó* (literalmente: "se vació") *a sí mismo, tomando forma de siervo, hecho semejante a los hombres; y estando en la condición de hombre, se humilló a sí mismo, haciéndose obediente hasta la muerte, y muerte de cruz».* Según este maravilloso pasaje, convertido en seguida en himno de la comunidad primitiva, se nos dice que Jesús *«subsistiendo* (griego, *hyparkhon,* no *on*) *en FORMA DE DIOS»,* es decir, en la *gloriosa manifestación externa de su condición divina* (comp. con vers. 8: *«condición de hombre»*), *se despojó* de dicha *«forma»* o majestad propia de Jehová, puesto que no pensó necesario aferrarse a ella como si fuera algo arrebatado por la fuerza (griego, *harpagmón*), es decir, un privilegio al que agarrarse para sacarle provecho en beneficio propio; por el contrario, apeó el tratamiento, tomando la *forma* de un criado que viene a servir; más aún, a morir en cruz por nosotros. De la misma manera que la *«forma de siervo»* denota una *condición* propia de la naturaleza humana, la *«forma de Dios»* implica la condición propia de la naturaleza divina.[75]

E) Leemos en Tito 2:13: *«... aguardando la esperanza bienaventurada y la manifestación gloriosa de nuestro gran Dios y Salvador Jesucristo.»* El hecho de que el griego del original encuadre bajo un solo artículo *«gran Dios»* y *«Salvador»,* refiriéndose a Jesucristo, es una prueba de que se trata de una misma persona,[76] como sucede en Ef. 4:11:

---

75. Por eso, no tenía que aferrarse a la *forma*, como si en ello se jugase la naturaleza divina; de la misma manera que un príncipe *de sangre* no teme condescender con su pueblo, mientras que un rico *de pronto* teme mezclarse con el vulgo, por miedo a bajar del único pedestal que lo sustenta.

76. V. W. Hendriksen, *The Epistles to Timothy and Titus* (London, The Banner of Truth, 1964), pp. 373ss.

«... *pastores y maestros*» (a la luz de 1 Tim. 3:2: «*apto para enseñar*», y Tito 1:9).

F) En 1 Jn. 5:20, inmediatamente después de mencionar a Jesucristo, se nos dice que «*Éste es el verdadero Dios, y la vida eterna*». Aunque Westcott[77] opina que el contexto resulta más natural si esta frase es referida al Padre, la construcción gramatical de la frase favorece la conexión del pronombre «éste» con su inmediato antecedente, que es «*su Hijo Jesucristo*». Es curioso que en Jn. 17:3 la vida eterna se manifieste y se reciba mediante un conocimiento experimental del único Dios verdadero y del Enviado por él.[78]

G) El capítulo 1 de la Epístola a los Hebreos está destinado a resaltar la superioridad de Jesucristo, consumador de la revelación de Dios (vers. 2), sobre los ángeles, ya que él es la Palabra personal de Dios, mientras que la palabra revelada de la Ley fue traída por mediación de ángeles (2:2, comp. con Jn. 1:17). Volveremos sobre este capítulo en la lección siguiente, pero ahora interesa referirnos al vers. 8, en que, citando del Sal. 45:6, dice el autor sagrado: «*Mas del Hijo dice: Tu trono, OH DIOS, por el siglo del siglo.*» J. Brown[79] muestra que (ya hemos aludido a ello anteriormente) no obsta el que «*Theós*» esté en nominativo. Pero la prueba principal estriba en que si la frase no se refiriese a Jesucristo, no tendría ningún sentido la cita del Sal. 45 dentro de toda la argumentación de dicho capítulo.

H) Que Jesucristo es Dios lo prueban también todos los textos en que se le llama «Hijo de Dios en sentido trinitario, y que ya hemos examinado en la lección 8.ª. En cuanto a los textos del Antiguo Testamento que, de algún modo, prefiguran un Mesías Dios, véase la lección 2.ª. Destacamos de manera especial el apelativo «EL-GIBBOR»

---

77. V. J. W. R. Stott, *Epistles of John* (London, The Tyndale Press, 1966), pp. 195-196.
78. V. W. Hendriksen, *John*, II, p. 350.
79. En *Hebrews* (London, The Banner of Truth, 1961), pp. 54ss.

= «*DIOS PODEROSO*» (en sentido de «fuerte para guerrear y salvar»), que en Is. 9:6 se atribuye al futuro Mesías. Es cierto que hay muchos nombres en la Biblia compuestos de «EL», como Israel, Ismael, Samuel, Gabriel (= «fortaleza de Dios»), etc., pero siempre que en el texto hebreo aparece separado (por ej. EL SHADDAI), indica un nombre que se aplica al mismo Dios, no a otra persona.

2. Jesús tenía conciencia de su divinidad.

Una de las afirmaciones gratuitas de muchos herejes en todos los siglos, ha sido que Jesucristo no tuvo conciencia de ser Dios, o que, por lo menos, no la tuvo desde el principio. Vamos a examinar un gran número de textos que demuestran que Jesús fue consciente de su divinidad, incluso *antes de su bautismo en el Jordán*. He de advertir, sin embargo, que esto no equivale a decir que su alma humana disfrutase de la visión facial de la esencia divina, ni que la comprendiese exhaustivamente. No se olvide que Jesucristo era autoconsciente, como única persona, por medio de *dos* mentes suyas: la divina, infinita, y la humana, limitada.

Los textos dignos de consideración son los siguientes:

A') *Textos que prueban que Jesús tenía conciencia de su mesianidad:*

Mt. 5:22, 28, 32, 34, 39, 44, en los que la frase «*Pero yo os digo*» comporta una rectificación autoritativa, propia del Gran Enviado del Padre (comp. con Jn. 7:46: «*¡Jamás hombre alguno ha hablado como este hombre!*»).

Mt. 10:37 (comp. con Lc. 14:26): «*El que ama a padre o madre más que a mí, no es digno de mí...*» Requerir para sí un afecto superior al de los propios padres, sería impropio de cualquier mero ser humano. En realidad, sólo Dios puede intimar algo semejante.

Mt. 22:41-46 (comp. con Mc. 13:35-37; Lc. 20:41-44), mediante la cita del Sal. 110:1, expresa por lo menos la conciencia de su mesianidad, aunque el uso constante del

Nuevo Testamento del término *Kyrios* comporta incluso la divinidad.

B') *Textos que prueban que Jesús tenía conciencia de su divinidad:*

Mt. 7:21; 10:32-33; 11:27 (comp. con Lc. 10:22); 12:50; 15:13; 16:16-17; 18:10, 19, 35; 20:23; 25:34; 26:29, 53 (Mc. 14:61-62, aun comparado con Lc. 22:70, no puede urgirse demasiado en favor de la divinidad, sino de la mesianidad). Lc. 2:49, donde resalta el *«mi Padre»*, tras el *«tu padre»* de María en el vers. anterior; 22:29; 24:49; Jn. 2:16; 3:35; 5:17-45; 6:32, 37, 39, 44-46, 57, 65; 8:16-19, 28, 29, 38, 49, 54; 10:15, 17, 18, 25, 29, 30, 36, 37, 38; 12:26, 28, 49, 50; 14:2, 6, 7, 9-13, 20, 21, 23; 15:1, 8, 10, 15, 23, 24, 26; 16:3, 15, 16, 28, 32; 17:1, 5, 11, 21; 20:17, donde resalta el *«a mi Padre y a vuestro Padre»*; y 20:21, suman una fabulosa cantidad de pasajes en que se pone de manifiesto la conciencia que Jesús tenía de una especialísima relación *filial* suya respecto del Padre, la cual sólo puede encuadrarse en su calidad de *Hijo de Dios Padre* en un sentido trinitario. Aunque la frase *«a mi Padre y a vuestro Padre»* de Jn. 20:17 tiende primordialmente a dar ánimo, como diciendo: «subo a mi Padre, que es también vuestro Padre», la diferencia cualitativa se echa de ver en el cuidado con que Jesús distingue ambas filiaciones; por eso, jamás dijo Jesús «nuestro Padre», excepto cuando enseñó a orar a los discípulos con la oración del «Padre nuestro...», en la que él mismo no se incluyó («ORARÉIS *así*...» —Mt. 6:9; Lc. 11:2). Lucas 2:49 es decisivo, como anterior al bautismo.

CUESTIONARIO:

1. ¿Por qué es ortodoxa la confesión de que Jesucristo es Dios? — 2. ¿Cómo se le puede demostrar, por Jn. 1:1, a un Testigo de Jehová? — 3. ¿Qué le replicaría usted si él dijese que el término «Dios» es un mero título? — 4. ¿Cómo se demuestra que el término «Señor», aplicado a Cristo, adquiere en 1 Cor. 12:5 un sentido trinitario? — 5. ¿Qué fuerza tiene la confesión del apóstol Tomás en Jn. 20:28? — 6. ¿De qué se despojó el Hijo de Dios, según Flp. 2:6, 7? — 7. ¿Por qué la mente humana de Jesús no podía comprender la esencia de su propia divinidad? — 8. ¿Cómo se demuestra que en Tito 2:13 se habla de la misma persona? — 9. ¿Cuál es la exégesis más probable de 1 Jn. 5:20: «Éste es el verdadero Dios, y la vida eterna»? — 10. ¿Qué texto de los Evangelios demuestra que Jesús tenía conciencia, antes de su Bautismo, de estar en una especialísima relación filial respecto de Dios el Padre?

3. Jesús poseía conocimiento sobrenatural.

Una de las pruebas de la divinidad de Jesucristo es que poseía un conocimiento sobrenatural de otras personas, así como de cosas ocultas o futuras. Es cierto que la Parapsicología nos ha descubierto fenómenos como la clarividencia, la premonición, la telepatía, etc., mediante los que ciertas personas con determinada cantidad y calidad de fluido electromagnético (poderes ocultos) pueden conjeturar y hasta conocer a distancia, en el tiempo y en el espacio, hechos, cosas, personas, pensamientos, etc., que a los demás nos pasan desapercibidos; pero aun los mejor dotados de tales poderes están sujetos a limitaciones, no siempre gozan de la misma «inspiración» y, si se arriesgan en sus predicciones, fallan a menudo.[80] En cambio, Jesús nunca conjeturó, siempre aseguró, y siempre acertó.

Abundan los textos evangélicos que lo confirman. Así, en Mt. 11:27, Jesús se reconoce a sí mismo como poseedor de un conocimiento del Padre, que es propio, en exclu-

---

80. Por ejemplo, la norteamericana Jeane Dixon ha predicho muchas cosas que se han realizado, pero ha fallado también en bastantes. (V. H. Lindsey, *Satan is alive and well on planet Earth* [London, Lakeland, 1973], p. 122.) A los casos citados por Lindsey podemos añadir otros dos bien notorios, también «profetizados» —según dicen— por J. Dixon: predijo que Khruschef volvería al poder, apoyado por el ejército, lo cual es imposible puesto que Khruschef ya murió, y que no sería restaurada la monarquía en España, lo que ha resultado también falso el 22 de noviembre de 1975.

siva, de las divinas personas (comp. con Jn. 10:15 y Lc. 10:22). En Mt. 21:2 vio a distancia el asna con el pollino (comp. con Mc. 11:2 y Lc. 19:30). En Mt. 24, Mc. 13 y Lc. 21 predice la destrucción del templo de Jerusalén, y las señales de su Segunda Venida y del fin de los tiempos. En Mt. 26:34, Mc. 14:30, Lc. 22:34 y Jn. 13:38 anuncia las negaciones de Pedro. En Mc. 14:14, 15 anuncia el lugar y la disposición del aposento alto donde han de celebrar la Pascua. En Lc. 5:5ss. y Jn. 21:6, y contra el parecer de pescadores bien experimentados, sabe dónde hay abundancie de peces. En Lc. 20:13-15 anuncia su propia muerte, velada en la parábola de los labradores malvados (comp. con Jn. 3:14; 12:32; 18:32). En Jn. 1:42, 47, 48 da pruebas de conocer y *ver* personas y acciones, a distancia de tiempo y espacio (comp. con 11:14; 21:19). Finalmente, Jesús, no sólo sabía lo que pensaban otros, sino *«lo que había en el hombre»*, pues *«conocía a todos»* (Jn. 2:24, 25, comp. con 4:17, 18, 39; 6:64).

4. Jesús dio muestras de poseer atributos divinos.

Además de la omnisciencia, ya mencionada en el punto anterior, Jesús poseía: A) la *omnipresencia,* que denota Jn. 3:13; B) la *omnipotencia,* en Jn. 10:18, pues nadie sino el Omnipotente puede resucitarse a sí mismo; C) la *eternidad,* en Jn. 8:58 (nótese el presente «YO SOY», en un contexto de *«antes que»*); 17:5; Col. 1:17; Heb. 1:1, 2; Apoc. 1:11; 22:13; D) la *majestad* infinita o santidad trascendente, que demanda la adoración debida únicamente a Dios, en Mt. 2:11 (adoración de los Magos); 14:33 (de los discípulos); 15:25 (de la mujer cananea); 28:9 (de María Magdalena y de la otra María); Lc. 24:52 (de los discípulos); Jn. 9:38 (del ciego de nacimiento, recién curado). Compárese con Mt. 4:10; Lc. 4:8; Hch. 10:25, 26; Apoc. 22:10, donde se reprueba la adoración a seres creados; E) la *bondad* infinita o santidad inmanente, por la que Jesús, o sea, el Dios Salvador, es objeto primario de fe salvífica y de completa satisfacción, en Mt. 11:28; Jn. 5:24; 10:10; 11:25, 26; 14:1: *«Creéis en Dios, creed TAMBIÉN en mi»*; 6: *«Yo soy el camino, y la verdad, y la vida»* (el que una persona se atribuya, con artículo determinado, una perfección pura, hasta identificarse con ella, reclama la infinitud del Ser Divino); 9: *«El que me ha visto a mí, ha visto al Padre»* (comp. con Col. 2:9 y Apoc. 21:23, vemos que el modo más perfecto de ver a Dios es a través de Jesucristo; si fuese posible ver al Padre sin pasar por Jesucristo, en Jn. 14:9 Jesús hubiese engañado a sus discípulos). Esta majestad y bondad divinas aparecen también, simbolizadas en la *gloria* o en la *luz*, atribuidas a Jesucristo (V. Jn. 1:14; 17:5, así como 1:9; 8:12; 12:44-46; comp. con 1 Jn. 1:5); F) *poderes divinos* en general, como aparece en Mt. 9:6 (perdonar pecados); 25:31ss. (juzgar a las gentes); 28:18 (*«Toda potestad me es dada en el cielo y en la tierra»*); Mc. 2:7ss. (es paral. de Mt. 9:6); 4:39 (hace enmudecer al mar y al viento); Jn. 3:36 (es fuente de vida eterna, como el Espíritu Santo; comp. con 4:14, a base de 7:38, 39); 5:17ss. (hace todo lo que hace el Padre; comp. con Prov. 8:22ss.); 10:28-33 (su mano tiene el mismo poder que la del Padre, puesto que ambos poseen en común el mismo ser divino —vers. 30—. Los judíos lo entendieron bien y por eso quisieron apedrearle por blasfemo —vers. 33); 13:3 viene a ser un paralelo de Mt. 28:18 y nos recuerda Flp. 2:6ss. (en Jn. 13:3, como en Flp. 2:7, Jesús se despoja del manto de señor para tomar el delantal del siervo).

5. Jesucristo ejerció actividades divinas.

El Nuevo Testamento atribuye a Jesús actividades propias de Dios. Por ejemplo:

A') *Crear* el Universo (Jn. 1:3; Col. 1:16; Heb. 1:2, 10).

B') *Conservar* lo creado (Col. 1:17: *«todas las cosas en él subsisten»*, es decir, se sostienen en el ser; Heb. 1:3: *«quien sustenta todas las cosas con la palabra de su po-*

der», es decir, las sujeta como el puño, para que no se desvanezcan en la nada).

C') *Salvar* lo perdido (Mt. 1:21: *«porque él salvará a su pueblo de sus pecados»*; Lc. 19:10; Jn. 1:12; 3:14-17; 5:40; 8:24; 14:6; Hech. 2:38; 4:12; 5:31).

D') *Dar la gracia divina* (2 Cor. 13:14; Heb. 4:16; 1 Ped. 1:2; Apoc. 22:1 —el río de agua de vida sale *«del trono de Dios y del CORDERO»*).

E') *Perdonar* los pecados. Además de Mt. 9:6, ya citado en el punto anterior, tenemos Mt. 26:28; Mc. 2:1ss. y paralelos; Lc. 24:46, 47.

F') Presidir el Juicio Final, que es una prerrogativa divina (Mt. 7:21-23; 25:31ss.; Jn. 5:22ss.).

6. Testimonios de autores no cristianos.

Nadie que se precie de persona culta, sin prejuicios, se atreve a negar la existencia histórica de Jesucristo. Pero no se puede pedir a un escritor no cristiano que afirme la divinidad de Jesús. Sin embargo, hay testimonios de autores de los dos primeros siglos de la era cristiana que dan fe de la creencia de los primitivos cristianos en la divinidad de Jesucristo. Vamos a escoger los dos más conocidos:

A'') El primero es un romano, Plinio el Joven, gobernador de Bitinia, quien, en una carta dirigida el año 112 al emperador Trajano, escribe acerca de los cristianos:

> «Tienen por costumbre reunirse en un determinado día antes del amanecer, cantan un himno a Cristo, a quien consideran como Dios, y se obligan mediante juramento solemne a no cometer ninguna acción vil y a abstenerse de todo fraude, robo y adulterio, a no quebrantar su palabra y a no ser desleales a quienes depositen en ellos su confianza.»[81]

---

81. *Epístola*, X, 96 (citado por J. M. Martínez en *Treinta mil españoles y Dios* [Barcelona, Nova Terra, 1972], p. 139).

B'') El segundo es un judío famoso, Flavio Josefo, quien escribe:

«En ese tiempo surgió Jesús, hombre sabio, si es que realmente podemos llamarle hombre, pues obró maravillas, maestro de los hombres que reciben la verdad de buen grado... Este hombre era el Cristo. Y cuando Pilato lo hubo condenado a la cruz... los que le habían amado al principio, no claudicaron, porque se les apareció al tercer día resucitado; de éstas y de miles de otras maravillas más acerca de él, habían hablado los profetas. Y aun ahora, la tribu de los cristianos, así llamados por derivación del nombre de Cristo, no ha sido aún extinguida.»[82]

Flavio Josefo escribía esto en el último tercio del siglo I de nuestra era; antes de que viese la luz el Evangelio según S. Juan.

CUESTIONARIO:

1. ¿En qué se diferencia el conocimiento sobrenatural que poseía Jesús, del que poseen los clarividentes, etc.? — 2. ¿Cómo se dio cuenta la mujer samaritana de que Jesús era un profeta? — 3. ¿Por qué se muestra la omnipresencia de Jesús en Jn. 3:13? — 4. ¿En qué texto se ve mejor el eterno presente de Jesucristo? — 5. ¿Qué se deduce de la comparación de Jn. 9:38 con Hech. 10:26? — 6. ¿Cuál es la consecuencia implicada en Jn. 14:1? — 7. Implicaciones de los artículos determinados en Jn. 14:6. — 8. ¿Cómo entendieron los judíos las palabras de Jesús en Jn. 10:30, a la luz del vers. 33? — 9. ¿Qué operaciones divinas se implican en Heb. 1:2, 3? — 10. ¿En qué sentido creó Dios el mundo por medio del Hijo?

---

82. *Antigüedades Judaicas*, XVIII, 3, 3 (citado por J. M. Martínez, *o. c.*, p. 140. Recomendamos la lectura de todo el cap. III de nuestro libro *Treinta mil españoles y Dios*).

7. Lugares que requieren alguna explicación.

Existe un determinado número de lugares en el Nuevo Testamento que, a primera vista, parecen indicar cierta inferioridad de Jesucristo con respecto al Padre, y que ya los arrianos solían citar en apoyo de su herejía subordinacionista, como hoy los citan los llamados Testigos de Jehová en apoyo de sus afirmaciones antitrinitarias. Dichos lugares son:

1) *Lucas 18:19: «Jesús le dijo: ¿Por qué me llamas bueno? Ninguno hay bueno, sino sólo Dios.»* Se pretende interpretar estas frases como si Jesús negase implícitamente su divinidad. El verdadero sentido de dicho pasaje es que sólo en Dios se halla la bondad infinita, como en su manantial, y a Dios es preciso ir, mediante la Ley, para hallar la vida eterna. Con ello Jesús no niega su divinidad, sino que pone al joven en la alternativa de renunciar a entrar en la vida eterna (*«Aún te falta una cosa...»* —versículo 22) o de seguirle a él; como si dijese: Si me tienes por bueno, y bueno de veras sólo es Dios, habrás de seguirme.

2) *Juan 10:34ss.* En estos versículos, como si Jesús quisiera quitar fuerza a la afirmación hecha en el vers. 30, parece que, en cierto modo, se equipara a sí mismo con los jueces de Israel, a quienes el salmo 82:6 llama *«dioses»* e *«hijos del Altísimo»*. Esta primera impresión no es exacta, pues Jesús propone este argumento sólo como base para

dar un paso más importante. Podríamos exponerlo así: La Escritura no puede ser quebrantada. Ahora bien, dicha Escritura llama «dioses» a meros hombres, por el hecho de que ellos administraban *justicia,* que es un atributo divino. Por tanto, no deberíais protestar de que yo me llame el Hijo de Dios; tanto menos cuanto mayor es la razón de que yo sea lo que digo, puesto que: *a)* la palabra de Dios *vino* a los jueces, mientras que yo soy la Palabra personal del Padre; *b)* los jueces eran nacidos en este mundo, mientras que yo *fui enviado* desde arriba al mundo; *c)* los jueces eran hijos de Dios en un sentido general, pero yo soy el *Unigénito* (Jn. 1:14, 18; 3:16); *d)* los jueces recibieron un cometido importante, pero yo fui *santificado,* es decir, consagrado, y *enviado* así al mundo —vers. 36— para ser el Salvador.[83] Es sólo un argumento *a fortiori.*

3) *Juan 14:28: «Si me amarais, os habríais regocijado, porque el Padre mayor es que yo.»* ¿En qué sentido es el Padre mayor que el Hijo? En el sentido de que el Hijo, al tomar sobre sí la *«forma de siervo»* (Flp. 2:7), se despojó de la majestad gloriosa que le correspondía como Unigénito del Padre (Jn. 1:14), la cual iba a recuperar después de su Ascensión (Jn. 17:5). Por eso dice a sus discípulos que, si le amaran de veras, se alegrarían de que marchase a recuperar junto al Padre dicha gloria.

4) *Juan 17:3: «Y ésta es la vida eterna: que te conozcan a ti, el único Dios verdadero, y a Jesucristo, a quien has enviado.»* Con estas palabras parece como si Jesús atribuyese al Padre, en exclusiva, el título de «Dios verdadero». El único Dios verdadero, tal como era en sí, no como se lo imaginaban los judíos (comp. Deut. 6:4 con Jn. 4:24; 1 Tes. 1:9; 1 Jn. 5:20), era el que había enviado a su Hijo Jesucristo a salvar al mundo (Jn. 3:16ss.). Por eso, la vida eterna depende de creer en Dios y en el Mediador (comp. con Jn. 3:15ss.; 14:1; Hech. 4:12; 16:31; 1 Tim. 2:5, etc.). Nótese que Jesús no dice: *«a ti, el único*

---

83. V. W. Hendriksen. *John,* II, pp. 128-129.

que eres *Dios verdadero*», sino «*a ti,* que eres *el único Dios verdadero*», puesto que también del Hijo (1 Jn. 5:20, etc.) y del Espíritu (Hech. 5:3, 4) se afirma que son «verdadero Dios».

5) *Romanos 14:9: «Porque Cristo para esto murió y resucitó, y volvió a vivir, para ser Señor así de los muertos como de los que viven.*» Estas palabras no significan que Jesús *viniese a ser el Señor* precisamente por su Resurrección, sino que fue *manifestado como tal* por el hecho de su exaltación. Este mismo es el sentido de Hech. 2:32-36.

6) *1 Corintios 3:23: «y Cristo —es— de Dios».* En este texto, lo mismo que en 11:3: «*Dios —es— la cabeza de Cristo*», se pone el énfasis en el papel de Mediador que Jesucristo ejerce, como hombre, entre Dios y los hombres (comp. con 1 Tim. 2:5). No se olvide que, habiendo en Cristo una sola persona con dos naturalezas, pueden decirse de él cosas que convengan tanto a una como a otra de las dos naturalezas.

7) *1 Corintios 15:24ss.* En estos versículos, después de hablar de la entrega que Jesús hará del Reino al Padre, se llega a decir (vers. 28) que «*el mismo Hijo se sujetará al que le sujetó a él todas las cosas...*». Aquí se declara, con la cita del salmo 8, que el Hijo no posee un Reino independiente, sino que así como el Padre es la primera fuente de la creación y de la salvación (V. Jn. 3:16; 1 Jn. 3:1), así también es la meta final en nuestra ascensión a la divinidad (Jn. 14:6: «*...Nadie viene al Padre sino por mí.*» Luego hay que ir, en último término, *al Padre*). Dice E. Kevan: «La entrega que nuestro Señor hace del reino al Padre y su propia sumisión a Dios, no se refieren a las relaciones personales, sino a posiciones oficiales.»[84]

8) *Efesios 1:3, 17: «El Dios y Padre de nuestro Señor Jesucristo... El Dios de nuestro Señor Jesucristo...*» Estas frases no tienden a disminuir la divinidad de Jesucristo,

---

84. En *Dogmatic Theology*, vol. III, less. III, p. 10 (Curso por corresp.).

sino que nos presentan al Dios que se nos revela perfectamente en Cristo, el cual, como Hijo, es la perfecta imagen del Padre (comp. con Mt. 27:46; Jn. 1:18; 20:17; Rom. 15:6; Heb. 1:1-3; 1 Ped. 1:3; Apoc. 1:6).[85]

9) *Filipenses 2:9-11*, como Hech. 2:32-36 y Rom. 14:9, significa que, al exaltar a Cristo «*hasta lo sumo*», Dios le manifestó como *Señor;* ya lo era, sin embargo, desde su concepción, como también era *Jesús* desde el principio (V. Mt. 1:21).

10) *Colosenses 1:19: «por cuanto agradó al Padre que en él* —Cristo— *habitase toda plenitud...».* Si comparamos este versículo con 2:9: «*Porque en él habita corporalmente* (manifiesta, visible, tangiblemente) *toda la plenitud de la divinidad*», veremos que, lejos de disminuirse, se enfatiza la condición divina de Jesucristo. Lo que aquí se expresa es que, por el beneplácito del Padre, la humanidad de Cristo fue predestinada a ser, por la unión personal con el Hijo de Dios, la residencia singular, eterna, sustancial, de *toda* la deidad. En otras palabras: Dios *entero* reside en Cristo, aunque la humanidad de Cristo no agota la inmensidad de Dios, quien, como dice un adagio teosófico, «tiene el centro en todas partes, y la circunferencia en ninguna». El vers. 20 muestra que la *plenitud* mencionada en el vers. 19 se refiere al oficio de Mediador Universal que corresponde a Jesucristo Hombre (comp. con Ef. 1:10, 22, 23).

85. V. F. Foulkes, *Ephesians* (London, The Tyndale Press, 1968), pp. 45, 59.

CUESTIONARIO:

1. ¿Qué versículo nos da la pista para entender Lc. 18:19, a la luz de Mt. 6:24? — 2. ¿Cuáles son las diferencias que Jn. 10:35, 36 nos señala entre los «dioses» de que habla el salmo 82:6, y el Hijo Unigénito de Dios? — 3. ¿En qué sentido pudo decir Jesús: «El Padre es mayor que yo»? — 4. ¿Por qué al decir Jesús: «... a ti, el único Dios verdadero...» (Jn. 17:3), no se excluía a sí mismo de la divinidad? — 5. ¿Qué sentido tienen lugares como Hech. 2:32-36; Rom. 14:9 y Flp. 2:9-11? — 6. ¿Cómo puede Dios ser la cabeza de Cristo, según 1 Cor. 11:3, si Jesucristo es Dios? — 7. ¿En qué sentido puede el Hijo sujetarse al Padre, según 1 Cor. 15:28? — 8. Si Cristo es Dios, ¿cómo dice Pablo (Ef. 1:3, 17) «El Dios de nuestro Señor Jesucristo»? — 9. ¿Puede depender del Padre, según Col. 1:19, el que Jesucristo sea Dios? — 10. El verbo «habitar» en Col. 1:19 y 2:9, ¿no indicará una unión moral entre el Hijo de Dios y el hombre-Jesús, como opinaba Nestorio?

LECCIÓN 14.ª LA UNIÓN DE LAS DOS NATURALEZAS EN JESUCRISTO

1. En Cristo hay una sola persona en dos naturalezas.

El Concilio de Calcedonia definió en términos precisos la fe cristiana sobre este punto.[86]

En efecto, el Nuevo Testamento nos presenta claramente la unicidad de persona en Jesucristo, así como la clara distinción de sus dos naturalezas, divina y humana. Cuando decimos que Jesús es Dios y hombre (o Dios-hombre, para ser más exactos), no queremos decir que el Verbo de Dios se uniera a una *persona* humana, sino que posee una naturaleza humana íntegra y perfecta, la cual existió y subsistió, desde el primer momento de su concepción, *en* la persona única del Hijo de Dios. Es decir, Jesús no es un hombre que llegó a ser Dios, sino un Dios que llegó a ser hombre (Jn. 1:14) sin dejar nunca de ser Dios.

2. Se trata de una unión HIPOSTÁTICA.

Por unión «hipostática» entendemos una unión que no sólo es personal, sino que se realiza precisamente en el núcleo mismo de la persona. Tengamos en cuenta que la «personalidad» no es un elemento más de la naturaleza, sino el sujeto de atribución y responsabilidad del ser personal, así como el término que la cierra dentro de su propia subsistencia personal.

---

86. V. lección 4.ª, punto 6.

Ahora bien, la unión de dos naturalezas (entendiendo por «naturaleza» el conjunto de elementos y propiedades esenciales que hacen de un ser lo que es según su especie) puede ser:

A) *Accidental* o *sustancial*. La primera se efectúa mediante vínculos de afecto, intereses, gustos, consanguinidad, adhesión intelectual, social, política, etc., por ingestión, por inhabitación o, si se trata de cosas materiales, por yuxtaposición, como un montón de piedras; la sustancial u óntica es aquella de la que surge un solo ser individual.
B) La unión *sustancial* se divide en *esencial* e *hipostática*. La primera tiene lugar cuando de la unión surge una sola naturaleza integral: un compuesto (*personal*, si se trata de seres humanos). La unión se llama hipostática cuando las naturalezas se unen precisamente *en* la persona, la cual ya preexist(a. Esta última es la que tiene lugar en Jesucristo. Por donde vemos que toda unión hipostática es personal, pero no toda unión personal es hipostática.

3. Pruebas de la unicidad de persona en Cristo.

A') Siempre que Jesucristo habla de sí mismo se expresa como un solo «yo», que se dirige al Padre como a un «tú», y a otros hombres, como desde una única persona. Todo lo que Jesús dijo e hizo, lo dijo e hizo *una sola persona* mediante una u otra de las dos naturalezas, o mediante ambas naturalezas a la vez: *a*) acciones como el crear o el conservar el Universo procedían de la persona de Jesús a través únicamente de su naturaleza divina; *b*) acciones como el comer, andar, dormir, etc., procedían de su persona a través únicamente de su naturaleza humana; *c*) finalmente, acciones como el hacer milagros procedían de su persona a través juntamente de sus dos naturalezas, la divina como causa *principal*, y la humana como causa *instrumental*. Esta tercera clase de acciones son las que con toda propiedad pueden llamarse *teándricas*, como producidas conjuntamente por el Dios (*Theós*) -

hombre *(anér)*. El hecho de que 1 Jn. 4:2 nos diga que
«Jesucristo ha venido en carne», lo mismo que la frase
de Pablo en 1 Ti. 3:16: *«Dios fue manifestado en carne»*,
no se ha de interpretar como una unión accidental (inhabitación), sino a la luz de Jn. 1:14, en que vemos cómo
el Verbo de Dios llegó verdaderamente a hacerse hombre,
manifestando en su humanidad la gloria de su divinidad.
Es cierto que en Jn. 3:11 Jesús habla en plural, pero lo
hace en contraposición al plural de Nicodemo (vers. 2) y
se refiere probablemente al testimonio conjunto suyo y del
Bautista (1:7, 8, 34).

B') De una sola y misma persona de Jesús se afirman
atributos, poderes, dignidades, acciones, etc., que convie-
nen a una de las dos naturalezas, e incluso se atribuyen
a Cristo los atributos de una naturaleza cuando su persona
es designada con atributos de la otra naturaleza (V. Lc.
1:43; Jn. 1:14; 3:13; 6:62; Hech. 20:28; Rom. 1:3, 4; 8:3,
32; 9:5; 1 Cor. 2:8; Gá. 4:4, 5; Ef. 1:22, 23; 4:10; Flp. 2:
6-11; Col. 1:13, 14; 1 Tim. 2:5; 3:16; Heb. 1:2, 3; 2:14 y
contexto anterior; 1 Ped. 3:18; 1 Jn. 4:2, 3). Todos estos
textos carecerían de sentido si la unión fuese moral, pero
no orgánica, es decir, óntica y propiamente personal.

C') El valor de la propiciación de Cristo en la Cruz
exigía la unidad de persona junto con la dualidad de naturalezas. Sólo alguien que fuese hombre como nosotros podía ser nuestro representante y nuestro sustituto, y sólo
si ese alguien era, al mismo tiempo, Dios, podía tener un
valor infinito el precio de su sangre (V. Jn. 12:27; Hech.
3:18; Ef. 2:16-18; Heb. 2:11-18; 4:15ss.; 7:26, 28; 9:22;
1 Ped. 1:19; 1 Jn. 2:2).

4. Consecuencias de la unión hipostática.

A'') Como ya apuntamos en otra lección, la naturaleza
humana de Cristo no es *in*-personal, sino *en*-personal, puesto que aunque carece de personalidad propia (surgida de
la naturaleza humana misma), subsiste *en* la persona del

Verbo, ya que el Hijo de Dios extiende a su humanidad su razón de sujeto responsable y de término de atribución. Por eso escribe Tomás de Aquino que la persona de Cristo es «compuesta»[87] (virtualmente, se entiende).

B") De acuerdo con lo dicho, todo lo que tiene razón de energía agente o de elemento constituyente, incluidas la conciencia y la voluntad, es doble en Cristo, conforme a la dualidad de naturalezas, aunque la persona del Verbo asuma *la última responsabilidad* de las decisiones.

C") Puesto que María dio a luz, no simplemente a la naturaleza humana de Cristo, sino *al Hijo de Dios según la carne* (ya que la persona es el término directo de la acción maternal), puede llamársela «Madre de Dios»; entiéndase bien: no de la naturaleza divina, sino de la persona del Hijo de Dios (que es tan Dios como el Padre) *en cuanto a su naturaleza humana.*[88]

5. ¿Cómo puede ser Jesús hombre perfecto sin personalidad humana?

Ya hemos dicho que la humanidad de Cristo no es *in*-personal, sino *en*-personal. Por otra parte, la personalidad no es un elemento constitutivo de la naturaleza, sino el término de atribución y el sujeto responsable da la misma. Por tanto, no pertenece a la integridad de la *naturaleza,* sino a la integridad del *individuo* humano; en este sentido, la naturaleza humana de Jesús recibe su integridad individual de la persona del Verbo en la cual subsiste.

Recordemos una vez más que el Verbo no tomó una *persona* humana, sino una *naturaleza* humana. Las dos naturalezas tienen su propia realidad y existencia *en cuanto tales,* pero las dos existen y subsisten en la persona del Hijo, el cual existe: como Dios, en la naturaleza divi-

---

87. *Summa Theologica,* III, q. 2, a. 4.
88. V. mi libro *Catolicismo Romano,* pp. 94-96; A. Strong, *o. c.,* p. 685.

na; como hombre, en la humana, cubriendo así las dos naturalezas con una sola personalidad divino-humana. Todo lo que pertenece a las dos naturalezas es doble, pero hay un solo «yo» que unas veces actúa y se expresa como Dios; otras, como hombre; otras, como Dios-hombre.[89]

CUESTIONARIO:

1. ¿Cuántas personas hay en Jesucristo? — 2. ¿Se puede decir que Jesucristo existió desde toda la eternidad? — 3. ¿Por qué no se puede decir que Jesús es un hombre que llegó a ser Dios? — 4. ¿Qué añade la personalidad a una naturaleza humana concreta? — 5. ¿En qué se distingue la unión hipostática de Cristo de nuestra unidad personal? — 6. ¿Qué persona comía cuando Jesús comía? — 7. Significación del plural en Jn. 3:11. — 8. ¿Qué se deduce de Gál. 4:4 en orden a la maternidad de María? — 9. ¿Cuántas voluntades hay en Jesucristo? — 10. ¿Cómo pudo ser «no escatimado», según Rom. 8:32, el Hijo propio de Dios?

---

89. V. Strong, *o. c.*, pp. 683ss.; Berkhof, *o. c.*, pp. 321-325; Berkouwer, *The Person of Christ*, pp. 271ss. y, especialmente, 305ss.

LECCIÓN 15.ª EL MISTERIO DE LA UNIÓN HIPOSTÁTICA

1. Importancia de entender bien el misterio de Cristo.

Según frase feliz, ya citada en la Introducción, del Prof. Griffith Thomas, «el Cristianismo es Cristo». Por tanto, es de suma importancia, como advierte Strong,[90] conocer su Persona encarnada.

En efecto, el misterio de Cristo es la coronación del plan de Dios para la salvación del hombre, pues Cristo mismo es la expiación personal (1 Jn. 2:2) con relación al abismo, producido por el pecado, entre el hombre y Dios (V. Is. 59:2). Él es nuestro «pontífice»: «puente» en su propio ser (Dios-hombre) y en su función mediadora (1 Tim. 2:5). Acabará su función, pero no su encarnación.

Esta encarnación del Verbo no disminuye la trascendencia de Dios. La humanidad de Jesús subsiste en y por la persona del Hijo de Dios, pero de ninguna manera participa de la esencia sustancial de la divinidad. Es lamentable que un teólogo como A. H. Strong admita la participación universal de la sustancia divina, recibida en *plenitud* (sin duda, alude a Col. 2:9) por la humanidad de Jesús. Con la frase «no conocemos más que una sola sustancia, trasfondo y base del ser»,[91] Strong se acerca peligrosamente a B. Spinoza y destruye el concepto de trascendencia de Dios.

---

90. *O. c.*, p. 691.
91. *O. c.*, p. 699.

El Nuevo Testamento nos incita a un conocimiento cada vez mejor del Verbo hecho hombre (V. Mt. 11:27 —¿mayor misterio conocer al Hijo que al Padre, o está implícito el conocimiento del Hijo a través de su humanidad?—; Lc. 24:39; «... *yo* tengo»; Jn. 17:3; 20:31; Ef. 2:17-19; Flp. 3:8, 10; Col. 1:27; 2:2, 3; 1 Tim. 3:16; Heb. 2:11, donde el «*de uno*» indica lo más probable «de una misma raza»;[92] 1 Jn. 1:1 —un Verbo *palpable*).

2. Dificultades que implica este misterio.

A) Nos es muy difícil concebir una persona con dos naturalezas completas y perfectas, y cada una con su propia conciencia y su propio poder de autodeterminación. Es falsa la afirmación de Strong de que en Jesús hay una sola conciencia y una sola voluntad, basado en que, según él, «la autoconciencia y la autodeterminación no pertenecen a la naturaleza como tal, sino sólo a la personalidad».[93] Es cierto que sólo la persona es autoconsciente y sólo ella se autodetermina, pero la conciencia y la voluntad son agencias y energías de la naturaleza y, por tanto, se duplican en Jesús. Por consiguiente, es único en Cristo el «yo» como sujeto de autoconciencia y de autodeterminación, pero ese único «yo» es consciente de cuanto pertenece a su divinidad mediante su mente divina, y es consciente de cuanto pertenece a su humanidad mediante su conciencia humana. ¿Cómo se hace, entonces, consciente su mente humana de su identidad divina y de los misterios de la divinidad? Sencillamente, mediante la operación del Espíritu Santo, el obrero de la Trinidad (Lc. 1:35: ¡en la Encarnación!), quien le entrega o comunica a raudales (Jn. 3:34) la gracia y la verdad, de cuya plenitud todos recibimos (Jn. 1:16). Sin embargo, no le comunica lo que no entra en su función de Enviado del Padre y podría ser perjudicial para nosotros (V. Mr. 13:32).

---

92. V. J. Brown, *Hebrews,* pp. 115-116.
93. *O. c.,* p. 695.

Si tenemos un concepto claro de *persona* y de *naturaleza*, estaremos equipados para resolver, en lo posible, las dificultades que este misterio presenta. Como dice E. Kevan,[94] «el término *naturaleza* denota la suma total de todas las cualidades esenciales de una cosa, lo que la hace ser *lo que es*. El término *persona* denota alguien... poseedor de autoconciencia y autodeterminación. La personalidad no es una parte esencial o integral de la naturaleza, sino como el término al que tiende».

B) Otra de las perplejidades que nos ofrece este misterio es la aparición de una naturaleza sin personalidad propia, pues en Cristo hay un solo «yo», un solo *sujeto* de atribución y responsabilidad, un solo *quien*: la segunda Persona de la Trina Deidad. Sin embargo, tengamos en cuenta, una vez más, que la naturaleza humana de Jesucristo no es impersonal, puesto que subsiste plenamente en la persona divina del Verbo de Dios.

C) Es curioso comprobar, con el Nuevo Testamento abierto, que en esta unión hipostática, junto con la mayor juntura que cabe, tenemos la máxima diferencia. Por una parte, la unión de las dos naturalezas en la persona es la más estrecha que existe; por eso dice el dominico Fray Luis de Granada que «cuando tuvo que quebrar (en la muerte), no quebró por la juntura, sino por lo sano»; en otras palabras, se separó el alma del cuerpo, pero ninguno de los dos se separó de la divinidad: ambos siguieron siendo, tras la muerte, el cuerpo y el alma del Hijo de Dios. Por otra parte, no existe la menor mezcla o confusión de atributos; ambas naturalezas conservan íntegras e incomunicables sus respectivas cualidades, propiedades y funciones específicas.

D) La Encarnación del Verbo, con ser la unión más estrecha posible entre la divinidad y la humanidad, no supuso cambio alguno en la divinidad de Jesucristo. Se en-

---

94. *O. c.*, III, less. VIII, punto V (el subrayado es suyo).

carnó la persona, no la naturaleza divina, del Hijo. Y, a
pesar del anonadamiento o «vaciamiento» de que nos habla
Flp. 2:7 (*«heautón ekénose»*), no fue la esencia divina la
que sufrió merma, sino la forma externa, majestuosa
(*«morphé»*) de manifestarse, que quedó oculta dentro de
las opacas paredes de una humanidad mortal, débil como
la nuestra.

3. Singularidad y peculiaridad de esta unión.

La unión hipostática es una unión del todo singular por
sus peculiares características; tanto, que no se le pueden
encontrar analogías con ninguna de las uniones que conocemos. En efecto:

A') No es una unión orgánica, vital, como la de nuestro cuerpo con nuestra alma, los cuales forman el compuesto humano, sino puramente hipostática, es decir, en
el núcleo mismo de la personalidad, no siendo en ella la
persona el elemento activo, sino el sujeto de atribución.

B') No es como la unión del hierro y el fuego, puesto
que la incandescencia no es una nueva *naturaleza*, sino
un estado accidental del fuego, mientras que en la unión
hipostática una nueva naturaleza es asumida óntica y sustancialmente por el Verbo de Dios, hasta formar con él
un solo ser individual.

C') Tampoco es como la unión espiritual del creyente
con Cristo, con Dios, con el Espíritu Santo, ya que ésta
es una unión *moral,* no sustancial.

D') Finalmente, no se parece a la unidad de las tres
personas divinas entre sí, sino que más bien sigue un
modelo opuesto, ya que en la Trinidad tres personas realmente distintas comunican en la misma esencia, sustancia
y naturaleza divina, mientras que en la Encarnación una
sola persona alberga en su única subsistencia dos naturalezas realmente distintas.

4. Propiedades principales de la unión hispostática.

A") Es *necesaria*. Es preciso que Dios y el hombre se unan en una sola persona para hacer de Jesucristo el perfecto Mediador que necesitábamos (1 Tim. 2:5; Heb. 2:17, 18; 4:15, 16; 7:25). Así tenemos en nuestro gran Sumo Sacerdote una perfecta *simpatía* y compenetración con nosotros los hombres, a la vez que un valor infinito en su sacrificio sustitutorio y también representativo. Dice Strong: «Como el sumo sacerdote de la Antigüedad llevaba en su mitra el nombre de Jehová, y en el efod de su pecho los nombres de las tribus de Israel, así también Jesucristo es Dios con nosotros, y al mismo tiempo nuestro representante propiciatorio ante Dios. Bien dice Dido en la *Eneida* de Virgilio: "Haud ignara mali, miseris succurrere disco"= ="No ignorando yo misma el mal, aprendo a socorrer a los desgraciados." Y Terencio casi expresó una frase cristiana cuando escribió: "Homo sum, et humani nihil a me alienum puto" = "Soy hombre, y nada humano lo considero ajeno a mí."»[95]

B") Es *indisoluble*. Ya explicamos el verdadero sentido de 1 Cor. 15:28, que no se opone a nuestro aserto. Strong cita Jn. 17:5 y Heb. 1:8, que no nos convencen, ya que ambos se refieren a Cristo en su naturaleza divina. En cambio, son muy claros Lc. 1:33, donde al hablar de Jesús como el heredero del trono de David, se dice: «su reino no tendrá fin»; Heb. 7:24: «permanece para siempre, tiene un sacerdocio inmutable», lo cual sólo es aplicable a Jesucristo en cuanto hombre, ya que en cuanto Dios no puede ser sacerdote (V. Heb. 5:1); 13:8; Apoc. 21:23; 22:1, 3, 5. La fuerza de estos textos apocalípticos estriba en que, de no permanecer para siempre la unión hispostática, no disfrutaríamos durante la eternidad de la lumbrera del Cordero, con lo que, de acuerdo con Jn. 14:9 y Col. 2:9, nos quedaríamos por toda la eternidad sin la beatificante visión de la gloria de Dios.

---

95. *O. c.*, p. 698.

5.   ¿Puede el entendimiento humano barruntar la posibilidad de tal unión?

Aun después de conocido el misterio de la Encarnación, nuestra mente se pregunta con estupor: ¿Cómo es posible que, en una misma persona, se uniese el Infinito con lo limitado? Nunca podríamos dar una respuesta adecuada, pero sí que podemos encontrar alguna razón para la no-imposibilidad (que no es lo mismo que la posibilidad) de dicho misterio. Strong[96] insinúa una base de acercamiento en el hecho de que Dios creó al hombre a su imagen y semejanza; en cambio, el animal bruto sería incapaz de ser unido personalmente al Verbo. Suponemos que Strong se refiere a la no-imposibilidad moral, puesto que nadie puede probar la repugnancia metafísica de la unión del Verbo con cualquier otra naturaleza creada. Mucho menos aceptables son las razones que Strong presenta y las citas que ofrece de autores que escriben con resabios panteístas (v.g.: «el hombre es divino en un verdadero sentido»), para demostrar que Dios no hubiese podido hacerse ángel, árbol o piedra. La única razón por la que el Hijo de Dios debía hacerse hombre, y no ángel, es que sólo como hombre podía realizar su obra sustitutoria. Jesucristo no es el Hombre-Modelo en sentido platónico, ni en sentido panteísta, sino porque debía, en Sí y por Sí, restaurar la imagen de Dios en el hombre, llenándola de vida, luz y amor. 2 Pedro 1:4 no se refiere a una participación *sustancial,* contra lo que opina Strong.

6.   ¿Cuántas existencias hay en Jesucristo?

Para responder adecuadamente a esta pregunta hay que clarificar los conceptos. La confusión que la mayoría de los teólogos evangélicos sufren respecto a los términos «existencia» y «subsistencia» obliga a una aclaración: *Exis-tencia* es el acto por el que una esencia es algo en la rea-

---

96. *O. c.,* p. 693.

lidad concreta; en cambio, *subsistencia* es el acto por el que algo existe en sí mismo como base de sustentación individual, y no en otro. De acuerdo con estas definiciones, debemos decir que *la humanidad de Jesucristo existía con realidad propia, en cuanto naturaleza concreta, pero subsistía en la persona del Verbo.* Así se entiende mejor cómo es que era consciente con dos conciencias y obraba con dos voluntades.[97]

Es curioso que Barth[98] se una en esto a los tomistas, al admitir en Jesucristo una sola existencia. De conformidad con la profesión de Calcedonia, hemos de advertir que la naturaleza humana de Jesucristo no está *divinizada* ni es *deiforme.* Es cierto que nuestra adoración se extiende también a su naturaleza humana, pero no como término en sí misma, sino como manifestación visible de su persona adorable, de la misma manera que besamos la mano de un bienhechor. Notemos también, una vez más, que la conciencia no es el «yo», sino la pantalla en que se refleja el percibir y el apercibirse del sujeto consciente.

Es digna de consideración la advertencia de Berkouwer[99] cuando dice: «Debemos recordar que la Iglesia ha de preocuparse, no de legitimar términos científicos, sino de velar por el *sentido* de los términos usados para expresar la fe cristiana.»

Una última pregunta: ¿En qué momento tomó el Verbo la naturaleza humana? Respondemos: En el mismo instante en que existió el embrión humano de Jesús, ya que en el primer instante de su concepción pertenecía personalmente al Verbo de Dios. De lo contrario, habría existido

---

97. Decimos esto en oposición a A. Strong, *o. c.,* pp. 694-696, quien cita a su favor Mc. 13:32 y Lc. 22:42, sin tener en cuenta que en Mc. no dice «yo», sino «el Hijo», y en Lc. distingue implícitamente en sí dos voluntades, puesto que la del Padre era también *suya* en cuanto Dios.

98. Citado por Berkouwer, *o. c.,* p. 310.

99. *O. c.,* p. 313 (el subrayado es suyo).

en algún instante un individuo humano con personalidad propia, o carente de toda personalidad. Es como si un jersey, en vez de ser comprado y puesto, ya acabado de tejer, sobre una persona, fuese desde el principio tejido sobre la persona que queda vestida con él.

CUESTIONARIO:

1. ¿Por qué tiene tanta importancia entender bien el misterio de Cristo? — 2. Dificultades que implica el misterio de dos naturalezas en una sola persona. — 3. ¿Cómo se muestra que la unión hipostática es más fuerte que la unión natural entre el alma y el cuerpo? — 4. ¿Por qué no supone ningún cambio en la naturaleza divina del Hijo de Dios? — 5. ¿Por qué no se le puede encontrar parecido en ninguna de las uniones que conocemos? — 6. ¿Cuáles son las propiedades principales de esta unión? — 7. ¿Dónde podemos encontrar en el hombre una base que nos muestre la no-imposibilidad de que su naturaleza llegue a ser asumida por la persona del Verbo? — 8. ¿Cuántas existencias hay en Jesucristo? — 9. ¿Por qué ha tenido siempre la Iglesia tanto empeño en clarificar los términos teológicos de la controversia cristológica? — 10. ¿En qué momento tomó el Verbo la naturaleza humana?

LECCIÓN 16.ª
LA COMUNICACIÓN DE PROPIEDADES

1. Supuestos que no se deben olvidar.

Hemos tratado hasta aquí de la unión hipostática. Recordemos una vez más que no fue la *naturaleza* divina la que se encarnó, sino la *persona* del Verbo. La naturaleza divina no sufrió cambio alguno por la Encarnación (no hay una deidad humanada, ni una humanidad divinizada), sino que en un determinado tiempo, y desde el primer momento de su existencia, una naturaleza humana, en vez de poseer personalidad propia, subsistió como ser humano personal, y subsiste para siempre, en la persona del Hijo de Dios, manteniendo incólume su integridad natural perfecta en cuanto al ser y en cuanto al obrar; en todo igual a nuestra naturaleza individual, excepto el pecado.

2. Una distinción importante.

Es necesario, al llegar a este punto, hacer una observación importante: El Verbo es *esencialmente*, y por toda la eternidad, Dios (Jesucristo, en cuanto Dios). En cambio, para Jesucristo el ser hombre arranca de un momento *histórico* dado, con un objetivo funcional, soteriológico. En otras palabras, para el Hijo de Dios es metafísicamente imposible no ser Dios, pero no es hombre por necesidad metafísica, pues hubo un tiempo en que no lo fue. Por eso, la unión hipostática es indisoluble por designio divino, no por necesidad metafísica.

3. Comunicación y atribución de propiedades.

Se llama «comunicación o atribución de propiedades» a la mutua intercomunicación de términos y cualidades, ya esenciales, ya operativas, entre lo divino y lo humano en todo lo que afecta a la persona de Cristo, con tal de que la referencia se haga a través de la *persona* única del Dios-Hombre, no directamente de una a otra naturaleza sin pasar concretamente por la persona.

De esta manera se pueden atribuir al Hijo de Dios atributos y operaciones que correspondan a cualquiera de las dos naturalezas, y a una naturaleza lo que es propio de la otra, siempre que la referencia incluya y exprese a la única persona de Jesucristo. Así, podemos decir: el Hijo de Dios murió en la Cruz; el Hijo de Dios es omnisciente; Dios se hace hombre; *este* hombre es Dios.

4. Adversarios específicos en este punto.

A causa de una falsa base filosófica y mediante una equivocada interpretación de algunos textos bíblicos, como Jn. 3:13; 5:27; Heb. 10:12, etc., Lutero y sus primeros seguidores sostuvieron que para establecer una verdadera unión hipostática es menester que haya una mutua comunicación de atributos entre las dos naturalezas. Sin embargo, la opinión de los luteranos ha ido evolucionando con el tiempo:

A) En un principio defendieron que este tráfico de atributos se hace en ambas direcciones: la divinidad participaba de las limitaciones humanas; la humanidad, de las propiedades divinas.

B) Más tarde dijeron que los atributos divinos se comunican a la naturaleza humana, pero las limitaciones humanas no afectan a la naturaleza divina.

C) Después convinieron en que sólo se comunicaban a la naturaleza humana los atributos *operativos* (omnipotencia, omnisciencia, omnipresencia), pero no los *esenciales* (mal llamados *quiescentes,* pues el Ser divino es Actividad infinita y eterna), como la eternidad, la infinitud, etc.

D) Finalmente, unos dijeron que la humanidad del Verbo los ejercitó secretamente, y otros sostienen que los dejó inoperantes mientras duró su estado de humillación.

Hoy son mayoría los luteranos que siguen en este punto la línea correcta, ya que las posiciones anteriores son disconformes con la Biblia y con la fe constante de la Iglesia, tal como fue declarada en el Concilio de Calcedonia. Por otra parte, los atributos y operaciones no se pueden separar de sus respectivas naturalezas.[100] La apelación a los textos arriba citados es incorrecta, como puede verse, por ejemplo, en 1 Cor. 2:8.

5. Consecuencias de la comunicación de propiedades.

Las consecuencias que se derivan de la mutua comunicación y atribución de propiedades en orden a la recta formulación de proposiciones cristológicas son las siguientes:

A') De una misma persona, que es la del Verbo hecho hombre, podemos decir que es, a la vez, omnipotente y débil; eterna y temporal; etc.

B') También se puede referir lo de una naturaleza a otra, con tal de que se haga a través de la persona, explícita o implícitamente.

C') Todo lo que *es y hace* Jesucristo, pertenece al Verbo de Dios, pero, como ya vimos en otro lugar, pueden distinguirse en Cristo: a) acciones exclusivamente divinas, como sustentar el mundo; b) exclusivamente humanas, como el comer; y c) divino-humanas, o propiamente teáp-

---

100. V. Berkhof, *Systematic Theology,* pp. 323-327.

dricas, como hacer milagros, realizar nuestra redención, etcétera.

D') Es muy de tener en cuenta que las proposiciones afirmativas pueden hacerse indistintamente de cualquiera de las dos naturalezas, mientras que las proposiciones negativas son incorrectas si lo contrario puede afirmarse de alguna de las dos naturalezas.

E') Jesús, en cuanto hombre, es objeto de adoración y de plegaria, porque el término directo de nuestra oración o de nuestra adoración es la persona de Cristo, la cual es *divina*.

CUESTIONARIO:

Diga si son correctas o no las siguientes expresiones, y por qué:

1. Dios murió por nosotros.
2. Este hombre existe desde la eternidad.
3. La divinidad se ha encarnado.
4. El Hijo de Dios no lo sabía todo.
5. Jesucristo es una persona divina.
6. Dios ha nacido de una mujer.
7. La eternidad se ha hecho temporal.
8. El que es la Vida ha muerto en la Cruz.
9. Jesucristo está en todas partes.
10. La mente humana de Cristo lo sabe todo.

LECCIÓN 17.ª EL CARÁCTER DE JESUCRISTO (I)

El análisis del carácter de Jesucristo requeriría un volumen aparte. Sólo podemos trazar aquí sumariamente algunos rasgos, como su fortaleza, su ternura, su libertad, su santidad admirable, etc.

1. Personalidad de Jesucristo.

Al hablar ahora de la *personalidad* de Jesucristo, no entendemos el término «personalidad» por lo que significa para la unidad de Cristo como ser individual, sino en el sentido en que se toma cuando decimos de alguien que tiene «mucha personalidad». En esta acepción lo toma el Prof. Griffith Thomas cuando dice que «la personalidad es la cosa más alta en la vida, y también la más interesante, atractiva, fascinante».[101] En Jn. 1:14 leemos: «Y vimos su gloria…, lleno de gracia y de verdad». Aunque este binomio equivale a «misericordia y fidelidad», puede, no obstante, admitirse que Jesús poseía también una *gracia* inimitable que resplandecía en todo su ser y obrar y que encarnaba la *verdad* de tal forma y en tal grado, que toda su vida estaba caracterizada por una realidad total, sincera y genuina.[102]

---

101. *O. c.*, p. 12.
102. V. Griffith Thomas, *o. c.*, pp. 12-14.

2. El equilibrio psíquico-moral de Jesús.

Hay un proverbio que dice: «No hay hombre grande para su ayuda de cámara.» También podría acuñarse otro proverbio de la manera siguiente: «No existe un verdadero genio sin alguna rareza.» Sin embargo, los que escribieron la vida de Jesús, inspirados por Dios, nos presentan, dentro de la sincera sobriedad de sus relatos, algo así como un «cuadro de perfección», sin extenderse, por otra parte, en alabanzas o ditirambos. Las gentes decían de él: «Todo lo hizo bien.» «¡Jamás hombre alguno ha hablado como este hombre!» «Mas éste nada impropio hizo», etc.

La coexistencia de contrarios difíciles de compaginar dentro de un ser humano, nos da también la medida del carácter sobrehumano de Jesucristo. En efecto, es muy difícil que se dé la gracia sin debilidad; la verdad sin severidad; la fuerza sin violencia; la autoridad sin imposición; la proporción sin exageración meticulosa; la grandeza sin altivez; la integridad moral sin falso puritanismo; la fortaleza sin opresión; la alegría sin ligerezas; la sociabilidad sin disipación; la espiritualidad sin ascetismo; la responsabilidad sin preocupación excesiva; la libertad sin libertinaje; la tristeza sin depresión; el fervor sin fanatismo. Unir a un mismo tiempo, en una misma persona, fortaleza y prudencia, ternura y coraje, amor y pureza, etc., sólo es dado a los grandes paradigmas de rectitud moral y de equilibrio psicofísico. Unir todos los contrarios virtuosos en perfecta conjugación es propio exclusivamente del Dios-Hombre. El fallo, por mínimo que sea, aflora en cualquier instante. Como dice Santiago (3:2): «todos ofendemos (*ptáiomen* = tropezamos) muchas veces» (mejor, en muchas cosas).[103]

3. El equilibrio psicofísico de Jesús.

Hay quienes se han atrevido a tachar a Jesús de *homosexual*, quizá por lo del «discípulo amado», ignorando que

---

103. V. Dudden, *In Christ's Name, 9* (citado por Griffith Thomas).

el verbo griego indica amor superior, celestial, no el *eros* de la concupiscencia, y que a Jesús también le solían acompañar *mujeres,* quienes le cuidaban y servían.

Por otra parte, es falsa y distorsionada la imagen que de su relación con la Magdalena nos han presentado biografías y filmes (Renán, Miró, *Jesucristo Superstar,* etc.), como si se tratara de dos amantes cualesquiera. No hay un atisbo siquiera, en el texto sagrado, que dé pie a tachar a Jesús ni de lo primero ni de lo segundo.

Como perfecto reflejo del Padre (Jn. 14:9), Jesús unía en sí todo lo mejor de la virilidad y de la femineidad: cabeza y corazón, raciocinio y sentimiento, iniciativa y receptividad; era el HOMBRE TOTAL, sin ser hermafrodita: *la perfecta imagen y semejanza de Dios* (V. Gén. 1:27).

Una pregunta curiosa: ¿Por qué no se casó Jesús? No porque el matrimonio sea deshonroso (V. Heb. 13:4), ni aun siquiera para estar así siempre y en todo disponible para todos, «enteramente comestible», en frase de P. Claudel. La raíz es mucho más honda, como ha mostrado A. M.ª Javierre:[104] «... el Hijo es virgen porque el Padre tiene una paternidad tan radical y absoluta que no deja lugar para otra generación ni en el interior de la Trinidad ni en la misión del Hijo.» En efecto, no podemos olvidar que en Jesús había una sola persona: la del Verbo de Dios. Si Jesucristo hubiese engendrado hijos según la carne, éstos habrían sido realmente hijos del Hijo de Dios y, por tanto, *nietos* del Padre. ¡Demasiado grotesco!

4. Libertad de Jesucristo.

Jesucristo, como ya dijimos en otro lugar al hablar de su voluntad humana, poseía perfecta libertad verdadera, pues su constitución psicofísica era perfecta.[105] Cómo se

---

104. *O. c.,* pp. 168-169.
105. V. mi libro *El Hombre: Su grandeza y su miseria,* pp. 95ss.

compagina su libertad perfecta con su obediencia absoluta al Padre y con su impecabilidad metafísica lo veremos en la lección siguiente.

CUESTIONARIO:

1. *¿En qué sentido entendemos aquí* personalidad? — 2. *¿Cuál es el sentido bíblico correcto de los términos «gracia» y «verdad» en Jn. 1:14?* — 3. *Hay en Eclesiastés un texto que expresa maravillosamente la «verdad total» del hombre, ¿cuál es?* — 4. *¿Qué es lo más extraordinario en el carácter moral de Jesús?* — 5. *¿Cómo demostraría usted que Jesús no fue homosexual?* — 6. *¿Puede hablarse de una relación «amorosa» entre Jesús y María de Magdala?* — 7. *¿Por qué cree usted que no se casó Jesús?* — 8. *Diga un versículo del Evangelio de Juan donde atisbamos que Jesús poseía lo mejor de varón y de mujer.* — 9. *Diga otro versículo del mismo Evangelio en que Jesús expresa su perfecta libertad.* — 10. *¿Le ha ayudado esta lección a conocer, respetar y amar más al Señor?*

5. Santidad de Jesucristo.

Repitiendo nociones ya expuestas en otros lugares,[106] diremos que la santidad puede dividirse en *ontológica* y *moral;* la primera consiste en una separación de lo inmundo, de lo defectuoso, de lo limitado, y comporta un acercamiento a la trascendencia de un Dios infinitamente santo; la segunda consiste en una conducta moral recta, de acuerdo con la voluntad de Dios.

La santidad ontológica de la humanidad de Jesucristo era producida por la unión hipostática misma, puesto que no cabe mayor acercamiento a Dios que el de formar una sola persona con Él. Esta unión hipostática exigía la absoluta impecabilidad de Jesucristo, como veremos después.

La santidad moral se divide en *positiva* y *negativa.* La primera consiste en el ejercicio de la virtud, mientras que la segunda se halla en la ausencia de pecado. En este primer apartado de la presente lección nos referiremos a la santidad moral positiva, dejando para el siguiente el tratar de la santidad negativa.

Al considerar la vida virtuosa de Jesucristo, podemos fijar nuestra vista: A) en las *raíces* de la santidad moral de Jesús; B) en los *frutos* de esta santidad.

---

106. V. mis libros *Un Dios en Tres Personas,* pp. 111ss., y *Ética Cristiana,* pp. 122ss.

A) *Raíces de la santidad moral de Jesús:*

a) *La unión hipostática.* Como ya hemos insinuado, la unión hipostática confería una santidad especial a la humanidad de Jesucristo, por su máxima cercanía al Dios tres veces santo (V. Lev. 11:44; 19:2; 1 Ped. 1:16; 1 Jn. 3:3). También le aseguraba una absoluta separación del mal (V. Jn. 8:46).

b) *La especial unción del Espíritu Santo.* El Espíritu Santo ungió a Jesús (Is. 61:1), comunicándosele sin medida (Jn. 3:34). Esta presencia actuosa y la dirección constante del Espíritu Santo le capacitaban para cumplir siempre, en todo lugar y en todos los aspectos, la voluntad del Padre (Jn. 4:34; 17:4; Heb. 10:7).

B) *Frutos de la santidad moral de Jesús.* El fruto de esta santidad era el mencionado en Gál. 5:22-23, pero en un nivel y en una proporción inigualables. Destaquemos:

a') *Su amor al Padre,* con quien se mantuvo siempre en comunión íntima y ferviente (V. Mt. 11:25; Jn. 11: 41, 42; todo el cap. 17; Heb. 5:7; 10:5-7; etc.). Este amor le llevaba a una perfecta obediencia (Jn. 15:10; Flp. 2:8; Heb. 5:8; etc.).

b) *Su bondad para con todos:* para la miseria, la necesidad, la marginación, tuvo un amor, un perdón, una compasión y comprensión inmensos; a todos trató con respeto; a los hipócritas, farsantes, explotadores y mercaderes sacrílegos, los trató con ira santa (Jn. 2:15 y paralelos); a nadie trató con desprecio (no hay sarcasmo en Jn. 3:10, sino quizás una apelación a Ez. 36:26, 27, entre otros lugares).

c') *El perfecto control que tenía de sí mismo,* virtud que cierra con broche de oro el collar de perlas de las virtudes cristianas (V. Gál. 5:23; 2 Per. 1:6) y que surge de una perfecta combinación de la humildad, de la mansedumbre y de la templanza; no consiste en una impasibilidad estoica («*sustine et abstine*»), sino en un hábil manejo de las riendas con que la concupiscencia es sometida a una voluntad consciente dirigida por el Espíritu de Dios (V. Rom. 8:14; 12:1, 2).

d') *Su fortaleza*, que el Dr. E. Kevan pone tan de relieve[107] (V. Mt. 21:31; 22:18-21; Mc. 1:41; 3:3, 4; 8:11, 13; Lc. 2:49; 4:30; 6:10, 11; 9:51; 14:1-4; 20:17; Jn. 2:16; 8:7, 59; 12:27; 15:11 —la víspera de su muerte—; Heb. 12:2, 3).

e') *Su prudencia*, que destaca especialmente cuando los escribas y fariseos le tienden lazos para ver de sorprenderle, como en el caso de Mt. 21:23ss. y paral.; 22:17ss. y paral.; 22:42ss. y paral.; Jn. 8:1ss. También resplandece en la parábola del mayordomo infiel (Lc. 16: 1ss.).

6. Impecabilidad de Jesucristo.

Al decir que Cristo es y fue impecable, queremos expresar dos aspectos de la misma realidad; a saber:

A') *Que Jesús nunca cometió pecado alguno,* ni tuvo defectos o imperfecciones de orden moral. En efecto, ningún otro ser humano ha podido decir: «*¿Quién de vosotros me redarguye de pecado?*» (Jn. 8:46). De ahí que a Cristo no se le pueda alinear con ningún otro gran hombre, sabio, héroe o santo. Ante otros genios del saber, del valor o de la bondad podremos inclinarnos con respeto, pero sólo ante él hay que prosternarse en actitud de adoración. No se le puede encasillar en ningún molde moral, ni de judío, ni de gentil, ni de mezclado de ambos. Aunque enraizado en nuestra raza (Gál. 4:4; Heb. 2:14), es cierto que heredó (no suprimió) las debilidades físicas de nuestra naturaleza (Is. 53:4, matizado por Mt. 8:17), pero no el contagio del pecado. Es cierto que asumió sobre sí el reato de toda la humanidad, pero lo hizo como nuestro sustituto, sin quedar en su interior manchado por nuestra depravación (V. 2 Cor. 5:21). Como dice L. Berkhof: «Aunque Cristo fue hecho pecado judicialmente, estuvo libre éticamente,

---

107. *O. c.*, III, less. IV, pp. 1-2.

tanto de la corrupción *(depravity)* hereditaria, como de pecado actual.»[108]

Por otra parte, su concepción sobrenatural (Lc. 1:35) y su plenitud del Espíritu (Jn. 3:34) le capacitaban para ser perfecto Mediador entre Dios y los hombres (1 Tim. 2:5), función que no habría desempeñado dignamente si hubiese estado manchado por la menor sombra de pecado (V. Heb. 7:6-28).

Su ausencia de pecado queda patente por lugares como Mt. 3:14, 17; Lc. 4:34; 5:8; 23:4 (pide perdón por *otros*); 23:41, 47; Jn. 5:30; 8:29, 46; 14:30; 17:4; Hech. 3:14; 2 Cor. 5:21; Heb. 4:15; 7:26; 9:14; 1 Ped. 1:19; 2:22; 1 Jn. 2:1; 3:3, 5. Notemos que en Jn. 3:7 dice: «*Os* es necesario nacer de nuevo» (no dice: «*Nos* es necesario...»). Nunca presentó excusas, ni pidió perdón para sí, ni ofreció sacrificios por culpas propias (Heb. 7:27, 28). En realidad, nunca pidió nada para sí, pues en Jn. 4:10 sólo era para entablar diálogo con la mujer samaritana, y en Jn. 19:28 no pidió propiamente de beber, sino que expresó la sed que sufría como sustituto nuestro en el tormento infernal de la sed (comp. con Lc. 16:24). Era *todo entero* para el Padre y para los demás; ahí están en *Juan* los siete grandes «Yo soy», en que se ofrece como luz, como pan, como camino, verdad y vida, etc.

B') *Que Jesús es y fue incapaz de pecar.* Notemos las tres condiciones en que un ser humano puede encontrarse con relación al pecado, supuesto el uso consciente de su libertad responsable: a'') *no poder pecar,* lo cual fue exclusivo de Cristo en esta vida mortal, y será privilegio de todos los salvos en el Cielo; b'') *poder no pecar,* lo cual fue exclusivo de Adán y Eva antes de la caída, cuando su libertad estaba libre de la corrupción del pecado y, por ello, su voluntad no estaba internamente influida para inclinarse a uno u otro de los platillos de la balanza; podían, por tanto, *pecar o no pecar;* c'') *no poder no pecar,* que es la condición humana tras la caída original. Esta condi-

---

108. *O. c.,* p. 318, punto 3.

ción, remediable en esta vida, aunque no del todo, por la gracia de Dios, quedará siniestramente fijada en los réprobos después del Juicio Final, como está ya fijada en Satanás y en sus ángeles, espíritus inmundos, los cuales, aun manteniendo su libertad por la que son responsables de su maldad, son incapaces de inclinar su voluntad hacia el bien.

Ahora bien, ¿qué es lo que impedía que Cristo pudiese pecar? Diremos que no era por incapacidad física o psíquica de elegir entre dos cosas contrarias, puesto que era perfectamente libre, al par que perfectamente obediente (Jn. 4:34, comp. con 10:17, 18), ni tampoco porque disfrutase de la visión intuitiva, beatífica, de la esencia divina, es decir, del Bien Absoluto, como sostiene la teología católica romana, sino por la responsabilidad de la *única persona divina* que había en él, con lo que, de haber pecado Jesús, el pecado habría sido atribuido a Dios mismo, lo que constituye un imposible *metafísico* (un absurdo, por incompatibilidad de conceptos). Por otra parte, *la acción eficacísima del Espíritu* que le llenaba hacía moralmente imposible que Jesús cometiese el menor pecado. Él es el «Santo» por excelencia, como el mismo Dios (1 Jn. 2:20).

CUESTIONARIO:

1. ¿Cuáles son las raíces de la santidad positiva de Jesús-Hombre? — 2. ¿Qué versículo nos expresa el principal alimento de Jesús? — 3. ¿En qué sentido aprendió obediencia el Hijo, según Heb. 5:7, 8? — 4. ¿Fue Jesús sarcástico en Jn. 3:10? — 5. ¿Qué versículo resume la conciencia que Jesús tenía de su impecabilidad? — 6. ¿Por qué heredó Jesús nuestras debilidades, sin suprimirlas? — 7. ¿Cómo quedó Jesús capacitado para ser el único Mediador entre Dios y los hombres? — 8. ¿En qué sentido fue Jesús «hecho pecado» en frase de 2 Cor. 5:21? — 9. ¿Por qué era imposible que Jesús cometiese el menor pecado? — 10. Cómo podía Jesús ser libre, si era incapaz de pecar?

Segunda parte

Los estados
de Jesucristo

LECCIÓN 19.ª LA HUMILLACIÓN DEL HIJO DE DIOS

1. Diferencia entre "estado" y "condición".

Agudamente distingue L. Berkhof[1] entre *estado* y *condición*. El estado connota una *posición* en la vida de una persona, mientras que la condición indica un *modo* de existencia. Por ejemplo: un ladrón convicto de su delito se encuentra, tras la sentencia del juez, en *estado* de condenación, pero cuando se ha procedido a su encarcelamiento, se halla en una *condición* de recluso.

Se comprende así que el estado afecta a la posición legal, jurídica, de la persona, mientras que la condición entraña algo que afecta al existir íntimo, vivencial (permanente o pasajero) del individuo. Esta doble faceta aparece junta, en un mismo versículo de la epístola de Pablo a los fieles de Galacia. Dice en 4:4: «Mas cuando llegó la plenitud del tiempo, envió fuera (despidió —eso dice el original) Dios a su Hijo, *nacido de mujer* (condición), *nacido bajo la Ley*» (estado).

Ahora ya podemos entender lo que significa la expresión «estado de humillación».

2. Historia de una controversia.

El modo de entender el estado de humillación del Hijo de Dios desde el momento de su Encarnación, depende de la forma en que se entienda la unión hipostática y, en con-

---

1. En su *Systematic Theology*, p. 331.

creto, el tema de la comunicación de propiedades en Jesucristo.[2]

Ajustándonos exclusivamente al terreno de la Reforma, diremos que, de acuerdo con las respectivas diferencias de enfoque de la Cristología, los luteranos hacen de la *naturaleza* el sujeto de los estados de Jesucristo, mientras que los propiamente reformados (seguidores de Calvino) hacen a la *persona* el sujeto de dichos estados. Esta es la posición correcta, de conformidad con el Nuevo Testamento, como luego veremos.

3. Dos textos clave.

Hay dos textos novotestamentarios que son fundamentales para el mejor entendimiento de este tema y que, curiosamente, son interpretados por muchos teólogos como si favorecieran a la posición luterana. Es, pues, preciso analizarlos cuidadosamente, dentro de la brevedad de un Manual. Dichos textos son Jn. 1:14 y Flp. 2:7. Veámoslos:

Dice *Jn. 1:14:* «*Y el Verbo llegó a ser carne* (hombre) *y plantó su tienda entre nosotros, y contemplamos su gloria como de unigénito de(l) Padre, lleno de gracia y verdad.*» Adrede hemos seguido el original lo más literalmente posible para que la exégesis se vea mejor iluminada. Dos frases nos interesan sobre todo: «*El Verbo llegó a ser hombre*) («carne», dice el original, que es aquí el equivalente a «naturaleza humana», como el «carne y sangre» de Heb. 2:14), y «*contemplamos su gloria*». El verbo griego *eguéneto,* que nuestra Biblia Reina-Valera traduce por «*se hizo*», significa en realidad «*devino*», en el sentido de «llegó a ser» (la *New English Bible* traduce correctamente «became», frente al «was made» de la *Authorised Version*). Este «devenir» podía ser, según el concepto bíblico y aun el aristotélico, de varias maneras, pero aquí sólo cabe una: por generación de una madre humana. De suerte que

---

2. V. la lección 16.ª del presente volumen.

la frase sólo admite un sentido correcto: el Verbo, la persona del Hijo de Dios, sin dejar de ser Dios ni dar de lado a ninguno de sus atributos divinos, llegó *también* a ser hombre, naciendo, como tal, de una madre humana (Gál. 4:4). Al recibir sobre sí una naturaleza humana y aparecer revestido de ella como un hombre cualquiera (V. Flp. 2:7, 8), quedó patente el *estado de humillación* del Hijo de Dios, aunque a través de la Transfiguración, y especialmente tras la Resurrección y Ascensión al Cielo *más allá de las nubes* (Hech. 1:9), Juan fue de los que pudieron *contemplar su gloria*, represada aquí dentro de las opacas paredes de un cuerpo humano débil y mortal.

Filipenses 2:6-8 (seguimos de nuevo el original): «*el cual, subsistiendo en* (la) *forma de Dios, no consideró como presa codiciable el ser igualado* (en todo; el original dice *isa* = cosas iguales) *con Dios, sino que se vació a sí mismo, tomando forma de esclavo, y venido a ser semejante a los hombres; y encontrado en guisa de* (mero) *hombre, se abatió a sí mismo, hecho obediente hasta la muerte, y* (por cierto) *muerte de cruz*». Para la correcta exégesis de este pasaje es preciso entender el sentido de la palabra «forma» (*morphé*). *Morphé* no es propiamente la *naturaleza* ni la *esencia*, sino el *aspecto exterior*, no en el sentido de una mera apariencia (*schéma*), que podría ser pasajera o postiza, sino de *forma* o *figura* connaturales a la clase o condición natural de la persona, puesto que emana espontáneamente del modo de ser de la misma. Así la «forma» de Dios, conforme a su modo divino de ser, se manifiesta en una apariencia (*schéma*) de majestad trascendente, imponente y aterradora como lo fue en el Sinay. Al llegar a ser hombre y adquirir una «forma» de esclavo («nacido bajo la Ley» —Gál. 4:4), que emanaba espontáneamente de su condición de hombre, el Hijo de Dios no se aferró, como a presa encontrada en el arroyo, al aspecto exterior de majestad que comportaba su condición divina, sino que despojándose del manto de gloria (comp. con Jn. 13:4), del *schéma* de Dios, se vistió el mandil (*schéma* del vers. 7)

del esclavo, que libremente y por puro amor (Heb. 10:5,
a la luz de Sal. 40:6, y éste a la luz de Éx. 21:5, 6) obedece
en todo a su amo y señor. Por tanto, el Hijo de Dios, consustancial con el Padre y que, por ello, subsistía en la
«forma» de Dios, connatural a su modo de ser, se vació,
se anuló en su *schéma* majestuosa, perdió su fiero mor-
diente (comp. con 1 Cor. 1:17: «para que la cruz de Cristo
no quede vaciada —*kenothé*—; se entiende, de su fuerza
salvífica) al tomar la «forma» de hombre, con su *schéma*
de esclavo, sometido a la Ley; pero no perdió su condición
divina, sino que la conservó al propio tiempo que tomaba
la verdadera (no aparente) condición humana. La *semejanza* de que habla el vers. 7 no implica docetismo alguno,
que sería contrario a Heb. 2:11, 14, sino que implica una
comunidad de naturaleza específica, aunque exceptuando
nuestra condición pecaminosa (V. Heb. 2:17; 4:15). ¿No
llamamos *semejantes* a nuestros prójimos?

El significado del *estado de humillación* del Hijo de
Dios, a causa de su encarnación, se entiende mejor a la
vista del contexto posterior (Flp. 2:9-11), donde se expresa
la posterior *exaltación* del Hijo de Dios, patente también
a través de su «forma» humana, al ser manifestado como
«Señor, Jesús, el Cristo» (comp. Flp. 2:11 con Hech. 2:36),
dándosele *«el nombre que está por encima de todo nombre,
para que en el nombre de JESÚS* («Dios salvará» —comp.
con Hech. 4:12) *toda rodilla se doble...»* (Flp. 2:9, 10). Por
tanto, *se despojó* de aquello, y sólo aquello, que después
readquirió (Jn. 17:5; Ef. 4:9, 10).[3]

4. Teoría de la "kénosis".

Tras la precedente exégesis de los textos clave, nos
hallaremos mejor equipados para discernir la falsedad,
tanto de la teoría de la *kénosis,* como de la «rendición»,
que examinaremos en el punto siguiente.

---

3. V. mi libro *Un Dios en Tres Personas,* pp. 66-67.

Fueron Tomasio y Delitzsch, en Alemania, y H. Crosby, en Norteamérica, quienes sostuvieron que el Verbo, al hacerse hombre, renunció a sus atributos divinos de omnisciencia (¿apoyados quizás en Mc. 13:32?), omnipotencia y omnipresencia, a fin de ser verdaderamente un hombre como los demás.

Crítica: En contra de esta teoría, que interpreta incorrectamente el *eguéneto* de Jn. 1:14, así como el *ekénose* de Flp. 2:7, tenemos lo siguiente:

A) Esta teoría contradice a la Escritura, la cual atribuye a Jesucristo (por supuesto, en cuanto Dios) dichos atributos de omnisciencia (V. Jn. 2:25; 4:18, entre otros), omnipotencia (Mc. 1:27; 2:7, entre otros) y omnipresencia (por ejemplo, Jn. 1:18; 3:11-13).

B) Todos los atributos divinos, tanto ónticos como operativos (a los que se refieren los mantenedores de la teoría de la *kénosis*) y morales, se identifican con la esencia divina de tal manera que renunciar a ellos equivaldría a renunciar a la propia naturaleza divina, con lo que tendríamos en Jesucristo a un Dios *rebajado,* no consustancial al Padre; sería una nueva forma de arrianismo.

C) Siguiendo en la misma línea de Arrio y, en parte, en la de Apolinar (aunque sin el contrapunto de la supresión de uno de los dos extremos), tendríamos en Jesucristo dos espíritus (¿o almas?) finitos, limitados, ya que una naturaleza divina despojada de sus atributos operativos sería una naturaleza limitada.

D) En consecuencia, la conciencia divina de Cristo quedaría disminuida u obliterada sin la presencia de dichos atributos: ¿Cómo podría Jesús tener conciencia de sí mismo como *Dios,* cuando su conocimiento limitado no correspondía a la necesaria infinitud de la naturaleza divina?[4] Con razón escribía Bur: «Tal completa autorrenuncia es de hecho la completa autodisolución del dogma.»[5]

---

4. V. Strong, *Systematic Theology,* pp. 701-702.
5. Citado por Berkouwer, *The Person of Christ,* p. 30.

5. Teoría de la renuncia a la independencia en el ejercicio de los atributos divinos.

Esta teoría, defendida por A. H. Strong,[6] quien entiende en este sentido textos como Jn. 13:1-20; 17:5; 2 Cor. 8:6 y Flp. 2:6, 7, sostiene que el Hijo de Dios, al encarnarse, «renunció, no a la posesión, ni del todo al uso, sino más bien al ejercicio independiente de los atributos divinos».[7] También explica Hech. 1:2; 10:38; Heb. 9:14, como si el «Logos se hubiese sometido al control del Espíritu Santo y a las limitaciones de su función mesiánica, en la unión hipostática».[8] Expone a continuación Mt. 26:53; Jn. 10:17, 18; Flp. 2:8 en el sentido de una «continua rendición de parte del Hombre-Dios, en lo que respecta a su naturaleza humana, del ejercicio de aquellos divinos poderes con los que estaba investido en virtud de su unión con la divinidad ("with the divine")».[9]

Crítica: Una mera lectura de las frases de Strong nos convence de su larvado monofisismo luterano y de su equivocación al hacer de la *naturaleza* el sujeto de los estados de Jesucristo.[10] No se percata Strong de que el Hombre-Jesús no estaba unido a la *divinidad* («with the divine»), sino a la *persona* del Verbo. Ahora bien, esa rendición de poderes de que habla Strong, así como la sumisión al control del Espíritu Santo y a las limitaciones de su función mesiánica, afectan al Hijo de Dios *solamente en cuanto a su humanidad,* en ninguna manera a su divinidad, de la que no perdió un ápice, ni en su naturaleza misma, ni en ninguno de sus atributos, en el uso de los cuales no pudo ser controlado, en cuanto Dios, por ninguna persona, ni humana ni divina, ya que el control del Espíritu Santo al que se refiere Strong sólo pudo ejercerse sobre la naturaleza humana de Jesús o, si se prefiere, sobre el Hijo de

6. *O. c.,* pp. 702-703.
7. *O. c.,* p. 703.
8. *En el mismo lugar.*
9. *En el mismo lugar.*
10. V. el punto 2 de la presente lección.

Dios *en cuanto hombre.* Dicho esto, la referencia de Strong a los textos novotestamentarios citados por él queda sin fuerza alguna para confirmar su tesis.[11]

6. ¿En qué consistió realmente la humillación del Hijo de Dios?

Resumiendo lo dicho en los puntos anteriores, podemos decir que el estado de humillación del Hijo de Dios consistió realmente en estar personalmente unido a una naturaleza humana, con el *status* legal de sujeción a la Ley y con las debilidades y limitaciones que tal unión comportaba, y que él asumía en su persona, pero *sin que afectasen en nada a su naturaleza divina.* Jesucristo *continuaba* ejerciendo independientemente sus atributos divinos, todos, en su naturaleza divina, pero el ejercicio de tales atributos no era manifiesto en su condición humana.

La teología propiamente reformada (calvinista), en contraste con la posición luterana, distingue y explica de la siguiente manera los dos elementos de la humillación de Cristo: *a)* la *kénosis* (vaciamiento) en el sentido de dejar a un lado los arreos de la majestad divina; *b)* la *tapéinosis* (abatimiento, humillación) en el sentido de someterse a la Ley y, en general, a la voluntad del Padre —la cual, no lo olvidemos, es la misma del Hijo en cuanto Dios—, con todas sus consecuencias, la principal de las cuales es la muerte en cruz.[12]

Ahora bien, el hecho de que la naturaleza divina no vea menguada ninguna de sus prerrogativas en la unión hipostática, no significa que la *kénosis* de que nos habla Flp. 2:7 sea una mera *apariencia* de humillación, como sostenía Schleiermacher,[13] puesto que tanto la humillación, como

---

11. Es de lamentar que el Dr. Kevan (*Dogmatic Theology,* Correspondence Course, III, less. VIII, punto VI, pp. 7-8) sea inocentemente atraído por Strong, hasta dar por buena su argumentación.
12. V. Berkhof, *o. c.,* p. 332.
13. Citado por Berkouwer, *The Work of Christ,* p. 37.

la posterior exaltación, afectan directa y realmente al Hijo de Dios, aunque sólo en cuanto hombre, es decir, en virtud de su encarnación.

CUESTIONARIO:

1. Hablando de la unión hipostática del Hijo de Dios, ¿qué diferencia hay entre los términos «estado» y «condición»? — 2. ¿Qué versículo del Nuevo Testamento enuncia ambos conceptos? — 3. Diferencia entre los luteranos y los calvinistas respecto al sujeto directo de los estados de Jesucristo? — 4. Exégesis correcta de Jn. 1:14 y Flp. 2:6-8. — 5. ¿Cuál es el verdadero sentido de los vocablos eguéneto en Jn. 1:14, y de morphé, schéma y ekénose en Flp. 2:6-8? — 6. ¿Qué luz lanza sobre el concepto de «vaciamiento» del vers. 7 el contexto posterior de «exaltación» en los vers. 9 al 11? — 7. Exposición y crítica de la teoría de la kénosis. — 8. Exposición y crítica de la teoría de la renuncia a la independencia en el ejercicio de los atributos divinos por parte del Hijo de Dios. — 9. ¿En qué consiste realmente la humillación del Hijo de Dios al encarnarse? — 10. ¿Por qué no significa la kénosis de Flp. 2:7 una mera «apariencia» de humillación.

1. ¿Quién se encarnó?

A estas alturas podrá parecer a muchos superflua esta pregunta. Bien claro nos dice Jn. 1:14 que fue el Verbo, el Hijo de Dios, la segunda Persona de la Trina Deidad, quien llegó a ser hombre. En efecto, sólo el Hijo asumió, hasta unirla hipostáticamente a su subsistencia personal, la naturaleza humana. Para decirlo en términos técnicos, la Encarnación es *terminative*, por razón del sujeto personal que fue su término de atribución, exclusiva del Verbo.

Pero las tres personas divinas intervinieron *principiative* en la Encarnación del Verbo; es decir, tanto el Hijo como el Padre y el Espíritu Santo operaron conjuntamente, cada una con su peculiar matiz personal, en el acto de unir una naturaleza humana a la hipóstasis del Hijo, como puede verse por lugares como Mt. 1:20; Lc. 1:35; Jn. 1:14; Hech. 2:30; Rom. 8:3; Gál. 4:4 y Flp. 2:7. Empleando una comparación comprensible para todos, es como si dos personas ayudasen a vestirse a una tercera; serían *tres* las personas que vistiesen, pero sólo *una* quedaría vestida.

El Verbo, por supuesto, preexistía en cuanto Dios a su encarnación como hombre (V. Jn. 1:1; 6:38; 8:58; 10:36; 2 Cor. 8:9; Gál. 4:4; Flp. 2:6, 7; 1 Tim. 3:16). Pero, al hacerse como uno de nosotros y plantar su tienda de campaña en el desierto de nuestra peregrinación terrenal (Jn.

1:14), el compromiso de Dios, quien por la creación del hombre ya había irrumpido en la historia de la humanidad, llega a su clímax. El infinito se encierra, de algún modo, en los límites del espacio, del tiempo, de la raza, del sexo (V. Col. 2:9). Incluso se convierte en blanco vulnerable de la maldad humana; el pecado, el único mal absoluto que se opone directamente al carácter santo de Dios, no pudiendo herir a Dios en su naturaleza divina (V. 1 Tim. 6:16: «el único que posee, por esencia, la inmortalidad»), lo matará en su naturaleza humana.[14] Es en ese calcañar de la naturaleza humana donde le va a herir la serpiente (Gn. 3:15). En otro sentido, pero realmente al fin, se ha cumplido hace casi dos mil años lo que escribió F. Nietzsche: «Dios ha muerto. Nosotros le hemos matado.»

2.   ¿Fue necesaria la Encarnación del Verbo?

Si por necesidad entendemos una exigencia intrínseca o una obligación moral, habremos de responder que la Encarnación no fue necesaria, puesto que Dios es absolutamente libre en sus acciones al exterior del círculo íntimo de la divinidad.

Pero, ¿acaso no fue necesaria para la redención de la humanidad? Si pasamos de la pregunta en general a la pregunta tipificada de si fue necesaria la Encarnación, supuesta la caída del primer hombre y de la primera mujer, diremos que no era necesaria en el sentido de que el hombre pudiera exigirla, pero los atributos divinos de amor y justicia la exigían de algún modo. Como ya hemos dicho en otro lugar,[15] el hombre caído no era digno de ser salvo, pero era digno de Dios el salvar al hombre. En efecto, la justicia divina exigía que se cumpliera la sanción tajante y solemnemente impuesta (Gn. 2:16, 17), pero el amor de Dios, hecho misericordia infinita, exigía la salvación del pecador (Dan. 9:9; 1 Jn. 4:16; Tito 3:4-7). Dios no podía

---

14. V. el Apéndice del presente volumen.
15. En El Hombre: Su Grandeza y Su Miseria, p. 24.

condonar el pecado, pero su misericordia no le permitía *condenar* sin más al pecador; la solución sublimemente divina fue hacer una misteriosa *sustitución:* Dios mismo se hizo responsable del pecado, para que el hombre recobrase la justicia (2 Cor. 5:21).

Así pues, somos en este punto más radicales que Tomás de Aquino, quien, al igual que Anselmo de Canterbury, admitía la necesidad absoluta de la Encarnación sólo en el caso de que Dios exigiese una satisfacción condigna por el pecado del hombre, puesto que, en principio, «mediante su omnipotencia —decía él—, Dios podía reparar la naturaleza humana de muchas otras maneras».[16]

Como ya hemos apuntado en otros lugares, sólo un Dios-Hombre podía efectuar tal reparación de nuestra caída naturaleza. Debía ser hombre para poder ser nuestro representante. Debía ser Dios para que la satisfacción estuviese a la altura de la ofensa.

3. ¿Pudo haberse encarnado otra persona divina distinta del Hijo?

Tomás de Aquino[17] afirma la posibilidad absoluta de que el Padre o el Espíritu Santo se hubiesen encarnado en lugar del Hijo, puesto que cada una de las tres personas divinas dispone de infinito poder para asumir en su hipóstasis una naturaleza humana, pero más adelante[18] apunta la conveniencia de que fuese precisamente el Hijo, no el Padre ni el Espíritu Santo, quien se encarnase, porque: *a)* el Verbo es la causa ejemplar (el modelo o arquetipo) de todo lo creado; por tanto, era conveniente que fuese él quien reparase lo que se había echado a perder. Las cosas se reparan adecuadamente por las mismas causas que las formaron: *b)* porque era conveniente que fuésemos predestinados a ser hijos de Dios con el Hijo; y cita

---

16. *Summa Theologica,* III, q. 1, a. 2.
17. *O. c.,* III, q. 3, a. 4.
18. *O. c.,* III, q. 3, a. 8.

Rom. 8:17, 29; c) para satisfacer, mediante aquel que es la Sabiduría personal de Dios, el apetito humano por conocerlo todo; cita Gén. 3:5.

Ciertamente, son razones congruentes una vez revelado el misterio. Además de los textos citados por el Aquinate, podemos mencionar Prov. 8:27-31; Jn. 1:3; 1 Cor. 1:24-30; Col. 1:16; Heb. 1:2. Por cierto, en estos cuatro textos novotestamentarios encontramos en el griego original la construcción propia de un medio subjetivo, personal. Más aún, en Col. 1:16 se nos comienza diciendo que «todas las cosas fueron creadas en él[19] ("en autó"), como para expresar el modelo y la esfera, por decirlo así, en que la creación tiene lugar, de tal manera que ninguna cosa adquiere su auténtica realidad, su «verdad», fuera o aparte de Cristo.[20]

4. ¿Se habría encarnado el Verbo si Adán no hubiese pecado?

Para centrar bien la cuestión digamos que la pregunta no se refiere propiamente a lo que Dios hubiese podido hacer en otro orden de cosas, sino al orden *presente*, puesto que realmente se refiere al *motivo* de la Encarnación. Pongámoslo de otra forma: ¿Fue la Redención del linaje humano el motivo *primordial* de la Encarnación del Verbo, o fue predestinada la Encarnación en un signo lógico anterior a la presciencia de la caída original? En este último caso, el Verbo se encarnó para coronar la obra de la crea-

---

19. La AV inglesa traduce, rematadamente mal, «by him».

20. V. F. F. Bruce, *Colossians* (Eerdmans, Grand Rapids, 1970), p. 197 y también nota 77. Bruce hace notar (misma pág., nota 81) la semejanza entre el término hebreo *'amón* («como arquitecto» —dice bien la *Biblia de Jerusalén*) de Prov. 8:30 y el «amén» de Apoc. 3:14, añadiendo que «en el judaísmo normativo la Sabiduría era identificada con la *Torah*, la cual, según el rabino Aqiba, es "el instrumento adecuado *(desirable)*, mediante el que fue creado el mundo"». Digamos también que el «by Jesus Christ» de la AV, al final de Ef. 3:9, no aparece en ninguno de los mejores MSS griegos.

ción visible y, *de paso* (motivo secundario), redimir al hombre caído.

Resumiendo brevemente la historia de esta controversia, que dividió en la Edad Media a los dominicos y a los franciscanos, comenzaremos por afirmar que todos los escritores eclesiásticos de los ocho primeros siglos de nuestra era sostuvieron que la encarnación no habría tenido lugar si Adán no hubiese pecado.[21] Ya el *Credo* o Símbolo de Nicea (19 de junio del año 325) profesa la fe de que el Unigénito Hijo de Dios, consustancial al Padre «por nosotros y a causa de nuestra salvación, descendió, *se encarnó, se hizo hombre...*».[22]

Tomás de Aquino es de la misma opinión. Cita a Agustín de Hipona en su interpretación de Lc. 19:10 y 1 Tim. 1:15, y agrega que lo que proviene de la voluntad divina, como es el motivo de la Encarnación, sólo puede conocerse por la Escritura, la cual siempre pone la razón de la Encarnación en el pecado del hombre.[23]

Algunos años más tarde, Juan Duns Scot (1266-1308), franciscano, afirmaba que la Encarnación, en sí, era independiente del pecado del hombre, puesto que la realidad de un Dios-Hombre era demasiado grande como para estar supeditada al pecado. Pronto los escotistas esgrimieron a su favor textos como 1 Co. 15:45-47; Ef. 1:10, 21-23; 4:10; 5:31-32 y Col. 1:15-17, lugares que, por cierto, tienen también explicación dentro de la opinión tomista, puesto que incluso Ef. 1:10, 20-23; Col. 1:14-20 no carecen de resonancia redentora. Es cierto que, como observa Berkhof, Cristo aparece en Col. 1:16 «no sólo como el *arché,* sino también como el *telos* de la creación»,[24] pero si se comparan dichos lugares con otros como Hech. 2:36; Ef. 4:10; Flp. 2:9-11,

21. V. Rouet de Journel, *Enchiridion Patristicum,* n. 254, 492, 765, 1218, 1517, 1929, 2087, 2213 y 2305.

22. Denzinger-Schönmetzer, *Enchiridion Symbolorum...,* ed. 32.ª, n. 125.

23. *O. c.,* III, q. 1, a. 3.

24. *O. c.,* 334.

etc., e incluso Jn. 12:32, no cabe duda de que siempre encontramos la Cruz por medio.

Los franciscanos han seguido siempre, y siguen todavía en bloque, la tesis de Scot, el cual había bebido, en realidad, sus ideas del también franciscano Alejandro de Hales (1185-1245), y éste de Ruperto de Deutz.

Por su parte, Anselmo de Canterbury (1035-1109) había escrito su obra principal *Cur Deus homo?* (¿Por qué se hizo Dios hombre?) para defender la tesis soteriológica y, con ella, la necesidad de la Encarnación por el motivo primordial de redimir a la humanidad de su pecado.

Los reformadores, tanto Lutero como Calvino, siguieron en esto a Agustín y Anselmo, y ésta ha sido en general la opinión de los protestantes, no sin excepciones. Berkhof cita en favor de la tesis escotista a Osiandro, Rothe, Dorner, Lange, Van Osterzee. Martensen, Ebrard y Westcott.[25]

Los textos bíblicos en favor de la tesis más común entre los evangélicos, la defendida por Agustín, Anselmo, Tomás, Lutero, Calvino, etc., son, según el recuento de Berkouwer,[26] los siguientes: Mt. 20:28; Mc. 2:17; 10:4, 5; Lc. 19:10; Jn. 12:27; 18:37; Rom. 8:3; Gál. 4:4; 1 Tim. 1:15; Tito 3:8; Heb. 10:7 (como eco, explícitamente citado de la versión de los LXX, de Sal. 40:6) y 1 Jn. 3:8. Kevan añade 2 Cor. 5:19, pero este texto tiene cómoda aplicación en la teoría escotista. No queremos pasar por alto la frase poética dentro del bellísimo canto que da principio a la liturgia católica de la vigilia de Pascua de Resurrección (pieza, por otra parte, antiquísima) que dice así: *«Oh felix culpa, quae tantum ac talem meruit habere Redemptorem!»* (¡Oh culpa feliz —se refiere con exageración retórica al pecado de Adán—, que mereció tener un Redentor de tal magnitud y de tal calidad!).

Desde el punto de vista teológico, las dos posiciones, tomista y escotista, parecían irreconciliables, pero en el

---

25. Berkhof, *o. c.*, p. 333.
26. En *The Work of Christ*, p. 30.

siglo pasado, el gran teólogo alemán M. J. Scheeben (1835-1888), en su monumental obra *Los Misterios del Cristianismo*,[27] apuntaba una solución conciliatoria, dentro de la línea del jesuita español Luis de Molina, y muy bien expuesta por Lercher - Schlagenhaufen en su tratado sobre la Encarnación, según la cual, entre los infinitos órdenes o programaciones posibles de la Historia, Dios habría elegido uno en que la segunda Persona de la Trinidad se habría de encarnar, y para que en esta Encarnación brillase, por la misericordia de Dios, como motivo primordial, la dimensión soteriológica, Dios habría permitido (es decir, no habría impedido con una gracia eficaz) la caída original de la humanidad. Así entenderíamos en qué sentido puede llamarse «necesario» el pecado de Adán, conforme canta también la «Angélica» citada de la vigilia pascual («*Oh certe necessarium Adae peccatum!*»). En efecto, podemos añadir, como ya hemos expuesto en otro lugar,[28] que, sin el pecado de Adán, uno de los grandes atributos de Dios, la misericordia, hubiese quedado en la sombra, oculto en los íntimos repliegues del corazón de Dios.[29, 29b]

Concluyamos, por tanto, diciendo que la Cristología está inseparablemente unida a la Soteriología. Sin embargo, no

---

27. Hay edición castellana, en dos tomos, de esta obra.
28. En mi libro *El Hombre: Su grandeza y su miseria*, p. 119.
29. Para una mayor información sobre la historia de toda esta cuestión, V. Kevan, o. c., III, toda la lección XIII.
29b. Dos textos de Efesios parecen confirmar esta idea, ofreciendo una tremenda perspectiva a nuestro futuro eterno: Ef. 1:12, y 3:10. Muchas veces nos hemos preguntado cuál será nuestra ocupación en el Cielo. Apocalipsis 22:3 nos da una idea de servicio, que puede consistir en revelar el amor de Dios y glorificarle entre seres superiores que no han pasado por la experiencia del pecado, mostrándoles la misericordia y amor de Dios que el pecado humano y la redención han servido para poner de relieve. El gozo que gloriosamente nos da ya aquí esta comunicación nos confirma que tan honroso deber puede ser parte de nuestra felicidad en el Reino de los Cielos. (Para una exposición más extensa de esta sugerencia, véase el libro *La Nada o las Estrellas*, por S. Vila.)
30. Citado por Berkouwer, *The Person of Christ*, p. 104, nota 6.
31. Citado por E. Kevan, o. c., III, lecc. XIII, punto I, pár. 1.

hay por qué invertir el orden de los tratados, como quieren E. Brunner[30] y H. R. MacIntosh.[31] Es cierto que en toda investigación bíblica y teológica es preciso utilizar correctamente el método inductivo, pero la síntesis teológica debe lógicamente exponerse en forma deductiva. Es por eso por lo que la Cristología precede a la Soteriología, puesto que si no se conoce bien la contextura óntica del Hombre-Dios (o del Dios-Hombre, para ser más exactos), tampoco se podrá entender correctamente el aspecto funcional de su mediación.

CUESTIONARIO:

1. ¿Por qué se atribuye al Verbo, como propia, la Encarnación, siendo así que las tres personas divinas intervinieron en ella? — 2. ¿Qué implica la Encarnación del Verbo dentro del compromiso de Dios en la historia de la humanidad? — 3. ¿En qué sentido fue necesaria la Encarnación del Hijo de Dios? — 4. ¿Quién, o qué, exigía que el Dios trascendente se hiciese hombre? — 5. ¿Podía Dios reparar la naturaleza humana por otros medios? — 6. ¿Por qué convenía que fuese precisamente la persona del Hijo la que se hiciese hombre? — 7. Distintas opiniones sobre el motivo primordial de la Encarnación. — 8. ¿Cuál fue, desde el principio, la común profesión de la Iglesia sobre este punto? — 9. ¿Qué nos dice todo el contexto del Nuevo Testamento y cuáles son los principales textos que apoyan la tesis soteriológica? — 10. ¿En qué consiste la solución conciliatoria de M. J. Scheeben?

1. El Gran Misterio de la concepción virginal de Jesús.

No cabe duda de que el hablar de la concepción virginal de un ser humano, ser concebido *sin obra de varón*, ha de resultar un puro mito o una insensatez para las mentes incrédulas. Desde Celso hasta A. Rosenberg, pasando por los gnósticos y ocultistas de todos los tiempos, los no creyentes han afirmado que Jesús fue concebido de María por obra de un soldado romano de guarnición en Nazaret, no faltando quienes hayan dicho que fue simplemente hijo normal de José y de María. Siendo la concepción virginal de Jesús un misterio y un milagro, es comprensible que sea negado y aun ridiculizado por los que se niegan a aceptar el mundo de lo sobrenatural y la divina inspiración de las Sagradas Escrituras. Por eso ha sido y es blanco de los ataques, no sólo de los incrédulos de todos los tiempos, sino especialmente de los teólogos modernistas, quienes siguen todavía llamándose cristianos.

Sin embargo, el verdadero creyente, que mantiene con firmeza su convicción de que la Biblia está inspirada por Dios y, por tanto, es infalible, admite sin titubeos, con la gracia, el poder y la enseñanza del Espíritu Santo (1 Jn. 2:20, 27), este misterio como admite todos los demás que constan en la Revelación Divina. Quien no humille su entendimiento mediante la obediencia de la fe (Rom. 1:5; 16:26), no podrá percibir lo espiritual (1 Co. 2:14), pues le será locura. En fin de cuentas, sin haber nacido de nuevo no se puede ver el Reino de Dios (Jn. 3:3).

2. Análisis de los textos bíblicos.

La concepción virginal de Jesucristo nos es narrada en Mt. 1:18-25 y en Lc. 1:34-35. La coincidencia de Mateo y Lucas en la narración del hecho es clara. La distinción de matices en los detalles de ambas narraciones parecen indicar que Lucas recibió la información de parte de María, mientras que Mateo refleja el relato de José. Traduzco del original.

Dice así el relato de Mateo: «*Ahora bien, el nacimiento* ("*génesis*" = origen, generación, nacimiento) *de Jesucristo fue* ("*én*" = era) *así: Estando desposada* (prometida al estilo judío) *su madre María con José, antes de que se juntasen* (llegasen a convivir juntos), *fue hallada encinta del* (por obra del) *Espíritu Santo. Y José su marido, siendo justo* (recto moralmente según la Ley) *y no queriendo denunciarla, resolvió repudiarla en secreto. Mas, en cuanto hubo pensado esto, he aquí que un ángel del Señor se le apareció en ensueño* ("*ónar*" = mientras dormía) *y le dijo* ("*legon*" = diciéndole): *José, hijo* (descendiente) *de David, no temas recibir* (traer a tu casa) *a María tu esposa, porque lo engendrado en ella es del* (obra del) *Espíritu Santo. Y dará a luz un hijo, y llamarás su nombre Jesús* ("*Iesún*" = Yoshuá = Dios salvará), *porque él salvará a su pueblo de los pecados de ellos. Y todo esto aconteció para que se cumpliese lo dicho por el Señor por medio del profeta al decir éste: He aquí que la virgen concebirá y dará a luz un hijo y llamarán su nombre Immanuel, que es interpretado* (traducido): *Dios con nosotros. Entonces, una vez levantado José del sueño* ("*hypnu*" = del tiempo de dormir, del lecho), *obró conforme le había ordenado el ángel del Señor y recibió a su esposa. Y no la conocía* (no hacía vida marital con ella) *hasta que dio a luz un hijo; y llamó el nombre de él Jesús.*»

En este pasaje vemos claramente que María quedó encinta antes de que su matrimonio ritual con José fuese celebrado y consumado. También se nos dice que José, siendo un hombre fiel cumplidor de la Ley, pensó en repudiar a su esposa en secreto, ante la evidencia del embarazo, pero no quiso exponer a María a la pública vergüenza mediante una denuncia legal, probablemente porque quizá no se atrevía a dudar de la inocencia de su esposa mientras le intrigaba lo misterioso del caso. No podemos imaginar la angustia y la perplejidad que durante algún tiempo agitarían la mente y el corazón de aquel varón recto y piadoso. Mas, apenas estuvo resuelto a pasar a la acción (conforme da a entender el tiempo del verbo —aoristo—, que por eso hemos traducido «en cuanto hubo pensado esto»), vino el mensajero celestial a sacarle del apuro y explicarle el misterio, para que no dudase en recibir en casa a su virgen prometida. De esta manera, José, aunque no era el padre físico de Jesús, ocuparía, no obstante, el puesto y el verdadero *status* legal de padre de familia en aquella casa (V. Lc. 2:48, en que la virgen María dice: «*tu padre* y yo te hemos buscado con angustia»). R. V. G. Tasker hace notar la frase del ángel en Mt. 1:20: «*José, hijo de David*», para recalcar la línea geneal3gica del Mesías a partir de David, precisamente a través de José, su padre legal.[32]

En cuanto a la cita de Is. 7:14, el hecho de que Mt. 1:22 diga: «Y *todo esto* aconteció para que se cumpliese...» no da pie para pensar que el profeta anunció explícitamente la concepción virginal de Jesús. El hebreo emplea el sustantivo «*alma*» = joven casadera, en lugar de «*betulá*» = = virgen, y aunque es cierto que los LXX vertieron «*parthenos*» = virgen, y no «*neanís*» = joven doncella, el argumento no adquiere por eso mayor fuerza, puesto que era entonces lo normal en el pueblo judío que las jóvenes llegasen vírgenes al matrimonio. Por otra parte, pensar que

---

32. R. V. G. Tasker, *St Matthew* (London, Tyndale Press, 1961), p. 33.

la construcción hebrea de toda la frase expresa la concepción y el parto virginales, según las pobres interpretaciones que nos impartían en los Seminarios españoles de los años treinta, supone un desconocimiento total del idioma y del sentido general del contexto. El signo o señal profética que Isaías ofrece al rey de Judá no es precisamente una concepción o nacimiento virginales, sino al «Immanuel» = Dios con nosotros, el cual lucharía a favor de su pueblo, en contraste con la desconfianza de Acaz, de una manera tan contundente que si el niño Immanuel naciese en aquel momento, antes de que llegase a la edad del normal uso de razón (unos siete años), aquellos países que tanto temía Acaz estarían tan desolados que sólo producirían lo más elemental para el sustento del niño.[33] Lo prueba el hecho de que tanto el *Immanuel* de Is. 7:14; Mt. 1:23, como el *Jesús* o *Yoshuá* de Lc. 1:31 nos presentan, lo mismo que en tiempos de Acaz, pero en un sentido pleno y total, la gran salvación que Dios hace cuando se pone de nuestra parte (Rom. 8:31) y, sobre todo, cuando *habitó entre nosotros encarnado,* lleno de gracia y de verdad, poniendo con su misma persona el Reino de Dios (la culminación de la misericordiosa iniciativa divina de salvación) al alcance de la mano (Mc. 1:15; Lc. 10:9; 11:20; 17:21 *«entre vosotros»,* no «dentro de vosotros»; Mt. 3:2; 4:17; 10:7 «el reino de los cielos» —sinónimo, como puede verse por el propio Mt. 12:28). No olvidemos que la señal ofrecida por Isaías al rey Acaz había de cumplirse de alguna manera en un tiempo en que el propio Acaz pudiese verla. De ahí que el profeta introduzca como comparación para un próximo futuro algo que tendrá su plena realización 700 y pico años más tarde. Los judíos inconversos se niegan, como es natural, a admitir que la profecía apunte a Jesucristo, diciendo algunos que se refiere al propio hijo de Acaz, Ezequías, a quien todos ellos aplican también

---

33. Esta era la explicación que en las aulas de la Pontificia Universidad de Salamanca nos daba el gran escriturista dominico Alberto Colunga.

Is. 9:6, pero el Dr. Israel W. Slotki, rabino judío de renombre, se ve obligado a admitir que la doncella de la que se habla en Is. 7:14 no puede en modo alguno ser la madre de Ezequías.[34]

Por su parte, Lc. 1:34, 35, dentro del diálogo de María con el ángel, dice así: *«Entonces dijo María al ángel: ¿Cómo será esto, puesto que no estoy conociendo* (no hago vida marital todavía con) *varón? Y el ángel en respuesta* (*"apokrithéis"* = habiendo respondido) *le dijo: (El) Espíritu Santo vendrá sobre ti, y el poder del Altísimo te cubrirá* (comp. con Gén. 1:2b) *con su sombra; por lo cual también, lo engendrado santo será llamado Hijo de Dios.»* Este pasaje tiene un contenido teológico más denso que el de Mateo, mientras que el de Mateo contiene más detalles descriptivos o biográficos. Analicemos cuidadosamente las frases que tienen que ver con el tema que nos ocupa.

Al anunciarle el ángel Gabriel que va a concebir y dar a luz un hijo[35] (vers. 31-33), María no opone ningún reparo en cuanto al hecho, como si hubiese emitido un supuesto «voto de virginidad» que resultase un obstáculo para una maternidad normal, puesto que no se había desposado para aquello de «entre santa y santo, pared de cal y canto». La idea de un previo voto de virginidad por parte de María, acompañado de otro voto de virginidad por parte de José —facilitándolo con la imagen de un José ya en la senectud, como nos acostumbraron a verlo en demasiadas estampas y esculturillas—, sólo pudo surgir de un desconocimiento de la mentalidad hebrea, de un menosprecio del estado matrimonial y de una sobrevaloración del monasticismo. La pregunta de María al ángel no se refiere

---

34. Slotki, *Isaiah* (London, The Soncino Press, 1970), p. 35.

35. Nótese que el ángel no pregunta a María *si está dispuesta a ser la madre de Jesús,* sino que asegura, ya de entrada, el propósito divino: *«He aquí, concebirás... y darás a luz...»* (vers. 31). Por tanto, el nacimiento del Redentor no depende del consentimiento de María, como han solido afirmar los teólogos católico-romanos, sino de la soberana decisión de Dios.

al *qué*, sino al *cómo* («¿*cómo será* esto?» —dice el texto
original, no «¿cómo *puede ser* esto?»), como si dijera:
¿Qué me toca hacer ahora, ya que todavía no convivo con
mi prometido?

La respuesta del ángel tiene dos partes (vers. 35-37). En
el vers. 35 el ángel dice a María cómo sucederá aquello;
en el vers. 36 le presenta un caso parecido (sólo parecido,
es cierto), con abundantes precedentes en el Antiguo Testamento, para concluir en el vers. 36 con un principio general sobre la omnipotencia de Dios, principio valedero
en ambos casos. En el vers. 35, único que aquí nos interesa, podemos también distinguir dos partes: en 35a, con
un paralelismo típicamente semita, el ángel explica a María que la concepción de Jesús se producirá por obra del
Espíritu Santo, ya que éste la *cubrirá* o *envolverá,* pues
ése es el sentido del verbo griego, que literalmente significa *dar sombra.* La expresión recatada de «cubrir» es bien
conocida en algunas regiones de España, concretamente
en Aragón, donde los pastores hablan de «cubrir los car-
neros a las ovejas», para expresar la fecundación de éstas.
Sin embargo, sería un grave error teológico —algo totalmente antibíblico— pensar que el Espíritu Santo es de
algún modo el «padre» de Jesús, puesto que en Jesús no
existe otra persona que la del Verbo, cuyo único Padre
(V. Lc. 2:49) es la primera Persona de la Augusta Trinidad.[36] También es probable, como dice G. R. Bliss,[37] que
la idea de venir el Espíritu Santo sobre María y cubrirla
con su sombra esté «tomada del hecho de la Shekinah, o
símbolo misterioso de la presencia de Jehová sobre el
arca, entre los querubines del tabernáculo, adonde él se
hacía presente y se quedaba (Éx. 25:22». Por tanto, María

36. Por aquí puede verse la peligrosa incorrección de la tan oída
y leída advocación a María en devocionarios católicos de antaño,
en los que se la llamaba «Hija del Padre, Madre del Hijo y Esposa
del Espíritu Santo».

37. *El Evangelio según Lucas,* trad. de A. Robleto (El Paso,
Texas, Casa Bautista de Publicaciones, 1966), p. 217.

no tenía que preocuparse de tomar ella misma parte activa en la concepción de su hijo Jesús.

La segunda parte del vers. 35 ha causado muchos quebraderos de cabeza a los exegetas y traductores católicoromanos, hasta el punto de retorcer la construcción gramatical, obvia en el griego original, que es la que hemos dado,[38] y traducirla de la siguiente manera: «lo que nacerá de ti será llamado santo, hijo de Dios». El motivo de esta distorsión es un escrúpulo de índole teológica, pues dichos traductores han pensado (y siguen pensando) que la traducción normal de nuestras Biblias puede inducirnos a pensar que Jesucristo es Hijo de Dios *precisamente* por haber sido concebido por obra del Espíritu Santo. Sin embargo, tal sospecha es completamente infundada si se analiza todo el texto en profundidad. El texto griego dice claramente: *«por eso también...»*, como diciendo: hay una nueva razón, con esta intervención sobrenatural del poder del Altísimo (Dios el Padre), para que ese ser santo que vas a concebir (*santo*, porque el Espíritu de Dios va a ungir, consagrar, santificar, preservar de toda mancha a ese embrión humano que se va a formar en ti) sea llamado (sea en realidad) Hijo de Dios, puesto que es de origen exclusivamente *divino*, *«no por voluntad de varón»*, sino engendrado de Dios.[39] En otras palabras, el ser concebido por obra del Espíritu Santo no *confiere* a Jesús la filiación divina intratrinitaria, pero la *connota* y manifiesta (comp. con Rom. 1:4).

E. Kevan cita también,[40] en favor de la concepción virginal de Jesús, Gál. 4:4, puesto que el original no dice

38. Y coincide sustancialmente con la de nuestra Reina-Valera de 1960, excepto en el tiempo del verbo, que es participio de presente y, por tanto, no se puede traducir «nacerá», sino «está para nacer» o «engendrado».

39. Esta es la versión que adopta la *Biblia de Jerusalén* en Jn. 1:12-13, de acuerdo con cierto número de MSS, aunque personalmente opino que tiene mucha mayor probabilidad, incluso contextual, la que se adopta comúnmente y aparece en nuestra Reina-Valera.

40. *O. c.*, III, lecc. VI, pp. 4-5.

precisamente «*nacido* de mujer», sino «*venido a ser* de mujer» (a diferencia del participio usado en Mt. 11:11). Sin embargo, opinamos que la diferencia entre «*genómenos*» y «*gennetós*» no constituye un argumento decisivo en favor de su opinión. Mucho menos fuerza tiene todavía Gén. 3:15 («la simiente de la mujer),[41] citado por Strong, ya que allí se parte de la referencia que Dios está haciendo a Eva y a la serpiente, de acuerdo con el contexto anterior, sin que se aluda para nada, de momento, a la concepción virginal del Mesías.

3. La profesión de fe de la Iglesia sobre este punto.

La creencia en la concepción virginal de Jesús ha sido constante en la Iglesia de Dios. La primera profesión explícita la encontramos en el Símbolo de Hipólito entre los años 215 y 217.[42] Sigue apareciendo en los demás Símbolos o «credos» de la época. Curiosamente no aparece en el Credo de Nicea, lo cual es explicable por la especial preocupación que este Concilio tenía por enfatizar la consustancialidad del Hijo con el Padre, contra la herejía arriana. La frase «se encarnó del Espíritu Santno y de la virgen

---

41. *O. c.*, p. 676, lín. 1.ª; y añade: «was one who had no earthly father» (es decir, que dicha simiente «no tuvo padre terrenal»). Eso de ver en Eva la representación profética de la madre de Jesús, como hace Strong en las dos líneas siguientes, sólo se puede leer en los mariólogos católicos conservadores. Hemos de añadir que, sólo a la luz de una acomodación semejante a la que hace Pablo en Gál. 3:16, deducimos que sea *un individuo* el que herirá a la serpiente en la cabeza, puesto que el texto hebreo dice literalmente «*ella* (la descendencia de la mujer) te HERIRÁN *en la cabeza, y tú* LES *herirás a* ELLOS *en el talón*». (Nótese el plural. Con ello queda, de algún modo, profetizada la obra de Cristo como *representante* de toda la raza humana, de acuerdo con Heb. 2:11ss.).

42. V. Denzinger, *o. c.*, n. 10. Por cierto que el mismo año 217 Hipólito se convirtió en Antipapa, provocando (en su calidad del mejor teólogo de su tiempo) un cisma de la Iglesia de Roma, aunque al ser compañero de destierro del obispo de Roma, Ponciano, se reconcilió con él. Murió el 235 en Cerdeña y figura como santo en el calendario de la Iglesia de Roma.

María» queda incorporada 56 años más tarde en el Concilio I de Constantinopla.[43] Es en el año 734, en el Símbolo de Epifanio (forma ampliada), cuando aparece por primera vez el vocablo, acuñado por el mismo Epifanio (un desmedido devoto de María), *aeiparthenos*, «siempre virgen».[44] El otro autor eclesiástico que forma un buen dúo con Epifanio en sus excesos mariológicos es el sirio Efrén, muerto hacia el año 373, el cual también llama a María «virgen después del parto».[45]

La concepción virginal de Jesús, único dato bíblico seguro en este tema de la virginidad de María,[46] es también afirmada (no podía ser menos) en las obras de los reformadores[47] y en las Profesiones de fe de las distintas confesiones reformadas. Así, el Artículo II de Religión de la Iglesia de Inglaterra (Anglicana), indirecta pero explícitamente, dice que «el Hijo... asumió la naturaleza humana en el vientre de la bienaventurada *Virgen* de la sustancia de ella». La Confesión de Fe de Westminster (presbiteriana) dice más explícitamente: «El Hijo de Dios... siendo concebido por el poder del Espíritu Santo, en el vientre

---

43. El año 381. (V. Denzinger, *o. c.*, n. 150.)

44. V. Denzinger, *o. c.*, n. 44, y también Rouet, *o. c.*, n. 1111, contra el parecer de Tertuliano (Rouet, n. 359 y 380) y de Orígenes (Rouet, n. 476 y 495), entre otros muchos que Rouet no cita. Por cierto, el autor del «Índice teológico» del Rouet tiene la osadía de citarlos en favor de la virginidad posterior a la concepción de Jesús.

45. Su oración, parcialmente citada en Rouet, *o. c.*, n. 745, dice, entre otras frases igualmente encendidas: «Oh Virgen Señora (*déspoina* = dueña), inmaculada madre de Dios, Señora (*kyria*) mía gloriosísima (*holódoxe* = toda gloriosa), mi gran benefactora (*hyperpanagathé* = más que buena en todo), más sublime que los cielos (comp. con Heb. 7:26), mucho más pura que los esplendores, rayos y fulgores del sol... tú engendraste en cuanto a la carne *al* Dios (*ton Theón* —que, con artículo y sin otra cualificación, siempre se refiere en el N.T. al Padre) y Verbo, que guardaste la virginidad antes del parto y permaneciste virgen después del parto, y fuimos reconciliados (¿por quién?) con Dios Cristo tu hijo.»

46. En cuanto a la virginidad después del parto, véase mi libro *Catolicismo Romano*, pp. 96-98.

47. V., por ejemplo, J. Calvino, *Institutio*, lib. II, caps. 13 y 14.

de la Virgen María, de la sustancia de ella.»[48] Finalmente, el famoso Catecismo de Heidelberg, elaborado por orden del elector palatino Federico III y publicado por primera vez en alemán el año 1563, después de responder a la pregunta 23.ª con la recitación del Credo común a todas las confesiones cristianas («... el cual fue concebido del Espíritu Santo, nació de María Virgen...»), presenta la pregunta 35.ª de la siguiente manera: *«¿Qué significa eso de que él "fue concebido del Espíritu Santo, nació de María Virgen"?»* Y responde: «Que el eterno Hijo de Dios, el cual es y permanece verdadero y eterno Dios, asumió verdadera naturaleza humana de la carne y de la sangre de la Virgen María, por obra del Espíritu Santo, para ser, con todo, verdadero descendiente de David, en todo semejante a sus hermanos, excepción hecha del pecado.»

Desgraciadamente, son hoy muchos los teólogos y exegetas encuadrados en denominaciones que siguen llamándose «reformadas» o «protestantes» que, sin embargo, niegan de plano el dato claramente revelado de la concepción virginal de Jesucristo. Se trata de una de tantas herejías del Modernismo.

4. ¿Es físicamente posible una concepción humana sin obra de varón?

La virginidad y la maternidad no son conceptos incompatibles. Por ello, no puede hablarse de imposibilidad *metafísica* de una concepción virginal. La partenogénesis es posible, y está científicamente experimentada, no sólo en el reino vegetal, sino también en el animal.[49] La moderna bioquímica está aportando continuamente elementos que hace un cuarto de siglo no se habrían soñado.

Al hablar de partenogénesis es preciso distinguir entre la *absoluta* (fecundación sin intervención de elemento mas-

---

48. Cap. VIII, pár. II.
49. V. el magnífico artículo sobre «Partenogénesis» en la *Gran Enciclopedia Larousse.*

culino) y la *relativa*, en que la fecundación se realiza con elemento masculino, pero sin cópula sexual. En otro lugar[50] hemos mencionado la singular teoría del fraile valenciano P. Corbató, quien, en su libro *El inmaculado S. José*, pretendió que José fue el padre natural de Jesús, pero de una manera virginal, milagrosa, puesto que el Espíritu Santo habría empleado un espermatozoo de José, sin que éste se enterase, para realizar en el vientre de María la obra de la Encarnación del Salvador. Partía de una doble base: a) *bíblica*, queriendo demostrar que el término griego «*génesis*» en Mt. 1:18 exige una *generación seminal*. Esto es absolutamente falso, puesto que el vocablo «*génesis*» indica simplemente origen o nacimiento; b) *científica*, pretendiendo que la formación del primer embrión o zigoto es imposible de todo punto sin la fecundación del óvulo por medio del espermatozoo. Esto ha sido refutado en el primer tercio del siglo actual por el famoso científico Alexis Carrel, quien, en su libro *L'homme, cet'inconnu*, asegura que un ser humano podría nacer sin obra de varón, lo que no puede es nacer sin obra de mujer. En efecto, antiguamente se creía que el embrión humano surgía *activamente* sólo del espermatozoo del varón, siendo el óvulo un elemento puramente *receptivo*, pero hoy todo el mundo sabe que ambos gametos concurren igualmente con sus respectivos genes, aportando cada uno su peculiar herencia cromosómica. Ahora bien, en la reproducción, las células sexuales poseen sólo 23 cromosomas cada una, en lugar de las 46 propias del ser humano, a fin de que el nuevo embrión tenga las 46 que le corresponden. Siendo esto así, ¿quién se atreverá a negar al Espíritu Santo el poder de efectuar por algún medio bioquímico la reducción cromosómica necesaria y el cambio de uno de los dos alosomas X de María en el Y que corresponde a un varón como Jesús?

Hace ahora 70 años, en 1906, ya el gran erudito y teólogo bautista A. H. Strong escribía lo siguiente:

«El profesor Loeb ha encontrado que un huevo no fecundado del erizo de mar puede producir, si se le trata con un procedimiento químico adecuado, una copiosa descendencia, y piensa en la probabilidad de que pueda producirse el mismo efecto con mamíferos. De esta manera se sitúa entre las posibilidades científicas la partenogénesis dentro del más alto orden de vida. Romanes, a pesar de ser un agnóstico, afirmaba que un nacimiento virginal, incluso en la raza humana, de ningún modo quedaría fuera del rango de las posibilidades.»[51]

5. ¿Era absolutamente necesario que Jesús naciera de una virgen?

Antes de responder a esta pregunta y disipar equívocos, es preciso sostener, contra E. Brunner, que el tema de la concepción virginal de Jesús es algo que no se puede soslayar como *poco interesante*, puesto que forma parte del dato revelado explícito.[52] K. Barth ataca vigorosamente a Brunner en este punto,[53] pero afirma que la importancia de este dogma es más bien de tipo *noético* que *ontológico*, es decir, la concepción virginal de Jesús es, ante todo, un *signo* de la nueva y soberana actividad de Dios en Jesucristo. Aunque esto es verdad, Berkouwer está en lo cierto al recalcar el carácter óntico del milagro,[54] pero hace notar con acierto que este milagro no es la causa directa de que Jesús no contrajese el pecado original.[55] En efecto, sólo una mala inteligencia de la esencia del pecado de

---

50. *Catolicismo Romano*, p. 118.
51. *O. c.*, p. 676.
52. De hecho, Brunner niega la concepción virginal de Jesús. Un estudio detallado sobre la opinión de Brunner en este punto puede verse en Berkouwer, *The Work of Christ*, pp. 99ss., quien rechaza con acierto la idea de que este dogma tienda a dar relevancia al papel de María y favorecer a los mariólogos católicos.
53. *Die Kirchliche Dogmatik*, I, 2, p. 189.
54. *O. c.*, pp. 104ss.
55. *O. c.*, pp. 118ss., contra Bavinck.

origen pudo introducir la idea de que, si Jesús hubiese tenido padre terreno, habría contraído la depravación heredada de nuestro primer padre. Ya el año 421 decía Agustín de Hipona: «No habiendo sido concebido ("seminatus sive conceptus") con ningún placer de la concupiscencia carnal, no contrajo por ello ningún pecado de origen ("originaliter").»[56] De igual manera piensa Tomás de Aquino, quien, entre las cuatro razones de congruencia que aporta para demostrar que María debió concebir a Jesús virginalmente, y de las que sólo la primera tiene alguna validez, dice así en la tercera razón: «Esto fue conveniente para la dignidad de la humanidad de Cristo, en la cual no debió haber lugar para el pecado... Mas no era posible que en una naturaleza ya corrompida del acto conyugal ("ex concubitu") naciese una carne exenta de la infección del pecado original.»[57] También Lutero anduvo equivocado en este punto. En su Catecismo ampliado dice: «Cristo se hizo hombre y fue *concebido y dado a luz* por el Espíritu Santo y por la Virgen María *sin mancha alguna de pecado* (*"sine omni labe peccati* conceptus *et natus"*), para que fuese dominador del pecado ("peccati dominus").» Y en el Catecismo de Ginebra leemos: «¿Por qué fue realizado por el Espíritu Santo y no, más bien, en la forma común y corriente de generación?» Y responde: «Como quiera que el semen humano está completamente corrompido, debió ("decuit") intervenir la obra del Espíritu Santo en la generación del Hijo de Dios, a fin de que no fuese alcanzado por dicho contagio, sino que estuviese dotado de una pureza perfectísima.»[58]

---

56. *Enchiridion, 41* (V. Rouet, *o. c.*, n. 1916).
57. *O. c.*, III, q. 28, a. 1.
58. Citados por Berkouwer, *o. c.*, p. 118, nota 101. También pudo influir en la posición errónea de los anabaptistas antiguos (todavía quedan hoy), quienes, para obviar el que Jesús fuese contaminado con el pecado de nuestra raza, sostuvieron que no fue concebido de la sustancia de María, sino que fue formado en el Cielo y pasó por María como por un canal. Esta forma de larvado docetismo va contra Heb. 2:11ss.

Como hace notar Berkouwer, esta opinión o manera de concebir la ausencia de cópula carnal como causa primordial de la ausencia de pecado en Jesús tiene una resonancia peligrosa en la Mariología. «Cuán a menudo —dice— se ha hecho de la concepción virginal el *fundamento* de la ausencia de pecado en Cristo, situando la divina institución del matrimonio bajo una luz problemática ("questionable").»[59] Esto es lo que ha ocurrido comúnmente en la teología católico-romana, aunque el mismo Berkouwer advierte que no debemos generalizar, pues alguien tan relevante en el campo católico como M. Schmaus dice en su *Kath. Dogmatik*, II (1949), 618, que «tales ideas sólo pueden ser el resultado de una influencia gnóstica que considera el matrimonio como un mal y una polución, siendo así que se trata de una institución divina».[60] Cuatro siglos antes ya había dicho J. Calvino: «Nosotros no sostenemos que Cristo estuviese libre de toda mancha, meramente por haber nacido de una mujer que no había tenido contacto con varón, sino que se debió a la obra santificadora del Espíritu Santo el que fuese puro y sin mancha, tal como habría sido antes de la caída de Adán.»[61]

El Dr. J. Orr, citado por E. Kevan,[62] admite que «en el mero hecho de que Jesús naciese de una virgen no había nada que garantizara el que Cristo fuese perfectamente puro, o libre de mancha de pecado..., pero pongamos la pregunta del revés: ¿No implica, por otra parte, la perfecta ausencia de pecado un milagro en su nacimiento?».

Con todas estas opiniones por delante, llegamos ya al punto de responder a la pregunta con que encabezamos este punto: ¿Era absolutamente necesario que Cristo na-

---

59. *O. c.*, p. 110.
60. Citado por Berkouwer, *o. c.*, pp. 110-111, nota 73.
61. *Institutio, II*, cap. XIII, pár. 4. Un buen resumen de la correcta posición reformada lo encontramos en G. Vos, *Biblical Theology* (Edinburgh, The Banner of Truth, 1975), pp. 309-310. V. también L. Berkhof, *o. c.*, pp. 334-336.
62. *O. c.*, III, lecc. VI, pp. 5-6.

ciera de una virgen? Respondo que, en mi opinión, no era ni metafísica ni físicamente necesario, puesto que, como ya hemos visto, la herencia de nuestra naturaleza caída discurre hasta nosotros lo mismo por la madre que por el padre; por otra parte, la depravación inducida por el pecado original no es una enfermedad corporal, sino una desorientación radical de las facultades específicas de la persona humana,[63] mientras que la culpabilidad racial se contrae en el momento en que surge una persona *humana* solidaria, de alguna manera, con la cabeza de nuestra raza, el Primer Adán. Jesús, como Hijo de Dios, no podía estar representado en la general culpabilidad; le bastaba el ser una persona *divina,* metafísicamente incompatible con el pecado. Por otra parte, la depravación inherente a la herencia de nuestra raza, de la que él formaba parte en cuanto hombre, fue desde el principio subsanada por la unción, la consagración y la constante conducción del Espíritu Santo desde el momento en que fue concebido; a eso se refiere Lc. 1:35, sobre todo si conectamos «lo Santo» de dicho versículo con Heb. 7:26. Dicha santificación del Espíritu Santo habría sido igualmente posible aun en el caso de que Jesús hubiese sido concebido mediante el acto marital de José, puesto que no existe ninguna impureza en dicho acto. Sin embargo, existía una doble congruencia *moral* para que Jesús fuese concebido sin obra de varón, y por ahí puede entreverse el designio divino de que así aconteciese: *a)* porque, de esta manera, quedaba bien claro que el Redentor venía a este mundo «*no por voluntad de varón*» (Jn. 1:13), frase que en la mente —si no en la letra— del Evangelista podía estar conectada con el recuerdo de la concepción virginal de Jesús;[64]

63. V. mi libro *El Hombre: Su grandeza y su miseria,* pp. 173-176. No estoy de acuerdo con Berkhof cuando afirma que «si Cristo hubiese sido engendrado por un varón, habría sido una persona humana (!), incluida en el pacto de obras y, como tal, habría compartido la común culpabilidad de la humanidad» (*o. c.,* p. 336).
64. V. Berkhof, *o. c.,* p. 336, aunque la conexión que Berkhof establece con Jn. 3:6: «*Lo que es nacido de la carne, carne es*», me

b) porque, así como fue conveniente que Jesús no tuviese hijos según la carne para conservarse siempre como *totalmente Hijo* del Padre, no compartiendo en modo alguno la paternidad, así también era conveniente que no tuviese *dos* padres, a fin de mantenerse como único Hijo de un *único Padre* (V. Lc. 2:48, 49).[65]

6. ¿Qué opinaban de esto los judíos contemporáneos de Jesús?

Aunque los Evangelios no nos aportan datos explícitos de lo que los judíos contemporáneos de Cristo podían pensar acerca de su concepción virginal, no estará de más la consideración de un par de textos:

A) *Mateo 13:55:* «*¿No es éste el hijo del carpintero?*» —así hablan sus propios paisanos de Nazaret, quienes, en el paralelo de Mc. 6:3, no mencionan al padre, pero añaden: «*¿No es éste el carpintero, hijo de María...?*» No sabemos si el no mencionar a José se debe a que éste ya había muerto, pero recordemos que el Evangelio de Marcos es, sin duda, el primero que se escribió. Lucas 4, que nos refiere el relato más largo del mismo episodio, refiere en el vers. 22 que decían: «*¿No es éste Jesús, el hijo de José, de cuyo padre y madre nosotros conocemos?*» (Jn. 6:42). Observamos que todo esto sucede en Galilea, incluso en Nazaret, donde pudo haberse transmitido la sospecha de que el hallarse María encinta antes de convivir con José no parecía normal. Quizá los galileos no eran tan mal pensados como los de Judea.

B) *Juan 8:41:* «*Entonces le dijeron: Nosotros no somos nacidos de fornicación.*» Aquí ya estamos en Judea, con-

---

parece distorsionada, porque, según el adagio filosófico, «lo que prueba demasiado, no prueba nada». ¿Acaso no era *carne* la carne de la Virgen María? ¡No confundamos el nacimiento corporal con el «nacer de nuevo»!

65. Ésta viene a ser, en el fondo, la primera razón de congruencia que aporta Tomás de Aquino en *o. c.,* III, q. 28, a. 1.

cretamente en Jerusalén, y en el relato de un episodio en que el odio de los judíos contra Jesús se manifiesta *in crescendo* dentro de un diálogo áspero e incisivo. Aunque bien pudiera ser que el único sentido literal de la frase de los judíos fuese: «Tú eres un samaritano (vers. 48), de los que perdieron su árbol genealógico al volver del destierro, porque se mezclaron con los gentiles, pero nosotros somos *pura sangre,* descendientes indiscutibles de Abraham (vers. 33, 37, 39) y también pertenecientes únicamente al pueblo elegido, hijos de Dios, del único Dios verdadero» («*un solo padre tenemos, Dios*» —dice el original del versículo 41b), sin embargo, otros autores opinan como W. Hendriksen, quien, a pesar de ser muy poco inclinado a los sentidos acomodaticios, dice, en su comentario a este versículo: «No es imposible en modo alguno el que se halle implicada una siniestra insinuación en las palabras de estos enemigos del Señor, y que lo que en realidad querían decir era lo siguiente: "*Nosotros* no somos nacidos de fornicación, pero ¡tú *sí!* Respecto a *nuestra* legitimidad en este punto no cabe duda razonable, pero ¡*tu* caso es diferente!" Cf. 8:48. De todos modos, tal clase de rumores circularon después entre los judíos, y en su literatura aparece Jesús con frecuencia como el hijo bastardo de María.»[66] Quizás el vers. 19 contenga la misma insinuación («*¿Dónde está tu Padre?*»).

7. Especial connotación de la virginidad de María en la teología católica.

Ya hemos refutado en esta misma lección la opinión corriente de la teología católica romana de que Lc. 1:34 supone un previo voto de virginidad por parte de María. También hemos señalado en otro lugar[67] la excesiva sacralización del vientre de María a partir de la Encarnación, sacralización que sólo puede explicarse por un concepto

---

66. *John, II,* p. 58. (Los subrayados son suyos.)
67. En *Catolicismo Romano,* p. 98.

maniqueo de la virginidad y del matrimonio. Es significativo que el principal argumento que esgrime Tomás de Aquino a lo largo de los cuatro artículos de que consta la cuestión 28 de la III Parte de su *Summa Theologica* sea precisamente la «corruptio matris» que supone la pérdida de la virginidad material. Además de la cita que del art. 1 hemos hecho en el punto 5 de la presente lección, podemos añadir lo que, unas líneas antes, expone al presentar la segunda razón de congruencia de la virginidad de María en la concepción de Jesús. Dice así: «En segundo lugar, fue conveniente desde el punto de vista del carácter personal ("proprietati") del Hijo mismo que es enviado, el cual es por cierto el Verbo o Palabra de Dios. Ahora bien, la palabra es concebida sin corrupción alguna del corazón; más aún, la corrupción del corazón es incompatible con la concepción de una palabra perfecta. Por consiguiente, como quiera que la carne fue asumida por el Verbo de Dios de manera que llegase a ser la carne del Verbo de Dios, fue conveniente que también ella fuese concebida sin corrupción por parte de su madre.» ¡Lástima que un ta-

Lo que le ocurrió al monje dominico Tomás de Aquino, que puso todo su talento al servicio de una tradición, ya prevaleciente desde siglos atrás, en vez de estudiar sin pasión ni prejuicios el simple dato revelado, fue que toda su óptica en esta perspectiva de la virginidad estaba coloreada por la idea del monasticismo como «estado de perfección» dentro de la Iglesia, mientras que todo lo sexual adquiría a sus ojos un tinte de suciedad, de «corrupción» —como él dice—. Con esta mentalidad, ¿cómo podía pensarse que nada menos que la «Madre de Dios», con las falsas resonancias que este título iba acumulando, quedase en su condición material por debajo de las castas doncellas que, dando de mano al matrimonio y a los amores del siglo, se recluían en los monasterios para mantenerse «incorruptas»? No era concebible que ella fuese sobrepasada en este punto por la inmensa pléyade de célibes (monjes, sacerdotes, religiosas) que una exégesis falsa —también prejuzgada— ha querido ver en los 144.000 que, según Apoc. 14:4, por ser vírgenes, «siguen al Cordero por dondequiera que va».[68]

CUESTIONARIO:

1. ¿Qué piensan los incrédulos acerca de la concepción virginal de Jesús? — 2. ¿Qué intenta probar directamente la cita que Mt. 1:23 hace de Is. 7:14? — 3. ¿Supone Lc. 1:34 un voto de virginidad por parte de María? — 4. ¿Quiere decirse que, según Lc. 1:35, es el Espíritu Santo el «padre» de Jesucristo en cuanto hombre? — 5. ¿En qué sentido se había de llamar a Jesús «Hijo de Dios» por el hecho de haber sido concebido por obra del Espíritu Santo? — 6. ¿Puede aportar alguna confirmación de la concepción virginal el original de Gál. 4:4? — 7. ¿Cuál ha sido la fe de la Iglesia sobre este punto? — 8. ¿Es acaso posible físicamente la fecundación de un óvulo femenino sin la acción de un espermatozoo? — 9. ¿Hasta qué punto era necesaria la concepción virginal de Jesús? — 10. ¿Qué clase de insinuaciones podrían implicar textos como Jn. 8: 19, 41, 48? — 11. ¿A qué se debe la sobrestimación de la virginidad de María en la teología católico-romana tradicional?

---

68. El verdadero sentido de Apoc. 14:4, dentro de todo el contexto, es que no se han contaminado con ídolos de cualquier especie, sino que se han conservado fieles a Dios y a su Ungido, el Cordero (V. 2 Cor. 11:2; Sant. 4:4).

LECCIÓN 22.ª NACIMIENTO, INFANCIA Y BAUTISMO DE JESÚS

1. El relato del nacimiento de Cristo.

Es el evangelista Lucas, el del Evangelio de la salvación y de la ternura, el único que nos da los detalles del nacimiento del Salvador (Lc. 2:1-7).

Es curioso el interés que Lucas, buen investigador (Lc. 1:3), tiene en señalar con precisión la fecha y el lugar del nacimiento del Salvador, como lo hará después al referir el comienzo del ministerio público del Precursor (3:1-2). Por el testimonio de Flavio Josefo[69] sabemos que el presidente de Siria durante los últimos años de Herodes el Grande fue Quintilio Varo, pero el epíteto *hegemón* que Lucas da a Cyrenio bien podría significar, más bien que «gobernador», el «dirigente» sirio comisionado especialmente para realizar el empadronamiento, ya que, como dice Bliss,[70] había «él probado ser un oficial vigoroso y eficiente, cosa que Varo no lo fue».

El emperador Augusto, dueño del Imperio Romano, que abarcaba prácticamente *toda la tierra habitada* (Lc. 2:1: *«pásan ten oikuménen»*), el mundo de los Gentiles, permitió que los hebreos siguiesen su costumbre de censarse en sus lugares de origen. Y así fue como un emperador pagano fue en las manos de Dios el peón de ajedrez nece-

---

69. *Antigüedades de los judíos*, 18, 1, 1.º y ss.
70. *O. c.*, nota a Lc. 2:2.

sario para que se cumpliese la profecía de que el Salvador
nacería en Belén, a pesar de residir sus padres en Nazaret, en la lejana Galilea (V. Miq. 5:1), puesto que José
era del linaje de David, el cual a su vez era oriundo de
Belén (1 Sam. 16:1).

Como se trataba de una familia pobre y, además, de
un lugar despreciable para los judíos (Jn. 1:46), no es extraño que José y María no encontrasen acomodo en las
casas de los vecinos (si había parientes,, serían muy leja-
nos tal vez) y fuesen al mesón o posada pública; aun allí,
María hubo de dar a luz en la habitación interior, ordina-
riamente excavada en la roca, donde se daba el pienso
a los animales domésticos. La frase «porque no había lugar
para ellos en el mesón», no indica que se les rechazase
por pobres, sino que la posada estaba completamente llena
o, más probablemente, que no era el lugar más apropiado
para dar a luz a la vista de todos. Fuese como fuese, el
vers, 7, en que el Creador de cielos y tierra nace en un
pesebre y es envuelto en pañales, como cualquier otro bebé
de los más pobres de este mundo, es digno de larga meditación (comp. con 2 Cor. 8:9: «... siendo rico, se hizo
pobre...»).

El hecho de que Jesús naciese en Belén, por ser esta
villa el lugar de origen del linaje de José, nos lleva de la
mano a considerar un problema que ha causado muchos
quebraderos de cabeza a los exegetas de todos los tiempos
y que no puede por menos de chocar y sorprender a todo
aquel que lea con atención los Evangelios y se percate
de la divergencia radical entre los árboles genealógicos
que Mateo y Lucas atribuyen, respectivamente, a José en
Mt. 1:1-16 y Lc. 3:23-38. Vamos a examinar las soluciones
que se han propuesto. Pero antes digamos que en ambas
encontramos sendos datos que nos confirman la concepción
virginal de Jesús: en la de Mateo se tiene buen cuidado,
al llegar a José, de no decir «y José engendró a Jesús»,
sino «marido de María, de la cual nació Jesús». Lucas, por
su parte, se siente obligado a precisar, al comenzar la

genealogía de Jesús en sentido inverso a la de Mateo, que era *hijo, conforme a lo que se suponía, de José.*

Las soluciones al problema de la divergencia de genealogías son tres:

A) Mateo, al emplear todas las veces el término «engendró», nos da la descendencia *física,* mientras que Lucas nos da la *legal,* suficiente para llamar a un individuo *hijo* de otro. Hoy día son pocos los que defienden esta solución, aunque en los tiempos en que el que esto escribe estudiaba en el Seminario se daba como la más probable; tanto es así que sufrí una especie de shock mental cuando, veinte años más tarde, leí la opinión de Mons. Straubinger, quien, en la nota correspondiente de su versión de los Evangelios, sostenía la opinión que exponemos a continuación. Esta primera solución es completamente arbitraria por dos razones: *a)* si se tratase en Lucas de la filiación *legal,* no había que añadir la cláusula «*según se creía*» (3:23), puesto que José era realmente el padre *legal* de Jesús; *b)* contra McClellan, que defiende esta opinión, introduciendo de esta manera a José «en la familia de David», respondemos: 1) que no existe ninguna base en el texto sagrado del Antiguo Testamento para establecer esta línea legal, faltándonos los datos, y empleando Lucas normalmente el término «hijo» con la precisión que apunta («como se suponía»); 2) el Evangelio de Lucas mira, en la genealogía de Jesús, no a su estirpe de David, ni siquiera a la de Abraham, el padre de los creyentes, sino a *Dios mismo,* de quien proviene la iniciativa de salvación de nuestra raza perdida; 3) siendo así, ¿por qué se había de observar la línea *legal sólo hasta David,* de lo cual no hay constancia en la Biblia, mientras que sí hay constancia de que ni Obed era el hijo legal de Booz, ni Fares de Judá? Sin embargo, tanto Booz como Fares aparecen en ambas genealogías.

B) Mateo da la genealogía de José, mientras que Lucas da la de María. Esta opinión ha conseguido convencer a un número creciente de expositores, entre los que destaca

Scofield con su habitual «dogmatismo».[71] Dan las razones siguientes: *a*) Lucas intenta demostrar así que Jesús es realmente de la estirpe de David, puesto que tanto José (según Mateo) como María (según Lucas) lo eran; *b*) llamar «hijo» a un «yerno» está de acuerdo con el uso judaico, como puede verse por 1 Sam. 24:16, en que Saúl llama «hijo» a David, cuando sabemos que era yerno. Pero a esto respondemos: *a'*) que el caso de una genealogía de parte de la mujer, teniendo marido sobre todo, jamás se encuentra en la Biblia; *b'*) el llamar «hijo» a un yerno, como el llamar «padre» a un «suegro» (1 Sam. 24:11), son meras expresiones de afecto o de benevolencia, pero que no caben seriamente en un árbol genealógico.

C) Mateo, a quien interesa destacar en Jesús la faceta de Mesías-Rey de Israel, da la línea *regia* hasta David. Lucas, a quien le interesa presentar a Jesús como el Salvador misericordioso de la humanidad, ofrece la ascendencia *física* de Jesús, enraizado en nuestra raza (comp. con Heb. 2:11ss.) como nuestro representante, pero partiendo de Dios, de donde (y a cuya imagen) procede el hombre (Hech. 17:28: «... linaje suyo somos») y de quien surge libre y amorosamente la iniciativa de salvación de esta misma humanidad perdida (Jn. 3:16).

Dos observaciones son dignas de mencionar en la genealogía de Jesús según Mateo: la primera es que, como el mismo texto sagrado expresa, está organizada en tres grupos de *catorce* nombres, que dan un total de 42. Una lectura somera de los libros de Reyes y Crónicas nos hacen ver que en dicha lista faltan nombres, lo cual demuestra una simetría *simbólica*, de acuerdo con la Simbología hebrea de los números.[72] Hay dos opiniones dispares sobre dicho simbolismo en el caso que nos ocupa: unos dicen

---

71. Quien, en la nota a Lc. 3:23 (*Biblia Anotada de Scofield*), dogmatiza: «La conclusión es inevitable que en el Evangelio de Lucas tenemos la genealogía de María.»

72. V. mi libro *El Hombre: Su grandeza y su miseria*, pp. 34-38, y J. Grau, *Escatología: Las últimas cosas*, pp. 186-192.

que la distribución en grupos de 14 se debe a que la suma de las consonantes del nombre *David* (verdadero centro de la genealogía) arroja dicho resultado: (d = 4 + v = 6 + d = 4) = 14. Otros, en cambio, tomando como base el número 40 para cada *generación*, nos dan 3 × 14 × 40 = 1680, que serían los años transcurridos, según el cómputo rabínico, desde la promesa inicial hecha por Dios a Abraham hasta el nacimiento de Jesús.[73] La segunda observación es que, sin razón aparente, se nombran cuatro mujeres entre los ascendientes de Jesús; y las cuatro parecen enturbiar la corriente de la descendencia: Tamar era extranjera y adúltera; Rahab, reconocida prostituta y también extranjera; Rut no merece ningún reproche moral en el sagrado texto, pero también era extranjera (moabita, de una estirpe surgida del abominable incesto de las hijas de Lot); finalmente, Betsabé fue cómplice complaciente en el adulterio con David y no parece haber llevado muy a mal el subsiguiente asesinato de su marido Urías, a quien Mateo menciona por su nombre para mantener en el recuerdo el doble crimen. ¿Qué pretendió Mateo con la inclusión de estas cuatro mujeres? Lo más probable es que lo hiciese para mostrar que a Dios no le estorba la «impura sangre» en la ascendencia natural del Mesías, siendo poderoso para «levantar hijos a Abraham aun de las piedras» (Mt. 3:9). Como alguien ha escrito: ¿Quién puede mostrar un árbol genealógico totalmente inmaculado?

2.   ¿Fue virginal el parto de Jesús?

Hemos hablado en la lección anterior acerca de la *concepción* virginal de Jesús, ya que fue concebido en el vientre de María por obra del Espíritu Santo, sin obra de varón. Esto es lo que el dato revelado nos expone con toda claridad. ¿Fue también virginal el parto? En otras palabras, ¿quedó María físicamente virgen (sin apertura del himen) al dar a luz a Jesús, de la misma manera que

---

73. V. R. V. G Tasker, *Matthew*, pp. 31-32.

estaba físicamente virgen al concebirlo? El término «virgin-birth» = nacimiento virginal, habitualmente usado en las versiones inglesas, resulta ambiguo. La Iglesia de Roma, por su parte, enseña, como ya vimos, la perpetua virginidad de María. El Catecismo de Astete ilustraba la virginidad de María en el parto diciendo que era semejante a cuando la luz penetra a través de un cristal sin romperlo ni mancharlo.

En contra de esto es preciso reconocer que el texto sagrado no sólo no menciona nada milagroso acerca del parto de María, sino que da a entender que sucedió de manera normal, ya que al mencionar la presentación de Jesús en el templo de Jerusalén, el texto sagrado habla de «purificación» y cita la intimación de Dios en Éx. 13:12: «Todo varón *que abriere la matriz* será llamado santo al Señor.» Podrá replicarse que en dicho texto se alude a la manera normal de dar a luz al *primogénito,* pero es extraño que Lucas, que tan buen cuidado tiene, cuando llama a Jesús *hijo de José,* de precisar que eso era lo que pensaba la gente, aquí no haga ninguna salvedad, con lo cual queda como obvia interpretación del pasaje bíblico la de que María dio a luz a Jesús de manera normal, sin intervención milagrosa.

Se ha querido ver la virginidad en el parto de Jesús, descrita en Is. 7:14, como si la doncella a la que allí se alude fuese virgen, no sólo en la concepción, sino en el parto, ya que el mismo término «virgen» es sujeto de ambos verbos. Ya dijimos en su lugar que aun en el caso de que el vocablo hebreo «*alma*», vertido como «*parthenos*» por los LXX, significase que María fue virgen al concebir a Jesús (lo cual es dato revelado en el Nuevo Testamento, pero vemos muy improbable que en Isaías tenga dicho sentido específico), sería sacar las cosas de quicio y forzar la frase gramatical, pretendiendo que la acción de ambos verbos ha de suceder simultáneamente.[74]

---

74. Se nos enseñaba en el Seminario Diocesano de Tarazona que los verbos estaban en gerundio, de forma que la frase de Is. 7:14

3. ¿Tuvo María otros hijos después de Jesús?

Aquí ya preguntamos sobre la virginidad, o no, de María después del parto.

De acuerdo con su enseñanza sobre la virginidad perpetua de María, la Iglesia de Roma se ve obligada a contestar negativamente a dicha pregunta. Más aún, dudar de dicha enseñanza o atreverse a decir que María tuvo más hijos, es el petor insulto que puede hacerse a un católico devoto de María.

Es cierto que el Nuevo Testamento no menciona más «hijos de María», y llama a María madre sólo de Jesús, pero también es cierto que menciona, e incluso da los nombres, a los «hermanos» (según la carne —V. Jn. 7:5) de Jesús, como vemos en Mr. 6:3. A la interpretación corriente entre los exegetas católicos de que se trata de «primos», ya que los hebreos llamaban «hermanos» a todos los parientes cercanos, respondemos que eso ocurre en el hebreo del Antiguo Testamento, pobre de vocabulario, pero Lucas, por ejemplo, distingue bien entre el vocablo griego «syngenís» = consanguínea, de Lc. 1:36, y el «adelphoi» = hermanos, de 8:20. Por otra parte, la exhortación de sus «hermanos» en Jn. 7:3, 4 no implica necesariamente que fuesen mayores que él en edad. Tampoco el dejar a su madre al cuidado de Juan (19:27) implica la carencia de otros hijos, puesto que para Jesús un pariente (y discípulo amado) creyente merecía más confianza que unos hermanos *no creyentes* (Jn. 7:5).

Preciso es reconocer que el término «primogénito» (Lc. 2:7) no implicaba necesariamente entre los judíos la existencia de hermanos posteriores, ya que era sinónimo de «heredero de bendiciones y promesas», y se han descu-

---

sonaría así: «He aquí a la virgen concibiendo y dando a luz...», lo cual no probaría nada aunque fuera cierto, ya que la profecía expresa muchas veces sucesos distantes como yuxtapuestos, sin perspectiva; pero es que, además, es falso, puesto que los verbos están en *imperfecto*, y los LXX los tradujeron correctamente en futuro imperfecto.

bierto epitafios de aquel tiempo en que se dice, por ejemplo: «Murió al dar a luz a su hijo primogénito.» En cambio, la frase de Mt. 1:25 no admite una evasiva tan fácil por el hecho de estar el verbo en imperfecto, no en tiempo indefinido según traducen nuestras Biblias. En efecto, el original dice: «Y no la *conocía* hasta que dio a luz a su hijo primogénito.» Esta construcción hace mucho más violenta la interpretación de que el *«hasta que»* no significa que la conociese después, ya que el imperfecto expresa más claramente la idea de que esa situación *continuaba* precisamente *hasta que dio a luz* a Jesús.

4. Datos evangélicos sobre la Infancia de Jesús.

Aparte de los episodios desarrollados durante la presentación del niño Jesús en el templo, todo lo que el relato evangélico nos dice de la infancia de Jesús se reduce a la adoración por parte de los pastores y de los magos (Lc. 2:8ss.; Mt. 2:1ss.), la huida y posterior vuelta de Egipto (Mt. 2:13ss.) y la subida y estancia en Jerusalén cuando hubo cumplido los doce años, repitiéndose dos veces (Lc. 2:40, 52) que, conforme avanzaba en edad, el niño crecía en estatura, en sabiduría y en gracia. Un versículo que ha promovido mucha discusión entre los exegetas católicos es Lc. 2:50, que nos refiere la reacción de José y María ante las palabras del niño: «Mas ellos no entendieron las palabras que les habló.» Si se supone en María una ciencia espiritual tan subida como gran parte de los expositores católicos han pretendido deducir de sus premisas teológicas, resulta enigmática esta ignorancia. Ha habido incluso quien, como el jesuita Bover —un escriturista de toda la vida—, pretendía que el verbo tenía sentido de pluscuamperfecto y se refería, quizás, a que ellos *no habían entendido* la razón que él les habría expuesto para quedarse en Jerusalén. Esta increíble interpretación (¡cómo ciegan los prejuicios mariológicos!) haría a Jesús responsable de toda aquella angustia inútil de María y de José por no ha-

berse expresado con la suficiente claridad como para que
ellos supiesen dónde se encontraba durante aquellos tres
días. Lo más probable es que ellos no entendieran lo que
Jesús hablaba, puesto que no comprendían aún por qué
era necesario dejarlos a ellos para ocuparse en las cosas
de su Padre celestial, y siendo tan humildes como eran
los dos, quizá llegarían a pensar que no eran dignos de
tener consigo por más tiempo al Mesías y Salvador del
mundo.

Cuando se comprueba el poco espacio que los Evangelios dedican a la infancia de Jesús, en contraste con las
fantásticas referencias de los Evangelios apócrifos, uno
se siente tentado a preguntar por qué quiso Dios que quedasen en absoluto silencio aquellos treinta años de vida
vulgar en un taller de carpintería, cuando tanto podría
interesarnos saber anécdotas de aquellos años. Ya parece
a primera vista extraño el que el Salvador del mundo, que
no sólo había venido a morir en una Cruz, sino a proclamar la Buena Nueva como el Profeta por excelencia, dedi-
case a ello sólo tres años, los tres últimos de una breve
vida de treinta y tres.

Para dar una explicación, no ya una razón, de esta
parquedad en el relato de la Infancia, es preciso, en primer lugar, tener en cuenta que los Evangelios no pretenden ser «biografías de Jesús» al estilo de las corrientes
biografías de personajes famosos. Era precisamente el ministerio público de Jesús lo único que realmente interesaba
a los evangelistas, con un marcado énfasis en la obra cum-
bre de su ministerio: su pasión, muerte y resurrección,
cuyo relato viene a ocupar un tercio aproximadamente de
toda la narración en cada uno de los Evangelios, a partir
del domingo inmediato a la crucifixión. No olvidemos que
la edad de 30 años (Lc. 3:23) era una especie de «edad
canónica» para un rabino, de modo que a Jesús podrían
haberle reprochado que se lanzase a enseñar con autoridad
antes de dicha edad. Finalmente, no olvidemos que Jesús
estaba cumpliendo la voluntad del Padre, lo mismo en el

taller de la carpintería que junto al sepulcro de Lázaro o en el Sermón del Monte, aparte de que nos daba una magnífica lección sobre la importancia de una preparación prolongada, en oración, estudio y madurez espiritual, antes de lanzarnos al ministerio.

5. El Bautismo de Jesús.

Antes de comenzar su ministerio público, Jesús «vino de Galilea a Juan al Jordán, para ser bautizado por él» (Mt. 3:13). El relato del bautismo de Jesús aparece en Mt. 3:13-17; Mr. 1:9-11; Lc. 3:21-22, y se alude a él en Jn. 1:31-34. Surge la pregunta: ¿Por qué se bautizó Jesús? ¿Qué *justicia* convenía que cumpliera con este rito? Entre las diferentes explicaciones que se han dado, quizá la única satisfactoria es que Jesús quería identificarse con el remanente de Israel, con todos los judíos devotos que escuchaban la voz de Dios a través de la predicación de Juan. Es cierto que el bautismo de Juan era «para arrepentimiento» (vers. 11) y Jesús no tenía nada de que arrepentirse; en este sentido podemos decir que, aunque recibió el bautismo de manos de Juan, no recibió «el bautismo de Juan». Pero también es cierto que, como dice Broadus, «era al mismo tiempo (este bautismo) expresión de prontitud para regocijarse por la aproximación del Reino de los Cielos, y del deseo de participar en él. Hacían bien, pues, todos los hombres buenos en bautizarse; y Jesús, siendo hombre, estaba bajo obligación de hacer lo que incumbía a otros hombres buenos».[75] La diferencia entre el bautismo de Juan y el instituido por Jesucristo se destaca en Mt. 3:11 y paral. El sentido profundo del bautismo de Jesús (V. Rom. 6:3ss.) desborda con mucho la significación del bautismo de Juan, tanto que un predicador tan erudito en las Escrituras y tan elocuente como Apolos necesitó urgentemente una enseñanza más completa (V. Hech. 18:25).

---

75. *Comentario sobre el Evangelio según Mateo*, p. 74, col. 1.ª.

No puede pasarse por alto la implicación trinitaria en el bautismo de Jesús: el Padre hace oír su voz desde el Cielo, proclamando su complacencia en el Hijo amado que, una vez encarnado, está siempre dispuesto a cumplir toda justicia; y el Espíritu Santo viene sobre él para ungirle públicamente, preparándole manifiestamente para el ministerio profético. El mensaje del Padre tiene resonancias del Sal. 2:7 e Is. 42:1.

Como episodios notables, tras este bautismo del Señor, podríamos mencionar:

A) *La tentación en el desierto*, que aparece en detalle en Mt. 4:1-11 y Lc. 4:1-13. Marcos 1:12, 13 se limita a mencionarla.

Lo primero que nos hace reflexionar al leer este relato es el hecho de que Jesús, siendo el Hijo de Dios, se deje tentar por el diablo. También en esto había de cumplirse *toda justicia* (V. Heb. 4:15). En efecto, convenía que el Postrer Adán, lleno del Espíritu e incapaz de pecar, fuese tentado como el Primer Adán y nos diese ejemplo de cómo es preciso rechazar al demonio con la única arma adecuada (Ef. 6:17). Incluso puede reconocerse, comparándolo con Gén. 3:6, el triple ataque de Satanás: incentivo a los deseos de la carne («di que estas piedras se conviertan en pan», Mt. 4:3; «era bueno para comer», Gén. 3:6); incentivo a los deseos de los ojos («Todo esto te daré, si postrado me adorares», Mt. 4:9 —en Lucas es la segunda—; «agradable a los ojos», Gén. 3:6) e incentivo a la ostentación vanidosa («Si eres Hijo de Dios, échate abajo...», Mt. 4:6 —en Lucas la tercera—; «árbol codiciable para alcanzar la sabiduría», Gén. 3:6). Son las tres concupiscencias que menciona 1 Jn. 2:16. Notemos que Jesús fue tentado como nosotros, pero no fue ofuscado como lo fueron Adán y Eva. Jesús era santo, inocente, sin mancha. Como alguien ha escrito, su corazón era como un vaso de agua limpia, mientras que el nuestro está ensuciado con el fango del pecado; a él la tentación podía agitarlo, pero no enturbiarlo, mientras que a nosotros la misma tentación que nos agita nos enturbia. En realidad, sólo cuando Eva ya había consentido en su corazón en la tentación de desconfianza, fue cuando el árbol ejerció sobre ella todo su atractivo.

¿Cuál era la intención de Satanás al pretender que Jesús hiciese cosas espectaculares para atraer la atención de los judíos? ¿No era verdad, como sus propios hermanos le decían (V. Jn. 7:3, 4), que el mejor modo de mostrar sus credenciales como Mesías era el obrar maravillas irrefutables? Eso podría parecernos a nosotros, pero Jesús veía claramente en las tentaciones de Satanás un intento de inducirle a realizar su obra por propia iniciativa, es decir, *independientemente de los planes del Padre,* mas Jesús no tenía otro plan que la voluntad de Dios (V. Heb. 10:9, y comp. Mt. 4:4 con Jn. 4:34).

B) *La Transfiguración en el Tabor.* Es curioso que el relato de la Transfiguración del Señor siga, en los tres Evangelios sinópticos (Mt. 17:1ss.; Mr. 9:2-13; Lc. 9:28-36), al anuncio de que había entre los presentes «quienes no gustarían la muerte hasta haber visto al Hijo del Hombre viniendo en su Reino». Era, pues, la Transfiguración algo así como un anticipo de la condición gloriosa del Jesús resucitado y ascendido tras la nube de la *shekinah* y que había de venir finalmente «*en las nubes del cielo*» (Mt. 26: 64, comp. con Hech. 1:11).

No es, por ello, extraño que tanto Pedro (2 Ped. 1:17, 18) como Juan (1:14) den testimonio de esta *gloria* de Jesús, que ambos contemplaron cuando estaban con él en el monte santo. Por otra parte, esta glorificación de Jesús está encuadrada en una atmósfera de pasión y muerte. Lucas hace notar que Moisés y Elías, representación de la Ley y de los Profetas, esparcieron junto a él rodeados de gloria y «*hablaban de su partida, que iba a cumplir Jesús en Jerusalén*» (Lc. 9:31). No cabe duda de que esta transfiguración gloriosa del Señor fue también muy oportuna para que los tres discípulos preferidos no se acobardasen dos años después cuando le viesen sufrir y morir en una ignominiosa cruz. Sin embargo, cuando llegó la hora, sólo Juan le siguió de cerca, pues Pedro le negó tres veces y Santiago huyó como los demás. No tuvieron denuedo hasta que llegó el Día de Pentecostés.

CUESTIONARIO:

1. *¿Cómo se combinaron las circunstancias para que Jesús naciese en Belén?* — 2. *¿Qué soluciones se han propuesto para resolver el problema de la doble genealogía de Jesús a través de José?* — 3. *¿Qué pretendió Mateo al incluir aquellas cuatro mujeres (Tamar, Rahab, Rut y Betsabé) en la ascendencia humana de Jesucristo?* — 4. *¿Qué deducimos del texto sagrado en cuanto a la pretendida virginidad de María durante el parto?* — 5. *¿Qué opina usted de los «hermanos» de Jesús?* — 6. *¿Tienen alguna fuerza Mt. 1:25 y Lc. 2:7 para demostrar que María tuvo otros hijos después de Jesús?* — 7. *¿Qué explicación tiene la frase que encontramos en Lc. 2:50?* — 8. *¿Por qué son tan parcos los evangelistas en referirnos detalles de la infancia de Jesús?* — 9. *¿Qué quiso decir Jesús al hablar de «cumplir toda justicia» al ser bautizado por Juan?* — 10. *¿Recibió realmente Jesús «el bautismo de Juan»?* — 11. *¿Qué intención tenía el demonio al tentar a Jesús en el desierto?* — 12. *¿Tiene este relato alguna afinidad con Gén. 3:1-6?* — 13. *¿Qué sentido tuvo la Transfiguración del Señor?* — 14. *¿Qué significaba la presencia de Moisés y Elías junto a Jesús en aquella ocasión?*

LECCIÓN 23.ª   LOS SUFRIMIENTOS DEL SALVADOR

1. El "Siervo Sufriente de Yahveh".

Por no citar sino dos lugares prominentes del Nuevo Testamento, el Evangelio de nuestra Salvación nos presenta al Mesías en «forma de esclavo» humillándose a sí mismo, hecho obediente hasta la muerte y, por cierto, muerte de cruz (Flp. 2:7, 8). Se trata, por lo demás, de una obediencia enteramente voluntaria y libre (Jn. 10:18; Heb. 10: 5-10). Es significativo que Heb. 10:5 cite de los LXX el Sal. 40:6: *«Mas me preparaste cuerpo»*, donde el texto hebreo del salmo dice: *«Has abierto mis oídos»* (literalmente: «horadaste mis orejas»), que alude al precepto de Éx. 21: 5, 6, según el cual, cuando, al final de los años de servicio, un esclavo prefería quedarse con el mismo amo antes que alcanzar la libertad, el amo debía agujerearle la oreja con una lezna para que a todos fuese patente que se quedaba en aquella casa por su propia y entera voluntad.

En el Antiguo Testamento es prominente el pasaje de Is. 52:13 - 53:12, donde el *Siervo de Yahveh* ('Ebed Yahveh) aparece como *«puesto muy en alto»* (Is. 52:13), precisamente porque habrá sido quebrantado y sujeto a padecimiento por Yahveh, pero él, tras haberse sometido voluntariamente al destino que el Padre le marcó, *«verá el fruto de la aflicción de su alma, y quedará satisfecho»* (Is. 53:11; comp. con Flp. 2:9-11; Heb. 12:2: *«por el gozo puesto delante de él sufrió la cruz»*). La iniciativa de la crucifixión, como de todo el proceso de la salvación, fue del Padre, a cuyo plan sirvieron de una manera u otra todos los actores del drama de la Cruz (Hech. 2:23; 4:27, 28). Ante la «copa» o «cáliz» donde se contenía el destino de muerte de Jesús, él, confortado por el Espíritu Santo, dijo el «sí» salvador: «*no se haga mi voluntad, sino la tuya*» (Lc. 22:42). «*En esa voluntad somos santificados...*» (He. 10:10).[76]

2. Los sufrimientos de Cristo en general.

En esta lección nos referimos a los sufrimientos de Jesucristo, no en cuanto a su carácter expiatorio,[77] sino en cuanto a que son parte de su estado de humillación. Por eso, tratamos también de los sufrimientos en general, y no sólo de los que le llevaron a la muerte expiatoria.

O. Cullmann[78] hace notar la importancia que a este respecto tienen textos como Heb. 2:17ss.; 4:15; 5:7ss. En efecto, Heb. 2:17, 18 arguye sobre la necesidad de que Cristo padeciese siendo tentado, para poder socorrer a todos los que somos tentados, ya que había de ser semejante a nosotros en todo, excepto el pecado (Heb. 4:15). Este último versículo añade que Jesús debía ser *tentado en todo según nuestra semejanza,* precisamente para poder *compadecerse* («sympathesai») *de nuestras debilidades.* En verdad, nadie puede genuinamente *compadecer* si no está dispuesto a *padecer con.* El hecho de que el pecado no le dañase, no quita un ápice de las tentaciones que Jesús sufrió. Su sufrimiento hubo de ser tanto mayor cuanto que a nadie le pudo resultar tan repulsivo el pecado como a él.

Hebreos 5:7-9 merece atención especial. Este lugar expresa, con una viveza muy superior a como lo hacen Mateo, Marcos y Lucas, lo que debieron de ser los sufrimientos de Jesús en Getsemaní. Se habla de *grandes gritos y llanto,* tanto más notables cuanto mayor era el control

---

76. V. O. Cullmann, *Cristología del Nuevo Testamento,* pp. 67-101.
77. V. lecciones 31.ª y ss.
78. *O. c.,* pp. 112-118. También L. Berkhof, *Systematic Theology,* pp. 336-338.

que de sí mismo poseía Jesús. «*Fue oído*» ¿en qué?; ¿en sus gritos por verse libre de la copa del dolor? No, sino en que se cumpliera el destino que el Padre le había asignado («hágase tu voluntad»). Así, el que era Hijo de Dios, Dios omnisciente, «*aprendió la obediencia*», porque Dios se la sabe «en teoría», pero sólo cuando, hecho hombre, hubo de obedecer hasta la muerte de cruz, aprendió experimentalmente lo que tal obediencia comportaba. Así quedó «*perfeccionado*»; es decir, hecho un genuino «Siervo Sufriente de Yahveh», un adecuado Sumo Sacerdote del Nuevo Pacto, un conveniente representante y sustituto nuestro (Heb. 7:26-28).

Así los sufrimientos de Jesús comenzaron con las tentaciones que padeció en el desierto de parte del diablo y tuvieron su culminación en la agonía de Getsemaní, donde el Maligno apretó de firme (comp. el «*se apartó de él por un tiempo*» de Lc. 4:13, con aquello de «*mas ésta es vuestra hora, y la potestad de las tinieblas*» de Lc. 22:53).

Y, entre estos dos puntos, ¡cuántos otros sufrimientos a lo largo de los tres años de su vida pública! Constante oposición por parte de los fariseos, ingratitud por parte de aquellos mismos a quienes curaba milagrosamente, la incomprensión y cobardía de los más íntimos, aquella soledad *radical* en su vida y en su muerte, perseguido a muerte desde el pesebre hasta la cruz, sin disfrutar jamás de comodidades y viviendo siempre de prestado...

3. Los sufrimientos de la Pasión.

Queremos referirnos de una manera especial a los sufrimientos de Jesús en su Pasión, precisamente porque fueron los más agudos y dolorosos, no sólo para su cuerpo sino también para su alma y espíritu.

A) *La Agonía en el Huerto.* Ya el vocablo griego «agonía» que usan los Evangelistas nos da la medida del sufrimiento, ya que dicho vocablo significa «lucha». En efecto, allí se libró la lucha en el centro mismo del ser humano de Jesús. En la cruz hubo *tortura,* pero no hubo *lucha,* porque la decisión final había sido ya tomada en el Huerto. Los evangelistas acumulan verbos para tratar de expresar de algún modo el sufrimiento de Jesús. Mateo 26:37 nos dice que «*comenzó a entristecerse* ("lypéisthai" = apenarse) *y a angustiarse en gran manera* ("ademonéin" = desazonarse por completo)». En el vers. siguiente, él mismo les dice a Pedro, Juan y Santiago: «*Mi alma está muy triste* "perílypos" = rodeada de tristeza por todas partes), *hasta la muerte*» (es decir, presa de una tristeza mortal). Marcos 14:33, 34 emplea casi las mismas palabras, pero usa el verbo «*ekthambéisthai*» = quedarse atónito de espanto, en vez del «*lypéisthai*» de Mateo. Lucas 22:44, por su parte, añade que, «*puesto en agonía, oraba con mayor intensidad; y se hizo su sudor como grandes gotas de sangre*» ("thrombói háimatos") *que caían sobre la tierra*».

Siempre ha sido un gran misterio este sudor de sangre de Jesús. Es curioso que sea el médico Lucas el único que da cuenta del mismo. En la actualidad los médicos admiten su posibilidad. Un eminente médico zaragozano decía que este sudor sólo pudo producirse «en la suprema agonía del Supremo Hacedor». Bliss hace notar[79] que «este fenómeno no consistió solamente en sudor ni solamente en sangre. Esto queda suprimido por la palabra como; lo primero, por el hecho de que habría muy poca fuerza en comparar al sudor con la sangre, con respecto meramente a su forma como de gotas, o en cuanto a su tamaño. Es el color también, causado por el filtrarse la sangre a través de la piel, coagulándose como tal, de modo que el sudor fue semejante a cuajarones de sangre (*thrombói*), no meramente GOTAS, rodando hasta el suelo». Y cita testimonio del propio Aristóteles de casos ocurridos en su tiempo.

Es muy de notar que Lucas refiere el sudor de sangre, no *antes,* sino *después* de la llegada del ángel para confortar a Jesús. Por donde vemos que este sudor singular fue efecto de una reacción tremenda, por la que la sangre que

79. *Comentario a Lucas,* p. 480, col. 1.ª.

se había retirado al corazón, como ocurre en todos los casos de pavor, al agudizarse el clímax de la agonía con la compensación del consuelo angélico, se vino en tremendo rebote hacia la periferia, haciendo saltar las plaquetas y colándose finalmente a través de la epidermis.

Tengamos en cuenta al meditar sobre los sufrimientos de Jesús en general, y especialmente sobre los sufrimientos de su Pasión, dos condiciones especiales de la naturaleza humana de Jesús que aumentaban en gran manera su capacidad de sufrimiento: *a*) la fina contextura de su sistema nervioso en un cuerpo perfecto, así como la pureza ética de todos sus sentimientos y el criterio rectísimo de su espíritu en cuanto al pecado, la rectitud, la santidad; *b*) el sentido de anticipación de la presciencia de Jesús, que le permitía degustar de antemano todo el dolor y la pena que se le venían encima. En su *Vida de Cristo*, el obispo católico de Rochester (U.S.A.), Fulton Sheen, observa que lo que da una especial fuerza existencial al dolor humano en comparación con el dolor del animal bruto, es que el hombre vive el dolor durante todo el tiempo de su sufrimiento sin solución de continuidad, añadiendo el dolor del instante de ahora al dolor del instante anterior, etc., mientras que el animal bruto sufre el dolor en instantes sucesivos, ya que su consciencia animal carece de síntesis mental y, por eso, vive el dolor en momentos separados psíquicamente; pero el alma de Jesús añadía a sus sufrimientos una tercera dimensión, puesto que no sólo añadía el dolor de *ahora* al dolor de *antes*, sino —lo que es más terrible— al dolor de *después*, ya que su consciencia abarcaba el futuro hasta regustar de antemano el gozo o el dolor que le esperaban en el porvenir.

B) *La flagelación*. Otro de los tormentos más crueles que sufrió Jesús fue la flagelación, junto con la coronación de espinas. Los azotes, especialmente cuando las correas o varas estaban rematadas por pinchos metálicos, era un tormento tan doloroso y cruento que, a veces, el reo caía desvanecido sobre el tremendo charco de su propia sangre. Por otra parte, la corona de espinas, que en realidad no era una mera *corona,* sino un capacete de zarzas entretejidas, se le hincaba por la fuerza de los golpes que le propinaban hasta hacerle sangrar por docenas de heridas y cubrir de aquella sangre todo su rostro. El número de los azotes era de 39, pero la tradición refiere que, en el caso de Jesús, no se atuvieron a medidas jurídicas, sino que sobrepasaron con mucho dicho número. ¡Cómo estaría el rostro y la figura de Jesús cuando Pilato le sacó al balcón del pretorio y dijo a la muchedumbre: «¡Mirad al hombre!» (Jn. 19:5). El sentido obvio de esta frase es: «Ahora ya estaréis satisfechos, porque está tan malparado que ni figura de hombre le queda.»

C) *Los insultos.* Aparte de los muchos insultos que recibió durante todo su ministerio público, en que fue tratado de «comilón y bebedor, amigo de pecadores y prostitutas», samaritano, poseído del demonio; incluso, quizá, como hijo ilegítimo, etc., y además de las burlas de los soldados, etc., podemos notar que Jesús fue acusado de *blasfemo* ante el tribunal religioso, de *loco* ante el tribunal del arte y del placer, y de *sedicioso* ante el tribunal político. No hubo baldón que no se le lanzara ni calumnia que sobre él no se profiriera.

D) *La soledad radical de Jesús.* Durante todo su ministerio público hubo de soportar Jesús, por una parte, la hostilidad sin tregua ni cuartel de sus enemigos, y por otra parte la estupidez e ignorancia supina de sus discípulos más íntimos, pescadores en su mayor parte, sin letras y tardos de entendederas. ¡Cuán solo debió de sentirse Jesús en tal compañía! Pero la soledad de Jesús se convirtió en una soledad absoluta cuando fue alzado en el árbol de la Cruz. Quedó radicalmente solo y totalmente desprovisto de todo. Desnudo del todo, sin el paño con que pudorosas manos lo cubren en imágenes y estampas, allí en la Cruz regaló las tres grandes cosas que le quedaban: su perdón, a los verdugos; su reino, a un ladrón; y su madre, a un discípulo. Desamparado por el Padre, quedó suspendido en el aire, como si el Cielo y la Tierra lo vomitaran a un mismo tiempo. ¡Había sido hecho *pecado!* (2 Cor. 5:21). ¡Y estaba pagando su merecido! ¿Ha habido alguien jamás que pudiese sentirse tan solo y tan desnudo o, lo que es peor, tan mal vestido? Pero por esa soledad, por ese desamparo, por esa ignominiosa desnudez, todo aquel que en él cree no podrá ya sentirse jamás solo del todo, ni desamparado, ni desnudo: *«Estos que están vestidos de ropas blancas, ¿quiénes son, y de dónde han venido?... Y él me dijo: Éstos son los que han salido de la gran tribulación, y han lavado sus ropas, y las han emblanquecido en la sangre del Cordero»* (Apoc. 7:13, 14).

4. El tormento de la crucifixión.

La crucifixión, por los testimonios que han llegado hasta nosotros, era el más horrible de los tormentos. La agonía en cruz duraba a veces varios días. Aun cuando el cuerpo descansase a medias en un pequeño saliente a guisa de asiento, el centro de gravedad del cuerpo lanzaba a éste hacia fuera, produciendo un tremendo desgarro en las fibras musculares y en los tendones de las manos y de los pies. Parece probable que los clavos fueron hincados, no precisamente en medio de las palmas de las manos y de las plantas de los pies, puesto que desde allí habrían desgarrado del todo las manos y los pies, sino en el arranque mismo de la muñeca y de la planta, donde podrían ser retenidos por la muralla que forman, respectivamente, los huesos del carpo y del tarso.

En el caso de Jesús, los tormentos más crueles no fueron los físicos, sino los del alma, que le llevaron a exhalar, primeramente el grito que los evangelistas expresan en el lenguaje original en que fue pronunciado, y luego en griego, y que, traducido literalmente, dice: *«¡Dios mío, Dios mío! ¿Para qué me desamparaste?»* En efecto, tanto Mt. 27:46 como Mc. 15:34 emplean una expresión (Mateo, *«ina ti»*; Marcos, *«eis ti»*) que significa *«¿para qué?»*, no *«¿por* qué?». Parecerá a algunos que la diferencia no es importante. Pienso que sí. Jesús no pide explicaciones, sino que demanda objetivos. No es un rebelde, sino un Salvador. El otro grito que le sigue es *«¡Tengo sed!»*. Es cierto que Jesús padecería sed física a causa de la tremenda deshidratación producida por la grande y rápida hemorragia, pero es curioso que, al alargarle la bebida, la probase (era amarga) pero no la bebiese (le hubiese anestesiado algún tanto). Ya Agustín, de acuerdo con sus interpretaciones alegóricas de la Escritura, explicaba la sed de Jesús en la Cruz diciendo que era una sed de almas: *«Sitit sitiri»*= =«tiene sed de que se tenga sed de él». Ahora bien, cuando uno se percata de que Jesucristo era nuestro sustituto en la Cruz, y de que los tormentos del Infierno son el desamparo de Dios (Mt. 25:41: «Apartaos de mí, malditos...») y una sed irrestañable (Lc. 16:24: «... envía a Lázaro para que moje la punta de su dedo en agua, y refresque mi lengua»), aparece claro que tanto el grito de desamparo como el de la sed tenían un carácter sustitutorio: CRISTO PADECIÓ DE ALGÚN MODO EL INFIERNO POR NOSOTROS. No cuantitativamente, pero sí cualitativamente.

¿Tenía tanta importancia el que Jesús muriese crucificado, y no de otro modo? En último término, la forma de su muerte dependía de la voluntad de Dios, pero esta voluntad estaba definida desde profecías pronunciadas mil años antes, puesto que el salmo davídico 22:16 ya anuncia de él: «Horadaron mis manos y mis pies», mientras que el Sal. 34:20 anuncia igualmente que no sería quebrantado ningún hueso suyo (así lo confirma Jn. 19:36). Por cierto tenemos aquí un argumento contundente de la inerrancia de la Biblia y del exacto cumplimiento de las profecías acerca de Jesús, ya que sólo unos pocos, muy pocos, años antes les había sido quitado a los judíos la facultad de ejecutar la pena capital (V. Jn. 18:31, 32). Ahora bien, el modo de ejecutar los judíos la pena capital no era por crucifixión, sino por *lapidación*, con lo que la profecía de no quebrarle ningún hueso habría quedado sin cumplimiento. Por otra parte, los romanos ignoraban esta profecía que, desde luego, les hubiese traído sin cuidado. Por tanto, Dios mismo dispuso el curso de los acontecimientos de tal manera que los romanos impusiesen su ley justamente en el tiempo en que se iba a cumplir lo predicho en los salmos 22 y 24.

Pablo enfatiza con fuerza la muerte en cruz del Salvador (V. 1 Cor. 1:17, 18, 23; 2:2; etc.). En Flp. 2:8 hace notar que Cristo se hizo obediente *«hasta la muerte, Y MUERTE EN CRUZ»*. Y en Gál. 3:13 añade que *«Cristo nos redimió de la maldición de la ley, hecho por nosotros maldición, porque está escrito: MALDITO TODO EL QUE ES COLGADO EN UN MADERO»*. Ahora bien, la cita de Deut. 21:23 no se refiere a una crucifixión, sino a la ignominia añadida a un criminal colgándole de un madero para exponerlo a la pública vergüenza tras haberlo lapidado y para que, de esta manera, ni la tierra quedase contaminada con el cuerpo hasta el momento en que el cadáver recibiese sepultura, lo cual debía realizarse antes de la puesta del sol.

Si se analiza el ancestral simbolismo de la cruz (†) a la luz de Ef. 2:16 y Col. 2:14, vemos que la cruz es una contradicción; lo que es cruzado es contradicho y borrado; cruzamos las palabras o frases que queremos borrar. Si nos percatamos de que la Ley de Dios es una indicación de la voluntad divina, fácilmente detectaremos en ella como una línea o palo vertical que viene de arriba. El pecado es como el palo horizontal con que la voluntad humana *cruza*, intentando borrarla, la voluntad divina. Esta contradicción de Dios efectuada por el hombre, debe a su vez ser borrada si el hombre ha de volver a una correcta relación con Dios, es decir, a quedar justificado ante su Juez. Pero el hombre es pecador, indigno, limitado; sus obras no pueden resarcir el daño hecho. Es entonces cuando nuestro Sumo Sacerdote, «santo, inocente, sin mancha, apartado de los pecadores, y hecho más sublime que los cielos» (Heb. 7:26) mata a la muerte muriendo (V. 1 Cor. 15:54-56) y borra la contradicción al ser crucificado y formar con sus brazos otra cruz que abroga la contradicción que nuestra voluntad pecadora había superpuesto sobre la voluntad de Dios. Es así como resplandece la crucifixión de Jesús como el *acto judicial* de Dios sobre el pecado (2 Cor. 5:19-21).

5. Muerte y sepultura de Jesús.

Si el Cristianismo como vivencia se funda en la confesión y profesión íntimas de que Jesús es el Cristo, el Hijo del Dios viviente (Mt. 16:16, 18; Hech. 4:12; 1 Cor. 3:11), la firmeza de nuestra fe se asienta en que Jesús fue muerto según las Escrituras y que resucitó según las Escrituras (1 Cor. 15). De ahí que todos los que han pretendido lanzar contra el Cristianismo un ataque frontal han negado su muerte en cruz o su resurrección.

¿Murió Jesús a causa de la crucifixión? Para nosotros los creyentes, con el Nuevo Testamento abierto, no hay duda de que Jesús murió en la Cruz. Los no creyentes (incluidos los teólogos modernistas) suelen admitir su muerte, aunque niegan su resurrección corporal. Pero nunca han faltado quienes han negado que Jesús muriese en la Cruz. Ésta es una teoría que siempre ha privado en los círculos gnósticos, teosóficos, etc. Aunque dando distintas versiones hipotéticas, he leído varios libros recientes en este sentido, como *Jesús, el esenio; Vida de Yehosua Ben-Pandira* y, con la tinta casi fresca en el momento en que escribo esto (diciembre de 1976), acaba de salir el libro de Andreas Faber-Kaiser *Jesús vivió y murió en Cachemira*.[80] Según este autor, Cristo no murió en la Cruz, sino que fue descolgado oportunamente, curado convenientemente de sus heridas y escondido por algún tiempo, marchando después a Cachemira (donde, según el autor, ya había pasado bastante tiempo entre los 12 y los 29 años de edad). Allí —dice— predicó a las tribus de la disper-

---

80. Publicado por A.T.E. en Barcelona en septiembre de 1976. (Existe una refutación de este mentiroso libro, escrita por Juan Barceló y publicada por CLIE.)

sión de Israel, se casó, murió y está enterrado, siendo su sepultura objeto de devoción. Allí vive un tal Basharat Saleem, autotitulado «descendiente de Jesús por vía directa». Todo el libro es un conglomerado de hipótesis totalmente imaginarias, con las que se pretende llenar las supuestas «lagunas» que, según el autor, presentan los relatos evangélicos. Una cosa es cierta: el autor desconoce por completo el sentido de los textos originales. Así, interpreta Mt. 27:46 haciéndole decir lo contrario («Dios mío, Dios mío, *no* me has abandonado»);[81] Heb. 5:7, como si indicase que Dios salvó a Jesús de la muerte, no dejándole morir en cruz, como respuesta a su oración;[82] Mc. 15:44, como si la extrañeza de Pilato supusiera que no podía ser que Jesús hubiese muerto,[83] y así sucesivamente.

El relato evangélico certifica claramente la muerte de Jesús en la Cruz. Mateo 27:50 nos asegura que Jesús, «tras gritar con gran voz, despidió el espíritu», frase que denota la voluntariedad de la muerte, según lo muestra más explícitamente Jn. 19:30 al decir: «tras inclinar la cabeza, entregó el espíritu», ya que a los demás hombres les ocurre exactamente al revés cuando mueren: tras entregar el espíritu, inclinan la cabeza; en cambio, Jesús inclinó de antemano la cabeza, como dando permiso a la muerte para que hiciese presa en él. Marcos 15:37 y Lc. 23:46 se limitan a decir que Jesús, después de dar una gran voz, *expiró* (*exépneusen*). Por su parte, Pablo hizo de la muerte de Jesús, uno de los grandes hechos fundamentales de su mensaje (V. Rom. 5:6, 8, 10; 14:9, 15; 1 Cor. 8:11; 15:3; 2 Cor.

---

81. Pp. 30-31.
82. P. 63. La oración de Cristo fue contestada de dos maneras, sin impedir que muriese: *a*) cumpliéndose la voluntad del Padre («*no se haga mi voluntad, sino la tuya*»), lo que, al fin y al cabo, había de proporcionar a Jesús satisfacción plena, tras la aflicción (V. Is. 53:11; Flp. 2:9-11; Heb. 12:2); *b*) salvándole de la muerte, en el sentido de no permitir su corrupción en el sepulcro (V. Hech. 2:24ss.). Nótese que el original de Heb. 5:7 no dice *«apó thanatu»* (librado de la muerte), sino *«ek thanatu»* (sacado de la muerte).
83. P. 65.

5:14; Gál. 2:21; Col. 2:20; 1 Tes. 4:14; 5:10; 2 Tim. 2:11, entre otros). Apocalipsis 1:18, comp. con 5:6, nos presenta a Jesús resucitado, pero con las señales de la muerte impresa para siempre.

Así estaba profetizado: Jesús había de morir, no en un lecho, sino a mano airada, *y sin dejar descendencia física*, pues ya anunció Isaías: «*Por cárcel y por juicio FUE QUITADO; Y SU GENERACIÓN ¿QUIÉN LA CONTARÁ? Porque FUE CORTADO DE LA TIERRA DE LOS VIVIENTES*» (Is. 53:8). Es cierto que, una vez muerto, habría de resucitar y *ver linaje* espiritual y vivir por largos días, es decir, eternamente (vers. 10). Precisamente porque ya estaba profetizado, Jesús hubo de anunciar a sus apóstoles, con gran escándalo de Pedro, que «*le era necesario ir a Jerusalén y padecer... Y SER MUERTO*» (Mt. 16:21 y pasajes paralelos).

Tenemos además los siguientes detalles: los verdugos quebraron a los dos ladrones las piernas para acelerarles la muerte antes de la puesta del sol: ¿no se cerciorarían de que Jesús estaba bien muerto? Para más seguridad, el centurión le abrió el costado, del que salió «sangre y agua», es decir, cuajarones y suero (muerte cierta). Y si algún resto de vida no aparente hubiese quedado, ¿no habría sido suficiente para acabar de matarlo, no para reconfortarlo, el modo de amortajar que tenían los judíos? Finalmente, ¿se habrían quedado tranquilos sus enconados enemigos, si no hubiesen estado completamente seguros de que había muerto? No estaban preocupados porque se pudiese recuperar, sino porque pudiesen los discípulos robar el cadáver y decir que había resucitado (V. Mt. 27:62-66). ¿Podrá acaso imaginarse que los principales sacerdotes y los fariseos se equivocaron de tumba?

6.   ¿Era necesario que Cristo muriese en la Cruz?

A esta pregunta respondemos resueltamente que sí, y por dos razones: 1.ª, porque la muerte de Jesús tenía un carácter judicial y sustitutorio y, por tanto, debía *ser cortado* del mundo de los vivientes de forma que pagase como un criminal la sanción debida al pecado de la humanidad. En efecto, el pecado es la *muerte* en su sentido primordial (V. Gén. 2:16, 17), en lo más íntimo del ser humano, de tal modo que la muerte física no es más que la consecuencia de la muerte espiritual (Rom. 5:12). Como Cristo había cargado con el reato del pecado (2 Co. 5:21), debía morir como un criminal; 2.ª, porque la muerte de Cristo era exigida en razón de sacrificio expiatorio por los pecados de la humanidad; más aún, por ser todo él «propiciación» (*«hilasmós»* —1 Jn. 2:2) por nuestros pecados, su sacrificio tuvo carácter de «holocausto»; de ahí que tuviese que morir *fuera de la puerta* de la ciudad (Heb. 13:11-13). Ahora bien, el cuerpo de Cristo no fue *quemado;* ¿en qué sentido, pues, fue quemado, ya que «holocausto» significa «quemado del todo»? Sencillamente, en el sentido de que fue derramada *toda su sangre,* ya que, siendo la sangre el vehículo y el símbolo de la vida, si no hubiese entregado toda su sangre no habría entregado toda su vida, y su sacrificio no habría sido, entonces, perfecto. El derramamiento *total* de su sangre y la entrega *total* de su vida estaban, así, necesariamente conectados.

CUESTIONARIO:

1. ¿De quién partió la iniciativa de los sufrimientos de Jesús? — 2. ¿Por qué era necesario que Jesús participase de nuestra debilidad, de nuestras tentaciones y de nuestros sufrimientos? — 3. Análisis de Heb. 5:7-9. — 4. Significado de los verbos que expresan el estado de ánimo de Jesús en Getsemaní. — 5. ¿Cómo se explica el sudor de sangre de Jesús? — 6. ¿Qué peculiaridades aumentaban la capacidad de sufrimiento de Jesús? — 7. Sentido de la frase de Pilato en Jn. 19:5. — 8. ¿Con qué insultos fue denostado Jesús? — 9. ¿Qué tuvo de peculiar la soledad que sufrió? — 10. ¿Qué hacía de la crucifixión un tormento tan horrible? — 11. ¿En qué frases expresó Jesús desde la Cruz el sentido sustitutorio de su muerte? — 12. ¿Cómo confirma la crucifixión la verdad de las profecías acerca de su muerte? — 13. ¿Qué importancia tiene la cita de Deut. 21:23 en Gál. 3:13? — 14. Detalles que añade el simbolismo de la Cruz. — 15. ¿Cómo se prueba que Jesús murió realmente? — 16. ¿Qué luz arroja sobre esto Is. 53:8? — 17. Otros detalles que confirman la muerte de Jesús. — 18. ¿Por qué era necesario que Cristo muriese derramando toda su sangre?

LECCIÓN 24.ª DESCENSO DE JESÚS AL HADES

1. La profesión de fe de la Iglesia.

Como adición al Símbolo Apostólico, aparece por primera vez en el año 390 la frase «*descendit in inferna*» = descendió a los infiernos (o: descendió a las partes inferiores), que en griego aparece como descenso al Hades (o también, conforme hemos dicho, a las partes inferiores de la tierra; en griego, «*katachthonta*»). En algunas de las formulaciones de dicho Credo la frase «descendió, etc.» sustituía a la de «fue sepultado», mientras que en otras formulaciones aparece la frase «fue sepultado», pero no aparece la de «descendió, etc.». Más tarde, la Iglesia de Roma incluyó en el Credo las dos frases juntas: «fue sepultado, descendió, etc.».

2. ¿Qué significa la frase "descendió a los infiernos"?

La frase aludida fue adquiriendo diversas interpretaciones a lo largo de los siglos. La Iglesia de Roma ha venido enseñando que el alma de Jesucristo bajó, después de su muerte, al *Limbo de los Justos* o *Seno de Abraham*, donde estaban los santos del Antiguo Testamento esperando la obra de la Redención. Allí les dio la Buena Nueva de la Redención cumplida, les confortó y se los llevó al Cielo para comenzar desde entonces a disfrutar de la visión beatífica de la esencia divina.

Tomás de Aquino dedica a este tema toda la cuestión 52.ª de la III Parte de la *Summa Theologica,* dividiendo la materia en ocho artículos. En el 1.º dice, tras citar a favor Ef. 4:9, que era conveniente que Cristo bajase a los infiernos, por tres razones: *a)* porque había venido a llevar nuestras penas por el pecado, entre las que se encontraba la bajada a los infiernos, y cita Is. 53:4 y Os. 13:14; *b)* porque, habiendo vencido al diablo en la Cruz, convenía que le arrebatase los cautivos que apresaba en el infierno, y cita Zac. 9:11 y Col. 2:15; *c)* para mostrar su poder no sólo en la tierra viviendo y muriendo, sino también en los infiernos visitándolos e iluminándolos, y cita Sal. 23:7, 9 y Flp. 2:10. Por las citas puede verse la solidez bíblica del Aquinato. Dedica Tomás el artículo 2.º a demostrar que el alma de Cristo no bajó al infierno de los condenados; el 3.º, a la cuestión bizantina de si bajó entero o no; el 4.º, a defender que el alma de Cristo estuvo en los infiernos el mismo tiempo que su cuerpo permaneció en el sepulcro. Por fin, en el artículo 5.º defiende que descendió a los infiernos para liberar a los «santos Padres», y vuelve a citar Zac. 9:11 y Col. 2:15. Dedica los tres artículos restantes a defender que Cristo no bajó a liberar a ningún condenado del Infierno, ni a los niños que habían muerto con el pecado original (muertos antes del uso de razón, sin haber recibido el bautismo), ni a las almas del Purgatorio.

El *Catecismo del Concilio de Trento*[84] repite las enseñanzas de la *Summa Theologica,* citas incluidas. En un reciente Catecismo, bajo el título de *Exposición de la Fe Cristiana,* el actual obispo de Jaén, Miguel Peinado, dice lo siguiente:

> «Desde el momento de expirar hasta la resurrección gloriosa, Jesús *estuvo muerto.* Había abrazado el destino del hombre pecador con todas sus consecuencias. Como cualquiera de los mortales, ha pertenecido al *mundo de los muertos.*

---

84. Parte I, art. 5.º.

»Fundamentalmente, es esto lo que expresamos los creyentes al decir que Jesucristo *descendió a los infiernos*. Aquí la palabra "infiernos" no significa otra cosa que la morada bíblica de los muertos, sin especificar el estado definitivo de cada uno de ellos. »3. Comentando cierto pasaje de un salmo (Sal. 68:19), escribe San Pablo: "Qué quiere decir 'subió', sino que antes bajó a las regiones inferiores de la tierra? Este que bajó es el mismo que subió por encima de todos los cielos para llenarlo todo" (Ef. 4: 9-10). La *ascensión del Señor* fue precedida por su 'bajada'.»[85]

La Iglesia Anglicana, en su tercer artículo de religión, profesa lo siguiente: «Así como Cristo murió por nosotros y fue sepultado, así también hay que creer que descendió a los infiernos ("ad inferos").» El Prof. Griffith Thomas comenta el significado del Hades diciendo que «nunca se habla del Hades como de una morada permanente de los justos. Es más bien un lugar de lobreguez, en el que los justos están en constante expectación de ser trasladados a la claridad de los cielos (Sal. 16:10; 49:15). Y es significativo que, tras la triunfal resurrección de Cristo, el Hades parece desaparecer del horizonte del creyente, y ya no se usa para describir el lugar del alma de un creyente después de la muerte de Cristo».[86] Más adelante dicho autor pasa revista a los diferentes pasajes bíblicos que suelen citarse, diciendo que el único texto bíblico claro sobre este tema es Hech. 2:27-31.

La *Confesión de Fe de Westminster*, en su cap. VIII, párr. IV, se limita a decir: «fue sepultado y permaneció bajo el poder de la muerte, aunque no conoció la corrupción», y cita Hech. 2:23, 24, 27; 13:37; Rom. 6:9. Por su

---

85. Publicado en Madrid por la B.A.C. en noviembre de 1975, pp. 209-210. (Los subrayados son suyos.)
86. *The Principles of Theology* (London, Church Book Room Press, 1956), p. 66.

parte, el *Catecismo de Heidelberg,* respondiendo a la pregunta 44.ª: «*¿Por qué sigue: "descendió a los infiernos"?*», dice: «A fin de que, en mis mayores tentaciones, yo tenga la certeza de que Cristo, mi Señor, mediante su angustia indecible, los sufrimientos y los horrores padecidos también en su alma, estando en la cruz y antes, me ha redimido de la angustia y del tormento infernales.»

3. ¿Qué luz puede darnos la Palabra de Dios acerca de este tema?

Comencemos por decir que, después de su muerte y hasta el momento de la resurrección, el alma de Jesucristo estuvo separada de su cuerpo, ya que en esto consiste el estado de muerte física. Sabemos que el cuerpo fue depositado en el sepulcro. ¿Fue su alma al *Sheol* o *Hades*? Debemos asentar que el *Sheol* o *Hades* no designa propiamente un *lugar,* sino un *estado* o una *condición* de los espíritus desencarnados.[87] Ahora bien, sabemos por Lc. 23:46 que Cristo, al morir, puso su espíritu en las manos del Padre. Por lo tanto, su condición no fue la propia del Sheol o Hades, sino la misma que Pablo anhelaba en 2 Cor. 5:8: «*pero confiamos, y más quisiéramos estar ausentes del cuerpo, y presentes al Señor*», donde obviamente no se refiere a la resurrección, sino al estado intermedio entre la muerte y la resurrección.

Siendo esto así, podemos estar de acuerdo con L. Berkhof cuando afirma que la Escritura no enseña en parte alguna un descenso literal de Cristo a los infiernos; más aún —dice—, hay serias objeciones contra este punto de vista. La primera es que, permaneciendo el cuerpo en el sepulcro, sólo la mitad de su naturaleza humana hubiese participado de este estado de humillación (o de exaltación); la segunda es que, hasta que no hubo resucitado de entre los muertos, no había lugar a la marcha triunfal con los liberados, de la que hablan los luteranos; la tercera

---

87. V. J. Grau, *Escatología,* pp. 407ss.

es que, al morir, Cristo encomendó su espíritu al Padre, con lo que se nos insinúa que, hasta el momento de la resurrección, estuvo pasivo más bien que activo durante dicho lapso de tiempo. Berkhof termina diciendo: «Para resumir, parece ser que lo mejor es combinar dos conceptos: a) que Cristo sufrió los dolores del Infierno antes de su muerte, en Getsemaní y en la Cruz; y b) que sufrió la más profunda humillación en el estado de muerte.»[88]

4. Análisis de los lugares bíblicos que suelen citarse.

Los pasajes bíblicos que suelen citarse en favor del descenso literal del alma de Jesús a los infiernos son los siguientes:

A) *Salmo 16:8-10* (comp. con Hech. 2:25-27, 30, 31), especialmente el vers. 10, que dice así: «*Porque no dejarás mi alma en el Sheol, ni permitirás que tu santo vea corrupción.*» Este versículo fue citado por Pedro en el discurso de Pentecostés para referirlo a Cristo. En él se habla del alma («*nephesh*», en hebreo) que está en el *Sheol* o *Hades,* puesto que se dice que no fue dejada en él. Sin embargo, hemos de notar que dicha cita, así como la de Pablo en Hech. 13:34, 35, tiene por objetivo primordial demostrar la *resurrección* de Jesús. La idea expresada es simplemente que Jesús no iba a ser dejado bajo el poder de la muerte. Téngase en cuenta que el vocablo hebreo «*nephesh*», en este caso como en otros, equivale a la persona («mi alma»= =«yo»), y que el *Sheol,* como hemos dicho anteriormente, representa un estado o condición de los espíritus desencarnados, más bien que un lugar.

B) *Efesios 4:9:* «*Y eso de que subió, ¿qué es, sino que también había descendido primero a las partes más bajas de la tierra?*» Respecto a este pasaje, Berkhof está, sin duda, en lo cierto al afirmar que la mayoría de los comentaristas interpretan la última frase como refiriéndose a la Encarnación, que es lo opuesto a la Ascensión

(V. Jn. 3:13).[89] Quizás este concepto puede iluminarse
todavía un poco más si se compara con Flp. 2:7, 8, donde
vemos que la humillación del Señor consiste, no sólo en
«vaciarse a sí mismo» («ekénosen heautón»), sino en empequeñecerse de tal modo («etapéinosen heautón»), que se
hizo obediente como un esclavito hasta la muerte (los amos
eran dueños de hacienda y vida del esclavo), y muerte
de cruz. Aquí está, sin duda, «la parte más baja de la
tierra».

C) *1 Pedro 3:18, 19: «siendo a la verdad muerto en
la carne, pero vivificado en espíritu, en el cual también
fue y predicó a los espíritus encarcelados».* Estos versículos, juntamente con el contexto posterior, forman uno de los
pasajes más difíciles de interpretar de toda la Biblia.
Alan M. Stibbs, en su comentario a la 1 de Pedro,[90] piensa
acertadamente que la palabra «espíritu» no se refiere, aquí,
al Espíritu Santo, sino al propio espíritu humano de Cristo.
En efecto, así lo exige la simetría de los dos miembros en
el original. «Vivificado» quiere decir que, en vez de entrar
en el estado sombrío del Hades, el espíritu de Cristo entró en un estado de vida más plena y libre (comp. con
1 Cor. 15:45). Sin embargo, el contexto posterior ofrece
tales dificultades, que nos vemos obligados a apartarnos
de Stibbs, el cual piensa que el espíritu de Cristo no sólo
fue al Hades, sino que allí fue a proclamar ante los demonios el mensaje de triunfo definitivo sobre el mal, lo cual
era «malas noticias para los malos espíritus». Nos parece
mucho más acertada la interpretación que en el Comentario Bíblico Moody al Nuevo Testamento nos da Stephen
W. Paine.[91]

A la luz del contexto posterior, vemos que estos «espíritus encarcelados» son los hombres malvados que, en los
días de Noé, fueron incrédulos al castigo que se avecina-
ba. No puede tratarse de los demonios, pues a ellos no se

---

89. V. Berkhof, *o. c.*, p. 341.
90. London, The Tyndale Press, 1959, pp. 141ss.
91. Publicado por la Editorial Moody de Chicago en 1971, p. 493.

refieren los primeros versículos de Gén. 6. Contra lo que Stibbs y E. G. Selwyn puedan opinar, los judíos no admiten que allí se trate de los demonios, como puede verse en el comentario que a este lugar (Gén. 6:1ss.) hace el competente rabino Hertz en su comentario al Pentateuco. El original de 1 Ped. 3:19 usa el verbo «kerysso» = pregonar o proclamar, con lo que se evita el verbo «euangelidso» = = predicar la Buena Nueva; no puede admitirse de manera alguna que Cristo fuese a ofrecer una segunda oportunidad de salvación a los incrédulos anteriores al Diluvio. Tampoco fue allí para condenar o ampliar el anuncio de condenación, puesto que «kerysso» jamás recibe tal acepción; ¿cómo, pues, y cuándo realizó el espíritu de Cristo tal proclamación? Estamos de acuerdo con Berkhof, Owen, Scott, Paine y muchos otros teólogos e intérpretes en que Cristo estuvo en realidad proclamando esto, e incluso predicándolo, en los días del Diluvio por medio del Espíritu Santo, que reconvenía a los incrédulos por mediación de Noé, pero soy de opinión que el presente versículo se refiere a algo que tiene lugar durante el llamado «misterio pascual». Entonces, dando de lado a la improbable interpretación de un descenso literal del espíritu de Cristo al Hades y sosteniendo, por otra parte, que la palabra «espíritu» se refiere al espíritu humano de Cristo en los versículos 18 y 19, más bien que al Espíritu Santo (disentimos aquí de los autores últimamente citados), dicha proclamación sería algo implícito en el triunfo de su resurrección y posterior ascensión a los cielos, como se ve por el versículo 22, que reanuda el tema tras el paréntesis de los vers. 20 y 21, y empalma con el concepto expresado por Pablo en Ef. 4:8: «subiendo a lo alto, llevó cautiva la cautividad, y dio dones a los hombres».

D) *1 Pedro 4:4-6,* especialmente el vers. 6, que dice así: «*Porque por esto también ha sido predicado el evangelio a los muertos, para que sean juzgados en carne según los hombres, pero vivan en espíritu según Dios.*» Se trata de otro pasaje difícil. Yerran quienes piensan que este lugar es paralelo o semejante a 3:18, 19, y parece mentira que Berkhof se haya dejado llevar por las apariencias. El contexto es muy distinto. Hay una frase que arroja mucha luz, y es que el resultado del Evangelio que fue predicado a estos ahora «muertos», cuando vivían en este mundo, es el que ahora «vivan en espíritu según Dios». Luego son salvos. Owen, Scott, Paine, opinan que se refiere a la condenación que los buenos testigos de Cristo reciben de parte de los impíos, hasta hacer de ellos «mártires» en el sentido corriente de esta palabra: creyentes que dan su vida por Cristo. Stibbs cree que se trata del *juicio* que, como pecadores humanos, los creyentes también sufren muriendo. Me permito opinar —comp. con 1 Cor. 11:30-32— que más bien se refiere a quienes sufren tribulaciones y aun muerte prematura, siendo juzgados por los hombres como quienes son castigados por Dios (lo cual es cierto, con tal que por «castigo» entendamos «disciplina»), pero cuya salvación está asegurada por haber sido genuinamente creyentes.[92]

---

92. La interpretación que acabamos de dar a estos dos últimos pasajes de la primera Epístola de Pedro la ofrecemos sin dogmatismos, abiertos a toda sugerencia y dispuestos a rectificar si se ofrecen razones más poderosas en contra.

CUESTIONARIO:

1. *Distintas formulaciones de la profesión de fe de la Iglesia en el descenso de Cristo al Hades.* — 2. *¿Qué enseña la Iglesia de Roma sobre el llamado «Limbo de los Justos»?* — 3. *¿Cómo expone Tomás de Aquino el tema de la presente lección?* — 4. *Formulaciones de los Artículos de Religión de la Iglesia de Inglaterra, de la Confesión de Fe de Westminster y del Catecismo de Heidelberg.* — 5. *¿Qué es, en realidad, el «Sheol» o «Hades»?* — 6. *¿Qué objeciones pueden oponerse al descenso literal de Jesús al Hades?* — 7. *¿Da pie Hech. 2:25ss. para creer en tal descenso literal?* — 8. *¿Qué se entiende, en Ef. 4:9, por «las partes más bajas de la tierra»?* — 9. *¿En qué forma y a qué «espíritus encarcelados» predicó Cristo, de acuerdo con 1 Ped. 3:19?* — 10. *¿Quiénes son los «muertos» de 1 Ped. 4:6, y para qué o con qué resultado les fue predicado el evangelio?*

LECCIÓN 25.ª   LA EXALTACIÓN DEL HIJO DE DIOS

1. El sujeto de la exaltación.

Después de leer el epígrafe de la lección, parecería superfluo preguntar cuál es el sujeto de la exaltación del Hijo de Dios, si no fuera por la polémica entre luteranos y calvinistas sobre este punto (igual que sobre la humillación del Hijo de Dios). Consecuentes con su larvado monofisismo, los luteranos, entre los que se cuenta A. H. Strong, niegan que sea el Verbo o Hijo de Dios el sujeto directo de la exaltación, y sostienen que el sujeto, tanto de la humillación como de la exaltación, es la naturaleza humana de Jesucristo.

Los Reformados, por su parte, sostienen correctamente que el sujeto de la exaltación, lo mismo que de la humillación, es el Verbo o Hijo de Dios, aunque, por supuesto, no en su naturaleza divina, sino en su naturaleza humana.

2. Naturaleza de la exaltación del Hijo de Dios.

Siguiendo el camino inverso de la humillación, nos encontramos aquí con las mismas distintas posiciones indicadas en el primer punto de la presente lección. Los luteranos afirman que la exaltación de Cristo consistió en reasumir el ejercicio pleno de los atributos divinos que le correspondía por el hecho mismo de la Encarnación, pero que había dejado a un lado al renunciar a su gloria y empequeñecerse en la forma de esclavo. En cambio, los

Reformados aseguran que Cristo, en su exaltación, dejó de estar bajo la Ley para pasar a un estado de soberanía total, con la posesión de las bendiciones salvíficas que había ganado por la humannidad ya redimida, y su coronación a la diestra de Dios en honor y gloria.

Aquí es donde brilla en todo su esplendor, como hace notar E. Kevan,[93] el estupendo destino de nuestro Salvador. Un destino que ya había sido profetizado en Is. 53:10-12 y que es detallado en Ef. 4:10; Col. 1:15-19; Heb. 12:2, entre otros lugares. La Trina Deidad, que había acordado la más tremenda humillación de este Hombre con mayúscula, hasta hacerle el sustituto de toda la humanidad en el descargo de la justicia divina por nuestros pecados, le ha elevado también a la más alta posición que pueda concebirse. Y toda esa gloria, todo ese honor ,todo ese dominio, es compartido por cada uno de los verdaderos creyentes, de acuerdo con Rom. 6 y 8 y con Ef. 2. También el hombre caído halla en Cristo su máxima exaltación, predestinado a ser totalmente semejante al Hijo de Dios (Rom. 8:29; 1 Jn. 3:2).

3. Fases de la exaltación.

Las fases de la exaltación vienen a ser cinco, aunque Berkhof las reduce a cuatro al suprimir la quinta que vamos a enumerar:

A) La resurrección de entre los muertos, por la que Cristo dejó de estar sujeto a su anterior condición de debilidad física.

B) La ascensión a los cielos, por la que Cristo dejó de estar sometido a las circunstancias espacio-temporales de nuestra vida en la Tierra.

C) La sesión a la diestra del Padre, símbolo de la gloria, del honor y del poder que comparte con el Padre («el trono de Dios y del Cordero» —Apoc. 22:1).

---

93. *O. c.*, III, lecc. XI, punto I.

D) Su Segunda Venida en gloria, para juzgar a los vivos y a los muertos (Jn. 5:22-29).

E) El ejercicio de su papel de «lumbrera», por toda la eternidad, en la Jerusalén Celestial (Apoc. 21:23). La compañía visible y la contemplación directa de Jesucristo glorificado, único y exhaustivo reflector de la gloria de Dios (V. Jn. 14:9; Col. 2:9), constituirá la fuente *esencial* de bienaventuranza para todos los elegidos.

En las lecciones siguientes iremos estudiando en detalle cada una de estas fases.

4. Análisis de los pasajes bíblicos.

Mateo 18:20: «*Porque donde están dos o tres congregados en mi nombre, allí estoy yo en medio de ellos.*» Analizamos este texto, no porque hable directamente de la glorificación de Cristo, sino para refutar la teoría luterana de la ubicuidad del alma (y del espíritu humano) de Jesús. ¿De qué presencia se habla en este versículo? Sin duda ninguna, como en Mt. 28:20, de una presencia espiritual; no que su espíritu esté físicamente presente, sino que allí se hace notar su autoridad, su acción como jefe de la Iglesia, y su eficacia intercesora. Nótese la forma del verbo («estoy», no «estaré») y comp. con 1 Cor. 5:3, 4.

Marcos 16:19: «*Y el Señor, después que les habló, fue recibido arriba en el cielo, y se sentó a la diestra de Dios.*» Este versículo nos presenta la exaltación de Cristo dentro de expresiones simbólicas: «arriba» es una referencia, no geográfica, sino simbólica de exaltación; «sentarse» es símbolo de majestad regia y judicial; no es una posición corporal (comp. con Apoc. 5:6: «... *estaba en pie*»). «La diestra de Dios» es una expresión simbólica para designar que Cristo comparte el honor y el poder de Dios.[94]

Lucas 24:26: «*¿No era necesario que el Cristo padeciera estas cosas, y que entrara en su gloria?*» Aquí Lucas nos

---

94. Una interpretación literalista de esta expresión llevó a Lutero (y a los luteranos —V. Strong, *o. c.*, pp. 708-710) a pensar que

hace percibir una resonancia de Is. 53:10-12; Filp. 2:9-11 y Heb. 12:2, puesto que el original dice: *«¿No era conveniente...?»* La exaltación de Cristo era consecuencia y meta gloriosa de su humillación.

Juan 7:39: «... porque Jesús no había sido aún glorificado.» Juan nos da aquí una razón de que el Espíritu Santo no hubiese sido todavía enviado a morar *en* los creyentes. Era preciso que Cristo, tras triunfar del demonio y del pecado mediante su muerte y su resurrección, subiese a la diestra de Dios para recibir el espaldarazo del vencedor y así poder enviar al Espíritu como repartidor de los dones (el botín de la victoria —comp. con Ef. 4:7-10). En 17:5 Jesús pide al Padre esta glorificación.

Hechos 2:33: «Así que, exaltado por la diestra de Dios...»; 5:31: *«A éste, Dios ha exaltado con su diestra por Príncipe y Salvador...»* En ambos lugares Pedro establece un agudo contraste entre *«a quien vosotros matasteis colgándole en un madero»* (5:30, comp. con 2:23) y *«A éste, Dios ha exaltado»* (comp. con 2:33).

Romanos 8:17: «... si es que padecemos juntamente con él, para que juntamente con él seamos glorificados». Aquí Pablo expone cuál es el camino de la gloria, tanto para Jesús como para nosotros: *«per crucem ad lucem»* = por la cruz se va a la luz (comp. con Flp. 3:10-12, 21). En 8:34, para animar a los creyentes, Pablo asegura que Cristo no sólo murió por nosotros, sino que también resucitó, está sentado a la diestra de Dios e intercede por nosotros.

Efesios 1:20-22. En estos versículos Pablo testifica de la gloria conferida a Cristo, puesto que Dios, con la fuerza de su poder, le resucitó, le sentó a su diestra, le puso sobre todo el Universo y le sometió todas las cosas (comp. con Mt. 28:18; 1 Cor. 15:24-28).

---

la humanidad de Cristo está en todas partes, puesto que si Cristo está sentado a la diestra de Dios, y la diestra de Dios está en todas partes, se sigue que Cristo —en cuanto hombre— está en todas partes. El fallo de semejante silogismo es evidente. (V. también la lección 29.ª del presente volumen, punto 4.)

Efesios 4:10: «*El que descendió es el mismo que también subió por encima de todos los cielos para llenarlo todo.*» Este versículo merece particular atención. Primeramente, notemos que Pablo enfatiza la exaltación «*por encima de todos los cielos*», es decir, hasta lo más alto del tercer cielo, donde habita Dios, precisamente en contraste con el vers. anterior: «*... había descendido primero a las partes más bajas de la tierra*».[95] ¿Qué significa la frase final «*para llenarlo todo*»? No ciertamente su omnipresencia física, como suponen los luteranos, sino la influencia universal, cósmica, de su obra salvífica, de modo que, como consecuencia de haber sido aceptado por Dios como perfecto cumplidor de su Mediación, ahora está llenando el mundo de gracias, dones y bendiciones, comenzando por el Dador de todos los dones, el Espíritu Santo (V. Rom. 5:5; 1 Cor. 12:4).

Filipenses 2:9-11: «*Por lo cual* (por haberse humillado hasta la muerte de cruz) *Dios también le exaltó hasta lo sumo, y le dio el nombre que está sobre todo nombre, para que en el nombre de Jesús se doble toda rodilla de los que están en los cielos, y en la tierra, y debajo de la tierra; y toda lengua confiese que Jesucristo es el Señor, para gloria de Dios Padre.*» También aquí se empalma con el contraste de la humillación, para dar paso a la suprema exaltación que culmina en la amplia manifestación del sagrado nombre («*Yahveh salva*») dado a Cristo, de tal manera que todos deben tributarle la adoración debida a Dios y la confesión de que él es el Adonai, Señor y Dueño de todo.

1 Timoteo 3:16: «*... Recibido arriba en gloria.*» Ésta es la última frase del grandioso himno que Pablo entona al «*misterio de la piedad*». Se repite la fraseología de Mc. 16:19.

Hebreos 1:3: «*... se sentó a la diestra de la Majestad en las alturas.*» Es el final de un denso versículo que resume admirablemente toda la Cristología; empalma direc-

---

95. Versículo ya analizado en la lección 24.ª.

tamente con la obra de la Redención («*habiendo efectuado la purificación de nuestros pecados por medio de si mismo*»), como causa y medio de su exaltación. «*La Majestad en las alturas*» es una expresión que tiende a evitar la pronunciación del nombre sagrado («el Dios Altísimo») en una carta que va dirigida precisamente a los hebreos.

Hebreos 2:9: «*... a Jesús, coronado de gloria y de honra, a causa del padecimiento de la muerte...*» También aquí vemos que la gloria y honor que se tributan a Cristo son motivados por su humillación hasta la muerte en cruz.

Hebreos 10:12: «*pero Cristo, habiendo ofrecido una sola ofrenda por los pecados, se sentó para siempre a la diestra de Dios*». Tenemos de nuevo, y en conexión con el sacrificio de la Cruz, la exaltación de Jesús a la diestra del Padre. El simbolismo del «sentarse» tiene aquí una peculiar resonancia, puesto que indica que la obra sacrificial de Cristo se consumó para siempre.[96]

De todos estos textos deducimos tres consecuencias respecto a la expuesta exaltación del Hijo de Dios:

A') El estado de exaltación es el resultado *judicial* del estado de humillación. El que, no habiendo conocido pecado, *fue hecho pecado* por nosotros, tiene que ser ahora glorificado como aniquilador del pecado y merecedor del premio al vencedor. Fue *puesto bajo la Ley;* debe convertirse en la Suprema Ley.

B') Así como su humillación fue pública y ostentosa, su exaltación debe serlo también.

C') Todas las fases de la exaltación de Cristo tienen su instrumentalidad en relación con la salvación de los elegidos: su resurrección tiene que ver con nuestra justificación (Rom. 4:25); su ascensión, con nuestra santificación (Col. 3:2, comp. con Ef. 4:10); su sesión a la diestra de Dios, y su constante intercesión, con nuestra preservación (Heb. 7:25); su manifestación en la Segunda Venida,

---

96. V. la lección correspondiente en la Tercera parte de este volumen, en que trataremos del sacrificio de Cristo, con el relieve que Heb. 10:12 da a la consumación de tal sacrificio.

con nuestra glorificación (Col. 3:3); y su presencia esplendente por la eternidad, con el «servir y reinar» de los elegidos (Apoc. 22:3, 5).

5. La Teología Modernista y la exaltación de Cristo.

Puesto que la exaltación del Hijo de Dios comporta su resurrección y su ascensión a los cielos, ya puede imaginarse que los teólogos liberales y modernistas han de negar dicha exaltación. El Modernismo, antes y después de Bultmann, niega todo cuanto de sobrenatural hay en la Biblia. Bultmann admite la crucifixión de Cristo como un hecho histórico, aunque no esté de acuerdo con el correcto punto de vista dogmático, según la Biblia, respecto al sentido de la muerte de Cristo. En cuanto a la resurrección, niega sin más su historicidad. Lo mismo hacen todos sus epígonos. El antiguo obispo anglicano de Woolwich, J. A. T. Robinson, niega la divinidad de Cristo y aun la personalidad de Dios; ni que decir tiene que también la exaltación de Cristo. En 1963, un canónigo anglicano de la catedral de Southwark cometía perjurio, al tomar posesión de su prebenda, declarando a los periodistas después del acto que, por supuesto, él no creía en la resurrección ni en la ascensión de Cristo a los cielos.

Merece citarse el siguiente párrafo del teólogo modernista McIntosh en su *Theology as an Empirical Science:*[97]

«Las dificultades para aceptar la corriente noción tradicional de la "resurrección" de Jesús, como reanimación de un cuerpo muerto, su milagrosa transformación y su final ascensión a los "cielos" son, para el hábito científico del pensamiento, prácticamente insuperables... Les queda una inmensa carga de pruebas todavía por ofrecer, a los que mantienen que (el cuerpo de Cristo) no sufrió desintegración, como los cuerpos de todos los demás que han muerto.»

---

97. Citado por L. Berkhof, *o. c.*, p. 345.

Desde luego, si rechazamos lo sobrenatural *a priori* y no damos crédito al relato de los evangelistas, ¿qué otras pruebas vamos a presentar? ¿Será acaso científico el argumento de los que dicen: «Contra cuatro personas que digan que han visto resucitar a un muerto, se levantarán millones que aseguren que los muertos no resucitan»? Es como si, en los principios de la aviación, se hubiese argüido que, contra dos personas que vieron volar a un hombre, se levantarían millones de personas asegurando que los hombres no vuelan.

CUESTIONARIO:

1. ¿A quién o a qué se atribuye directamente el estado de Jesucristo? — 2. ¿En qué consiste dicha exaltación según las escuelas luterana y Reformada? — 3. ¿Qué luces proyecta sobre nuestra glorificación el estupendo destino de Cristo? — 4. ¿Cuántas y cuáles son las fases de la exaltación de Cristo? — 5. ¿Implican la ubicuidad de la humanidad de Cristo textos como Mt. 18:20; 28:20; Ef. 4:10; Heb. 1:3 y 10:12? — 6. ¿Qué sentido peculiar presentan textos como Jn. 7:39; Hech. 2:33 y 5:31; Rom. 8:17; Flp. 2:9-11 y Heb. 2:9? — 7. Conclusiones teológicas de los textos analizados. — 8. Instrumentalidad salvífica de las distintas fases de la exaltación de Jesús. — 9. ¿Qué dice la teología modernista acerca de la exaltación de Cristo? — 10. ¿En qué falla la honestidad científica de los que impugnan todo lo que de sobrenatural nos ofrece el relato evangélico acerca de Jesucristo?

LECCIÓN 26.ª LA RESURRECCIÓN DE CRISTO (I) EL ASPECTO HISTÓRICO

1. Importancia del tema.

Aunque nuestra redención se efectuó en la Cruz, en cuanto que la muerte de Jesús fue la cima de su holocausto y la esencia de su sacrificio de expiación por el pecado, la Resurrección de Cristo era necesaria de muchas maneras dentro del contexto de la Historia de la Salvación. Como vamos a ver en seguida, no sólo ocupa un lugar preferente en lo que ha venido en llamarse «el misterio pascual» dentro de la cadena de sucesos acaecidos hace cerca de dos mil años: pasión, muerte, sepultura, resurrección, etc., de Jesucristo, sino que también constituye el mayor argumento apologético de nuestra fe cristiana, al mismo tiempo que es propuesto en la Palabra de Dios como un hecho *salvífico*. De ahí que resulte conveniente dedicar sendas lecciones a estos tres aspectos: histórico, apologético y salvífico.

2. Naturaleza de la resurrección de Cristo.

La resurrección de Cristo no fue una mera reunión de un alma con un cuerpo devuelto a la vida. Resurrecciones como las de 2 Rey. 4:34, 35; 13:21; Mc. 5:42 (Lc. 8:55); Lc. 7:15; Jn. 11:44; Hech. 9:40; 20:10 fueron de esta clase, puesto que la muerte había sido *provisional* (V. Jn. 11:4).

Ésta es la razón por la que Heb. 9:27 es algo *estable* a pesar de la doble muerte de dichas personas.

La muerte de Cristo fue singular en el sentido de que ella constituyó el único sacrificio realmente expiatorio de nuestro pecado, y la resurrección de Cristo fue singular, no sólo por lo inesperada y sorprendente,[98] sino por ser un *«arkhé»*, es decir, modelo y principio causal de nuestra resurrección (Mt. 27:52-53; 1 Cor. 15:20-23, 45-49; Col. 1:18; Apoc. 1:5).

De ahí que Cristo, aun antes de su Ascensión a la gloria, en los días que siguieron a su resurrección, poseyese una condición diferente a la de los resucitados antes aludidos, puesto que, aun sin el resplandor que posee ahora (V. Hech. 9:3, etc.) y que ya se había manifestado de pasada en la Transfiguración, gozaba de las cualidades peculiares de los resucitados (1 Cor. 15:42-44), pues entraba y salía con las puertas cerradas, se hacía visible e invisible a voluntad y su rostro era diferente del familiar rostro anterior.

Por otra parte, su cuerpo no era un cuerpo etéreo o «astral», al estilo ocultista, sino verdadero (Lc. 24:39), con la particularidad de carecer (según parece desprenderse de Jn. 20:25-27) de *sangre,* ya que conserva los agujeros de las heridas sin sangrar y, por otra parte, la sangre es necesaria para llevar la nutrición a unos tejidos que continuamente se deterioran, mientras que el cuerpo resucitado posee la misma inmortalidad que el espíritu (también en este sentido es un cuerpo *espiritual* —1 Cor. 15:44).

3. Objeciones a la resurrección de Jesucristo.

La resurrección de Cristo es un misterio revelado en la Palabra de Dios y hecho manifiesto, no a todos, *«sino a los testigos que Dios había ordenado de antemano»* (Hech.

---

98. Como dice O. González de Cardedal, *o. c.*, p. 460, nota 343: «Al judaísmo le eran absolutamente extrañas las dos ideas: la de un mesías crucificado y la de un mesías resucitado.»

10:40-41). No se puede alcanzar con la razón; es preciso aceptarlo por fe, aunque no existe sinrazón que pueda prevalecer contra el hecho de *la tumba vacía,* como veremos en el punto siguiente.

La objeción principal contra este misterio es que el cuerpo muerto se desintegra en un proceso, al parecer, irreversible. Contra esta objeción oponemos: *a)* como *base,* la omnipotencia de Dios; *b)* como *prueba,* la infalibilidad de su Palabra. Pablo nos dice que de la misma manera que un grano de trigo se siembra en tierra, y de ese grano sale una espiga, de manera parecida el cuerpo del creyente, después de enterrado, viene a surgir de forma diferente. De ello deducimos, como dice Berkhof,[99] «que puede ser que haya algún núcleo, algún germen, que constituya la esencia del cuerpo y preserve su identidad.» Esto, que Pablo dice de cuerpos ya desintegrados, es mucho más fácil de explicar en el cuerpo de Cristo, ya que éste no conoció el proceso de la corrupción en el sepulcro (Hech. 2:24, 27, 31). Según la mentalidad semita, sólo al cuarto día de la muerte el alma abandona definitivamente al cuerpo; de ahí la importancia apologética de la resurrección de Lázaro al cuarto día. Ahora bien, el cuerpo del Señor estuvo en el sepulcro sólo día y medio, aparte de su incorruptibilidad. Bueno será aquí el recordar que la muerte alcanza su victoria, no cuando siega una vida, sino cuando la corrompe, de la misma manera que las flores naturales no pierden su aroma y su color cuando se cortan, sino cuando se marchitan.

Ahora bien, ¿cómo explican los incrédulos el relato de las apariciones de Jesús y el hecho de la tumba vacía? Los intentos más comunes de explicación son los siguientes:

A) Los discípulos se las arreglaron para robar el cuerpo, sobornar a los soldados y declarar que Cristo había resucitado. Esta teoría, propugnada especialmente por Celso, tiene hoy pocos seguidores, puesto que contra ella se

99. *O. c.,* p. 347.

levantan dos gravísimos inconvenientes: 1.º, que un grupo de supuestos falsarios no habrían podido imponerse contra un ambiente poderoso y hostil; 2.º, que un grupo de gente cobarde e incrédula, como se nos manifiesta en los relatos de los Evangelios, no podía de repente llegar a la valentía de dar la vida por una causa en la que ni ellos mismos creerían. Morir por tal mentira suponía una insensatez desde el punto de vista humano, y un pecado gravísimo delante de Dios. En este sentido tiene validez (y sólo en éste) el famoso dicho de Pascal: «De buen grado creo a testigos que se dejan matar.»

B) Los discípulos fueron sugestionados. La alucinación comenzó por María Magdalena, mujer, nerviosa, excitable; después, ella contagió a los demás. Aun suponiendo la posibilidad de una alucinación colectiva, en este caso tenemos precisamente una predisposición contraria: *todos* ellos estaban inclinados a *no creer*, como muestra todo el cap. 24 de Lucas, y Jn. 20:25 nos refiere la terca incredulidad de Tomás, uno de los Doce. Con razón pudo escribir un antiguo escritor eclesiástico: «Más me ayuda a creer la incredulidad de Tomás que la fe de los demás.»

C) La llamada «fe en el misterio pascual» —corriente modernista que corroe a iglesias de todas las denominaciones— explica la resurrección del Señor como una reelaboración mítica de los hechos históricos por parte de la primitiva comunidad cristiana, de tal modo que *ya no importa* el hecho histórico como tal, sino el impacto del misterio creído en el nacimiento y la extensión de la comunidad cristiana. Esta explicación, por sutil que pueda parecer, hace de Cristo un fracasado, de los apóstoles unos impostores, y de la vida cristiana una entelequia sin fundamento. Todo el cap. 15 de la primera Epístola a los Corintios se opone a esta teoría.

4. **Pruebas de la resurrección de Jesucristo.**

A') *Las apariciones* de Jesús resucitado a los discípulos, que fueron muchas, variadas, tangibles. Recordemos que una alucinación no resiste la prueba del *tacto*.

B') *La piedra removida.* ¿Quién la quitó? ¿Los enemigos, para hacer desaparecer el cadáver? No les convenía (Mt. 27:62-66; 28:11-15). ¿Los soldados? ¿Qué interés podían tener en ello? ¿Los discípulos? Aparte de lo dicho en el punto anterior A), ¿cómo pudieron hacerlo sin que los guardias se enterasen y se opusiesen? Sólo un poder sobrenatural pudo remover la piedra, de grandísimo peso, que cubría el sepulcro de Jesús.

C') *La tumba vacía.* Éste es un hecho tan decisivo, que bien puede escribir Fulton Sheen que ello constituye «la más seria herida de la tierra».[100] Lacordaire decía en uno de sus célebres sermones: «Hay un hombre cuya tumba la guarda el amor. No porque allí yazca un ser querido, sino precisamente porque ya no yace, ya no está allí.» Fulton Sheen hace ver la tremenda paradoja de que sean precisamente unas mujeres *creyentes* las que van de mañana al sepulcro para embalsamar a un muerto, cuando los fariseos incrédulos mantienen allí una guardia por temor a los «*vivos*». Es cierto que la tumba vacía no es una prueba *positiva* («*Se han llevado a mi Señor...*» —dice la Magdalena, Jn. 20:13), pero su fuerza *negativa* es tan tremenda que resulta la más contundente de las pruebas. En efecto, si Cristo no hubiese resucitado realmente, sino que su cuerpo hubiese sido sustraído y escondido, los enemigos de Jesús no se habrían dado un momento de reposo hasta encontrar el cadáver y pasearlo por las calles de Jerusalén como prueba contundente contra un grupo de falsarios o de alucinados. ¡No pudieron encontrarlo! El hecho de que esos enemigos hablen como vemos en Hech. 4:13-22; 5:33-40, en vez de convencerles sencillamente de la falsedad de la resurrección, constituye la mayor prueba de que no podían oponer un hecho, limitándose a prohibir lo que no podían negar.

---

100. En su *Life of Christ* (London, 1969), p. 478.

5. Conclusión.

Podríamos concluir, con O. González de Cardedal: «La resurrección de Jesús es anunciada como un hecho histórico de carácter personal, en cuanto que se refiere al Jesús que conocieron y no a otro... A esta convicción han llegado... los apóstoles por la violencia de unos hechos que han vivido, y que han descrito como cristofanías: un estar ante Cristo viéndolo y reviviéndolo, sintiéndose aprehendidos y enviados, primero a contarlo a los hermanos y luego a contarlo a los hombres todos. Por ello decimos que la resurrección y las apariciones fundan la Iglesia y la misión.»[101]

Digamos, finalmente, que la aparente contradicción entre el relato de los Evangelios y el de Pablo en 1 Cor. 15:5ss. se resuelve si tenemos en cuenta que, en aquel tiempo, las mujeres no eran admitidas como testigos en causas públicas. Un detalle importante es, además, que Pablo no dice «se apareció *primero* a Cefas...».

---

101. *O. c.*, p. 462.

CUESTIONARIO:

1. ¿Por qué razones es tan importante el tema de la resurrección del Señor? — 2. ¿Qué diferencia hay entre la
resurrección de Cristo y, por ejemplo, la del hijo de la viu-
da de Naín? — 3. ¿Por qué no se desintegró el cuerpo de
Jesús en el sepulcro? — 4. ¿Por qué no podemos admitir
que los discípulos fuesen unos falsarios? — 5. ¿Qué le parece de la teoría de la alucinación colectiva de los discípulos? — 6. ¿Podría ser la resurrección de Jesús un mito
elaborado de buena fe por la primitiva cristiandad? —
7. ¿No serían las apariciones de Jesús producto del deseo
de los discípulos de que su Maestro estuviese de nuevo
vivo? — 8. ¿Cuál es la fuerza de la prueba que nos ofrece
la tumba vacía? — 9. ¿Qué nos evidencian textos como
Hech. 4:13-22 y 5:33-40? — 10. ¿Cómo es que los Evangelios nos refieren que los primeros testigos de la resurrección fueron mujeres y, en cambio, Pablo, en 1 Cor. 15:5ss.,
no nombra ni a una mujer?

LECCIÓN 27.ª LA RESURRECCIÓN DE CRISTO (II) EL ASPECTO APOLOGÉTICO

1. Las profecías cumplidas.

El hecho de la resurrección de Jesucristo no solamente tiene un aspecto que encuadra bien dentro de los hechos acaecidos, sino que tiene también un carácter eminentemente apologético.

Por eso, los dos mayores apóstoles de la Iglesia, Pedro (Hech. 2:27) y Pablo (Hech. 13:55), proclamaron que, con la resurrección de Jesús, se cumplía lo predicho en el Sal. 16:10: *«no dejarás mi alma en el Hades, ni permitirás que tu Santo vea corrupción».* Hacen notar que este salmo no podía aplicarse al propio David, sino a Cristo, por el simple hecho de que David yacía todavía en el sepulcro.

Jesús predijo su resurrección en múltiples lugares: Mt. 16:21; 17:23; 20:17-19; 26:12, 28, 31; Mc. 9:30-32; 14:8, 24, 27; Lc. 9:22, 44-45; 18:21-34; 22:20; Jn. 2:19-21; 10:17-18; 12:7.

2. La máxima señal.

Pero Jesús no sólo predijo su resurrección, sino que hizo de ella la gran «señal» de su mesianidad (Mt. 12:39). Es cierto que el texto no nombra la resurrección como tal, pero al limitar su estancia en la tierra del sepulcro a *«tres días y tres noches*,[102] daba a entender su salida del sepulcro; de lo contrario, su comparación con la experiencia de Jonás habría perdido toda su fuerza.

Juan 2:18-22 es otro texto importante para mostrar la importancia que, como «señal», tenía en la mente de Cristo su resurrección. También la tenía para sus enemigos, pues tergiversada y todo, fue presentada por los falsos testigos en su acusación ante el tribunal del sumo sacerdote, aunque ni amigos ni enemigos se daban cuenta entonces de que hablaba del templo de su cuerpo. (V. también Mt. 27: 63-64.)

De ahí la fuerza apologética de lugares como Hech. 2: 32-36; 17:31; Rom. 1:4.

3. Valor apologético de la resurrección de Jesús en 1 Cor. 15.

El texto clásico para esta lección lo encontramos en 1 Cor. 15:14-15: «*Y si Cristo no resucitó, vana es entonces nuestra predicación, vana es también vuestra fe. Y somos hallados falsos testigos de Dios; porque hemos testificado de Dios que él resucitó a Cristo, al cual no resucitó si en verdad los muertos no resucitan.*» Así que, según Pablo, tanto la predicación apostólica como la fe cristiana resultarían *vacías* («*kenón… kené*») si la resurrección de Cristo no fuese un hecho tan histórico como ha de serlo la nuestra. Se trataría de un testimonio «*contra Dios*» —según el original.

4. La resurrección de Cristo tiene un valor apologético PRIMORDIAL.

Los teólogos de la «nueva ortodoxia», como K. Barth y E. Brunner, sostienen que aunque la resurrección es un

---

102. Téngase en cuenta que los judíos contaban como días enteros los fragmentos de diferentes días.

hecho histórico (contra Bultmann), no tiene demasiada importancia en cuanto artículo de fe.

Sin embargo, Pablo, inspirado por Dios, no pensaba de la misma manera. Precisamente en 1 Cor. 15:1-5 propone como núcleo de la fe cristiana solamente los cuatro siguientes hechos:

    a) *«Que Cristo murió por nuestros pecados, conforme a las Escrituras.»*

    b) *«y que fue sepultado».*

    c) *«y que resucitó al tercer día, CONFORME A LAS ESCRITURAS».*

    d) *«y que se apareció a Cefas, y después a los doce...».*

Por tanto, para Pablo, la resurrección de Cristo es de primordial importancia como base apologética: *«conforme a las Escrituras».*

En ello va implicada, por supuesto, la infalibilidad de la Palabra de Dios, no sólo en todo lo referente a la resurrección, sino incluso en cuanto a la referencia que el Señor hace a la experiencia de Jonás. Los evangélicos (precisemos: los fundamentalistas) creemos en la historicidad del libro de Jonás, no sólo por el estilo histórico que tal porción manifiesta, sino también por la cita de Jesucristo. Si el relato de Jonás es una novela, ¿por qué no habría de ser también un mito la resurrección de Jesús? Nadie diría en serio, por ejemplo: «De la misma manera que Sancho Panza fue gobernador de la ínsula Barataria, así también yo voy a ser gobernador de esta provincia.»

CUESTIONARIO:

1. Uso que tanto Pedro como Pablo hicieron del Sal. 16 para aplicarlo a la resurrección de Jesucristo. — 2. ¿Qué importancia apologética dio el mismo Jesucristo a su resurrección? — 3. ¿Qué fuerza tiene Jn. 2:18-22? — 4. ¿Qué demuestra Mt. 27:63-64? — 5. Valor apologético de la resurrección en 1 Cor. 15:14, 15. — 6. ¿Cómo se demuestra su valor esencial?

LECCIÓN 28.ª LA RESURRECCIÓN DE CRISTO (III) EL ASPECTO SALVÍFICO

1. Un texto significativo.

Cuando una persona lee superficialmente, o sin conocer bien el contexto general de la Escritura, 1 Cor. 15:17 y Rom. 4:25, queda perpleja ante el extraño raciocinio de Pablo. ¿No pagó Cristo por nuestros pecados en la Cruz? ¿No llevó allí el pecado del mundo? Desde Is. 53:5 hasta 2 Cor. 5:21, todo parece indicar que no hacía falta más. Sin embargo, Pablo nos dice en 1 Cor. 15:17 que si Cristo no resucitó, *todavía estamos en nuestros pecados;* y en Rom. 4:25b remacha que Cristo *«fue resucitado a causa* (o con motivo de) *nuestra justificación».* ¿Quiere decir esto que la resurrección de Jesucristo no sólo es un hecho histórico, fundamental en la predicación cristiana y prueba apologética de primer orden de la mesianidad de Jesús, sino también *agente causal de nuestra justificación y, por ende, de nuestra salvación?* Sí, así es, y éste es un punto cuya importancia escapa a muchos comentaristas, que sólo a medias dan con la clave de la interpretación.

2. Vida y muerte frente a frente.

Si leemos atentamente todo el contexto posterior de 1 Cor. 15:17 (hasta el vers. 22), nos percataremos de un hecho fundamental: LA VIDA TUVO QUE LLEGAR HASTA DONDE HABÍA LLEGADO LA MUERTE.

En efecto, la salvación completa presupone una perdición completa. El ser humano es una *unidad* que se pierde entera o se salva entera. De ahí que la muerte física no sea otra cosa que el último efecto de la muerte germinada en el núcleo mismo de la personalidad. Por eso, cuando Dios dijo a Adán: *«el día que de él comieres, ciertamente morirás»*, no le vaticinaba que el día que contraviniese el mandamiento iría a la tumba (Adán vivió 930 años después de esto, poco más o menos), sino que aquel día entraría en él la muerte al entrar en su corazón el pecado (Rom. 5:12). De ahí que la redención completa del ser humano sólo se alcance después de la resurrección (Rom. 8:23-24). Es, por tanto, preciso que la vida llegue en nosotros hasta donde llegó la muerte.

Ahora bien, y aquí está la clave de todo el asunto, somos *perdidos* y *salvos* en solidaridad con alguien; perdidos primero *en Adán*, para ser salvos después *en Cristo* (Rom. 5:12-21; 1 Cor. 15:21-22, 45-49). Esta solidaridad repercute en temas como la muerte de los niños y demás *que no pecaron a la manera de la transgresión de Adán»* (Rom. 5:14), así como en el problema de la salvación «automática» de dichos niños.[103]

El Nuevo Testamento nos asegura que desde nuestra eterna elección (Ef. 1:4) hasta nuestra glorificación final (1 Jn. 3:2), toda nuestra salvación es *en* Cristo, «injertados con él» (griego, *«symphytoi»*), según la expresión poderosamente plástica de Rom. 6:5. De ahí que si la resurrección de Cristo es la definitiva derrota de la muerte (1 Cor. 15:55, como un eco de Hech. 2:24) mediante la inauguración de una vida plena, gloriosa, después de que en la Cruz mató a la muerte muriendo, era necesario que esa inextinguible Vida que mató a la muerte (Jn. 14:6; Rom. 5:21; 1 Cor. 15:22) se manifestase en la resurrección. La nueva vida de *«paz para con Dios»* que la justificación comporta (Rom. 5:1) no es, pues, una mera remisión de pecados

---

103. V. mi libro *El Hombre: Su grandeza y su miseria*, p. 216, punto 4.

—muerte al pecado—, sino una entrada en la familia divina, una vida escondida con Cristo en Dios (Col. 3:3). Tomando otro expresivo símil, el de Rom. 7:4, no sólo se trata de haber quedado «viudos al pecado», sino también de estar «casados en segundas nupcias» con el Señor.

Ahora ya podemos entender todo el profundo sentido de Rom. 4:24, 25: «... *a los que creemos en el que levantó de los muertos a Jesús, Señor nuestro*, EL CUAL FUE ENTREGADO A CAUSA DE NUESTRAS TRANSGRESIONES, Y FUE RESUCITADO A CAUSA DE NUESTRA JUSTIFICACIÓN». A la luz de esta verdad, en virtud de la solidaridad de muerte y vida con Cristo, se explican muchos otros textos, como el difícil de Mt. 27:51b-53, comparado con Lev. 23:10-11; 1 Cor. 15:23, así como Rom. 5: 17-21; 6:3ss.; 8:15ss.; 2 Cor. 5:14-17 —comp. con Heb. 2:11-17—; Ef. 1:19-21; 2:1-6; Col. 3:1-4 y, de algún modo, hasta Os. 6:2.

Aun sin desarrollar en detalle esta idea que acabamos de exponer, L. Berkhof atinadamente apunta que, además de sus aspectos histórico y apologético, «lo que es todavía más importante es que la resurrección entra como elemento constitutivo a formar parte de la misma esencia de la obra de la redención y, por tanto, del Evangelio. Es una de las piedras angulares de la Iglesia de Dios. *La obra expiatoria de Cristo, si había de ser en verdad efectiva, tenía que terminar, no en muerte, sino en vida*».[104] Y el teólogo español O. González de Cardedal dice que la resurrección de Cristo es anunciada, además, «como un hecho salvífico, ya que esa resurrección ha tenido lugar conforme a la presciencia y predeterminación divinas y estaba ordenada a la superación de nuestros pecados. Tiene, por tanto, a la vez, una significación universal; debe ser pensada como transformación del modo de existencia actual y como una nueva creación, y desde ahí como salvación».[105]

---

104. *O. c.*, p. 349. (El subrayado es nuestro.)
105. *O. c.*, p. 462.

3. ¿Quién es el autor de la resurrección?

Como un apéndice de todo este tema de la resurrección de Cristo, queda por responder esta pregunta: ¿Cuál es la causa agente principal de la resurrección de Cristo? Una primera respuesta, clara a través de la Biblia, es que sólo la Vida con mayúscula, el que tiene la vida en sí mismo, el único que posee por esencia la inmortalidad (Jn. 1:4; 5:26; 14:6; 1 Tim. 6:16), puede revivificar lo muerto (comp. con 1 Cor. 15:45). En una palabra, sólo Dios puede resucitar. Nótese que el original del N.T. *nunca* dice que Jesucristo *resucitó* o que *se levantó* de los muertos, sino que *fue resucitado* o *fue levantado*.

Ahora bien, es un principio general de sana teología, con base clara en la Palabra de Dios (Jn. 5:19; 10:30; 16:13), que todas las acciones de las personas divinas en su proyección hacia el mundo son comunes a las tres personas divinas. Por tanto, las tres personas divinas intervienen en la resurrección de Jesucristo: el Padre pone la *«enérgeia»* o fuerza activa que levanta (Rom. 10:9); el Hijo la *administra* voluntariamente, levantando con su fuerza divina su propia humanidad difunta (Jn. 10:18); el *poder* lo aplica y ejecuta el Espíritu Santo (Rom. 8:11), como *regalo* sellado y certificado (Ef. 1:13). Así, cada una de las personas opera en este misterio de la misma manera que en la edificación de la Iglesia (1 Cor. 12:4-6).

CUESTIONARIO:

1. ¿Qué parte tiene la resurrección de Cristo en la obra de nuestra salvación, a la luz de Rom. 4:25? — 2. ¿Qué conclusión se desprende de todo el razonamiento de Pablo en 1 Cor. 15:17-22? — 3. ¿Qué luz añaden textos como Gén. 2:17; Rom. 5:12-21? — 4. ¿Qué repercusión tienen dichos textos en relación con la condenación y justificación de quienes son incapaces de una decisión libre a este respecto? — 5. ¿Cuál es, a la luz de Ef. 1:4, el principio fundamental que rige toda la economía de nuestra salvación? — 6. ¿Qué luz aporta el símil de Pablo en Rom. 7:4? — 7. ¿Qué importancia tiene este aspecto salvífico de la resurrección de Cristo, en la opinión de teólogos como L. Berkhof y O. González? — 8. ¿Quién es el agente principal de la resurrección de Cristo? — 9. Como hombre, ¿resucitó o fue resucitado Jesucristo? — 10. ¿Qué papel desempeñó cada una de las personas divinas en la resurrección de Cristo?

LECCIÓN 29.ª LA ASCENSIÓN DE JESUCRISTO A LA DIESTRA DEL PADRE

1. El hecho de la Ascensión.

En relación con la Ascensión del Señor, nos encontramos con tres diferentes series de textos:

A) Textos en que se dice que Jesús «fue recibido», «fue llevado», «fue alzado» (Mc. 16:19; Lc. 24:51; Hech. 1:9, 11; Ef. 1:20; 1 Tim. 3:16). Estos pasajes, en consonancia con los que hemos dicho en la lección anterior, punto 3, indican que era el poder divino el que operaba en la humanidad de Jesucristo; «fue ascendido», como «había sido resucitado».

B) Otra serie de textos enfatizan el carácter mayestático del Señor; de ahí que se encuentren donde se quiere resaltar su carácter de «Hijo de Dios» (Jn. 6:62; 14:2, 12; 16:5, 10, 17, 28; 17:5; 20:17; Heb. 1:3).

C) Finalmente, hay una tercera serie de pasajes en los que se recalca su función sacerdotal; por eso, más bien que «ascender», se dice de él que «entró» en los cielos como en el santuario no hecho de manos (Heb. 4:14; 9:24). Queda Ef. 4:8-10, que combina, de alguna manera, los tres aspectos indicados.

2. El modo de la Ascensión.

Si hemos de tener en serio los textos bíblicos, especialmente Hech. 1:9, debemos concluir que la Ascensión de

Cristo representó una translación local de su persona, *en cuanto hombre*, de la Tierra al Cielo.

Teniendo en cuenta los más elementales principios de hermenéutica, que hemos expuesto en otros lugares,[106] añadiremos ahora que los hebreos dividían los cielos en tres esferas: 1.ª, la del cielo atmosférico, donde aparecen situados los demonios (Ef. 4:8; 6:12, comp. con Apoc. 12:7-12); 2.ª, la del cielo estelar, o cielo de la «expansión» (Gén. 1:14); 3.ª, la del cielo empíreo o morada de Dios, también llamado «los cielos de los cielos» (1 Rey. 8:27-30). Es a esta 3.ª esfera a la que subió Cristo para sentarse a la diestra del Padre.

Por otra parte, no podemos ser llevados de un excesivo literalismo a concebir el «arriba» y «abajo», etc., con nuestras categorías espacio-temporales. Como quiera que lo celestial propiamente dicho cae fuera de nuestro espacio tridimensional, el mensaje más importante de Hech. 1:9 es el siguiente: A) Jesús, que se humilló hasta lo más bajo, ha sido «ascendido» a lo más alto, al supremo honor (Flp. 2:5-11); B) la nube que lo cubrió, ocultándolo a la vista de los discípulos, era la «señal» de que había reentrado —ahora, con una humanidad glorificada— en la *gloria* (la «*shekinah*») que había tenido con el Padre desde antes de la fundación del mundo (Jn. 17:5, que explica la última parte de Jn. 14:28).

3. El sentido de la Ascensión.

La Ascensión del Señor tiene un significado doctrinal de gran importancia.

En primer lugar, comportaba la entrada en el santuario celestial, a través del velo de su cuerpo, del sumo sacerdote del Nuevo Pacto, para presentar ante el trono del Padre la ofrenda de su sangre, consumada en holocausto y expiación por el pecado (Heb. 9:11-15, 24-26; 10:5-22; 13:10-12).

---

106. Por ejemplo, en mis libros *Un Dios en Tres Personas*, p. 206, y *El Hombre: Su grandeza y su miseria*, p. 26.

Además era necesario que ascendiera a recibir del Padre el espaldarazo por la victoria conseguida, antes de repartir los despojos, enviando al Espíritu Santo (Ef. 4:8). No podía haber Pentecostés —la Fiesta de la Cosecha— sin Ascensión.

Finalmente, tenía que ir a preparar un lugar para los suyos (Jn. 14:2-3), al mismo tiempo que, representativa y proféticamente, tomaba posesión del asiento celestial, sentándonos legalmente con él «*en los lugares celestiales*» (Ef. 2:6). Por medio de él adquirimos la ciudadanía celestial y nuestros nombres quedan empadronados en el libro de la vida del Cordero. La nueva humanidad, la humanidad redimida, quedaba así reinstaurada, con creces, en el lugar que Adam había ocupado antes del pecado (Gén. 1:28 a Heb. 2:7-9, pasando por Sal. 8:4-6).

4. Sentado a la diestra del Padre.

Es ésta una expresión que, de una manera u otra, se repite a lo largo del Nuevo Testamento (Mt. 26:64; Hech. 2:33-36; 5:31; Ef. 1:20-22; Heb. 10:12; 1 Ped. 3:22; Apoc. 3:21; 22:1). Estar sentado a la diestra de un rey, a veces significa simplemente un honor (1 Rey. 2:19), pero de ordinario indica una participación en el poder y en la autoridad. Ya desde la profecía del Sal. 110:1 vemos que este último es el sentido que la frase tiene aplicada a Cristo.

Por otra parte, no cabe duda alguna de que se trata de una expresión antropomórfica, y ello por dos razones obvias: 1.ª, porque Dios es Espíritu infinito (1 Rey. 2:19; Sal. 139:7-12; Jn. 4:24); por tanto, no tiene «mano diestra», como no tiene ninguna otra parte de un cuerpo material; 2.ª, «sentado» expresa igualmente un simbolismo, pues el mismo que aparece «sentado» en los lugares citados, como símbolo de poder y autoridad (y, especialmente en Heb. 10:12, de acción sacrificial consumada para siempre), aparece también «*en pie*», en el ejercicio de su poder ejecutivo, en Hech. 7:56; simbolizando su condición de resucitado tras haber muerto, en Apoc. 1:17; 5:6; la misma posición se expresa implícitamente en la continua función intercesora de Heb. 7:25; finalmente, Apoc. 1:13 implica el *pasearse* por en medio de los siete candelabros, en función de vigilancia sobre las iglesias.

Dentro de la función intercesora que Jesucristo ejerce en los cielos está su papel de *Abogado* de los creyentes (1 Jn. 2:1-2, comp. con Zac. 3:1ss.). Nótese que no es un Abogado *frente al* Padre («*antí*»), como si el Padre fuese nuestro acusador, sino *con el* Padre («*pros*» —en el sentido de *dirigirse a él* a favor nuestro), para *hablar bien* de nosotros contra Satanás, el gran *Fiscal* («*kategorón*») o acusador permanente (Apoc. 12:10), el cual, según su condición mentirosa, acusa «noche y día» (Job 1; Zac. 3). Cierto que los verdaderos creyentes estamos a salvo de sus acusaciones en cuanto a nuestra justificación (Rom. 8:33), pero ¡ojalá que Dios no tuviese que oír algunas acusaciones verdaderas en cuanto a nuestra conducta y testimonio!

Para terminar esta lección, debo añadir, porque me ayuda devocionalmente, que la consideración de que el Jesús ascendido, al estar fuera de las condiciones espacio-temporales de nuestra vida terrestre, puede hallarse realmente con, y en medio de, los creyentes que se reúnen en su nombre (Mt. 18:20; 28:20), aunque invisible a los ojos de la carne, presta un consuelo indecible y un estímulo grande a una comunión más íntima con el Señor. Es como si en la oscuridad de la noche nos hallásemos junto a un ser querido, al que no vemos, pero sabemos que está allí y que nos ve y nos oye. Es significativo que el original de Lc. 24:31 no diga «se desapareció de su vista», sino «*se les hizo invisible*» (griego, «*áfantos egéneto*»).

CUESTIONARIO:

1. ¿Qué indican los textos bíblicos que nos dicen que Cristo «fue llevado arriba», mientras que otros dicen que «subió», y otros que «entró» en el cielo? — 2. ¿Por qué creemos que la Ascensión significó una translación local? — 3. ¿Qué reglas de hermenéutica han de tenerse en cuenta? — 4. ¿Cuál es el mensaje más importante que la Ascensión del Señor nos presenta? — 5. ¿Qué comporta la Ascensión en cuanto al sacrificio de Cristo? — 6. ¿Qué relación tiene la Ascensión con Pentecostés? — 7. ¿Qué representaba la Ascensión de Cristo en función de Cabeza de su Iglesia? — 8. ¿Qué significa estar «sentado a la diestra del Padre»? — 9. ¿Cómo se explican los textos que dicen que está «en pie»? — 10. ¿Cuál es el matiz distinto entre el estar «en pie» y «sentado», con relación a las funciones sacerdotales de Jesucristo?

LECCIÓN 30.ª
EL RETORNO FUTURO DE JESUCRISTO

1. El retorno de Cristo es un tema importante.

Como advierte L. Berkhof,[107] los misterios de Cristo no se acaban con su exaltación a la diestra del Padre, como si ello marcase la culminación de su obra. La consumación de su obra, antes que «entregue el reino al Padre» (1 Cor. 15:24), comporta el hecho de que aquel que sufrió a manos de los hombres, retornará glorioso a juzgar a los vivos y a los muertos.

De ahí que la Palabra de Dios dedique tanta atención a este tema. La Iglesia primitiva lo tomó muy en serio, viviendo en tensa vigilia y en animosa expectación de la vuelta del Esposo. La Biblia se cierra, antes de la despedida final de Juan, con aquellas palabras del Señor: «Ciertamente vengo en breve.» A las que Juan, tras el Espíritu y la esposa (vers. 17), responde: «Amén; sí, ven, Señor Jesús» (Apoc. 22:20). El original de 1 Cor. 16:22, también antes de la despedida final, trae en arameo la misma frase: «Maran atha» o «Marana tha» = «El Señor viene» o «¡Señor, ven!». Que esta frase se había convertido en una especie de «slogan», lo confirma el antiquísimo documento eclesiástico llamado «Didakhé» o «Enseñanza de los doce Apóstoles», que repite esta frase en X, 6, con que parece cerrarse el culto de la Mesa del Señor.

---

07 O. c., p. 353.

El tema del retorno del Señor perdió fuerza y sentido en el siglo IV por dos razones: *a*) la adopción, por parte de la Iglesia oficial, de lo que ha venido en llamarse *la línea encarnacional de la Iglesia* (Cristo transfiere a la Iglesia todos sus poderes y su santidad inmaculada); *b*) la confusión de los conceptos de «Iglesia» y «Reino de Dios».[108] Todavía, en su *Ciudad de Dios*, Agustín de Hipona subrayaba el carácter escatológico de las dos ciudades, del bien y del mal. Hasta hace poco, la Iglesia de Roma recalcó suficientemente este punto. Sin embargo, en nuestros días la idea de este retorno físico del Señor queda olvidado o desfigurado por el modernismo bíblico, tanto en el lado católico como en el reformado.

2. Los términos bíblicos.

La Biblia usa diversos términos para expresar la Segunda Venida del Señor:

A) *«Parusía».* Esta palabra significa «presencia», pero en los lugares que tienen conexión con nuestro tema significa más bien una *venida que precede a una presencia especial;* podríamos definirla mejor como *presentación* (V. Mt. 24:3, 27, 37, 39; 1 Cor. 15:23; 1 Tes. 2:19; 3:13; 4:15; 5:23; 2 Tes. 2:1; Sant. 5:7-8; 2 Ped. 3:4).

B) *«Apocálypsis».* Significa «revelación», y enfatiza el hecho de que el retorno del Señor supondrá una especial revelación de sí mismo, la cual habrá estado *velada* hasta entonces; en este caso se refiere a su gloria y majestad, ocultas durante todo este tiempo que precede a su retorno (V. 2 Tes. 1:7; 1 Ped. 1:7, 13; 4:13).

C) *«Epifáneia».* Esta palabra indica una «aparición» o «manifestación» que sobreviene de pronto, desde arriba; en este caso, de una manera *gloriosa,* pues se implica que algo ha estado encubierto, sin salir a la luz del día (V. 2 Tes. 2:8; 1 Tim. 6:14; 2 Tim. 4:1-8; Tito 2:13).

---

108. V. L. Bouyer, *La Iglesia de Dios* (Madrid, 1973), pp. 47-48.

3. La enseñanza de la Palabra de Dios.

Prescindiendo de los detalles que separan a las distintas escuelas escatológicas, por arrancar de principios de interpretación también distintos, es indudable que, en especial, los últimos capítulos de Isaías, Ezequiel, Daniel y Zacarías se refieren a un «fin» y a una «consumación» que sólo tienen perfecta explicación en el retorno del Señor.

Como en el resto de la revelación especial, también en este punto «el Antiguo Testamento se hace patente en el Nuevo», según frase feliz de Agustín de Hipona. En efecto, el N.T. nos habla abundantemente de la Segunda Venida del Señor. Lugar preferente ocupa Hech. 1:11, donde los dos varones que, tras la Ascensión, se aparecen vestidos de blanco a los discípulos les dicen: «*Varones galileos, ¿por qué estáis parados mirando al cielo? Este Jesús que os ha sido arrebatado hacia arriba, al cielo, así vendrá, a la manera que le habéis contemplado marchándose al cielo.*» Compárese con las palabras del mismo Cristo en Mt. 26:64 que, a su vez, reflejan Dan. 7:13. Por otra parte, Mt. caps. 24 y 25; Mc. 13 y Lc. 21 nos ofrecen suficiente información de labios del mismo Señor.

El resto del N.T. nos ofrece un eco abundante de estas profecías del Señor. Basta con leer 1 Cor. 1:7; 4:5; 11:26; 15:51-57; Flp. 3:20; Col. 3:4; 1 Tes. 4:13 - 5:4; 2 Tes. 1:7-12; 2:1-4; Tito 2:13; Apoc. 1:7; 22:6-20.[109]

4. ¿Será una venida en dos tiempos o en uno solo?

Es aquí donde los evangélicos netamente fundamentalistas sostienen puntos de vista radicalmente diferentes. Los amilenialistas conciben la Venida del Señor en un solo

---

109. Para un estudio más detallado de este tema, que pertenece más bien a la Escatología, pueden verse J. Grau, *Escatología* (Terrassa, 1977), pp. 205-400; L. S. Chafer, *Teología Sistemática* (edición castellana, Dalton, Georgia, 1974), II, pp. 738-772. Un buen resumen en E. Trenchard, *Estudios de Doctrina Bíblica* (Madrid, 1976), pp. 371-382, y *Cuando Él venga*, de S. Vila, en la línea de pensamiento premilenialista.

tiempo, al final de la presente dispensación. También los postmilenialistas admiten una sola Venida de Cristo, al final del Milenio, con la diferencia de que éstos ven el inmediato futuro con excesivo optimismo, pensando que las cosas *van a mejor* y que la Gran Tribulación tendrá lugar al final del Milenio, mientras que los amilenialistas opinan que las cosas *van a peor*, hasta desembocar en la Gran Tribulación que precederá al Juicio Universal. Por su parte, los premilenialistas están de acuerdo con los amilenialistas en que las cosas *van a peor* porque nos acercamos a la Gran Tribulación, la cual tendrá lugar tras el arrebatamiento de la Iglesia y antes del Milenio. Por tanto, se ven obligados a concebir la Segunda Venida de Cristo en *dos tiempos*. L. S. Chafer, siguiendo a Scofield, etc., habla de una futura Venida del Señor por sus santos, y de otra *con* sus santos.[110] El señor Trenchard, más moderado, habla de «dos aspectos de la VENIDA: el que se relaciona con la Iglesia, Cuerpo y Esposa de Cristo, y el que tiene que ver con Israel y con el mundo».[111]

Repetimos que se trata de un problema de hermenéutica general. Por estar íntimamente ligado con el tema del Reino de Cristo, dejamos nuestra modesta opinión para la última lección de este volumen que tratará de este tema, remitiendo al lector igualmente a nuestro comentario al libro del Apocalipsis, actualmente en preparación. Baste con decir ahora que este tema no debería dividir a los evangélicos, siguiendo la norma áurea de Agustín de Hipona: «*en lo necesario, unidad; en lo opinable, libertad; en todo, caridad*». Por lo demás, así lo reconocen, en momentos de tranquila reflexión, los sinceros paladines de ambas posiciones. Así, el señor Grau, amilenialista, dice, tratando de este tema:

«La cuestión importante está planteada del modo siguiente: La Biblia afirma que Cristo va a volver.

110. V. los capítulos XI y XII de su libro (edición castellana) *Grandes Temas Bíblicos*.
111. *O. c.*, p. 376.

Los buenos cristianos, creyendo con todo su corazón que Jesús viene, difieren sobre algunos detalles. Pero también disentimos sobre los detalles de algunas otras doctrinas. La actitud correcta no está ni en el arrogante desprecio que se niega a escuchar a los demás, ni tampoco en el abandono del estudio de esta cuestión. Nadie lo sabe todo sobre la Biblia, y conocerá más de ella el que más escuche a otros y quiera ser ayudado por las opiniones ajenas. Incluso dentro del desacuerdo, la verdad puede surgir a flote.»[112]

Por su parte, el señor Trenchard, premilenialista, escribe así:

«Ha habido, y todavía existen, muchas "escuelas" de interpretación de la profecía, aun tratándose de amados hermanos que no desean otra cosa sino "exponer" la verdad según la han comprendido tras laboriosos y sinceros estudios de la Palabra. Este hecho debe salvarnos de un *excesivo* dogmatismo, y nunca debiéramos considerar a un hermano como "hereje" por su modo de entender los escritos proféticos, si es que admite plenamente la verdad bíblica sobre la persona y la obra de Cristo.»[113]

5. ¿Cuál es el objetivo del retorno de Cristo?

Aquí también la respuesta es doble, según la escuela de interpretación que cada uno adopte. Una cosa es cierta: Jesucristo volverá para consumar la salvación de los suyos y juzgar con juicio de condenación a los impíos. Para convencernos de ello basta con leer Mt. 24:30-31; 25:31-46. Eso es suficiente para que los que aman su Venida (2 Tim. 4:8) se purifiquen en esta gloriosa esperanza (1 Jn. 3:3), y los

---

112. *O. c.* p. 399.
113. *O. c.*, p. 372.

que persisten en su incredulidad, aprendan cuán horrenda cosa es caer en manos del Dios vivo (Heb. 10:31).

Queremos añadir aquí una palabra de exhortación: el hecho de que el estudio de la profecía sea difícil y laborioso no debe eximirnos de esa gloriosa tarea. Son muchos los creyentes (y los ministros del Señor) que, por ejemplo, se desentienden del estudio del libro del Apocalipsis, con el pretexto de que es un libro difícil y sumamente misterioso. Pero ¿no nos dice nada el hecho de que con él se cierre la revelación especial de Dios, así como el que sea el único libro de la Biblia en cuyo comienzo se expresa una especial «bienaventuranza» para el que lee, oye y guarda lo que allí está escrito? (1:3). Por experiencia personal puedo decir que el estudio de ese libro es, en el orden espiritual, altamente remunerador. Hablando en general, pero dentro del presente contexto, dice el señor Trenchard:

«... haremos bien en atenernos al doble propósito fundamental de la profecía: a) el de *orientar* al creyente en medio de un mundo que va de mal en peor, y b) el de animarle a *"velar y orar"*. La profecía no es precisamente un foco eléctrico para poner en evidencia todo cuanto ha de suceder en el porvenir (lo que nos haría más daño que bien), sino "un candil que alumbra en lugar oscuro" (2 Ped. 1:19, trad. lit.), de utilidad para que no tropecemos y para que pongamos la mira en la gran consumación que se espera.»[114]

---

114. *Estudios de Doctrina Bíblica.*

CUESTIONARIO:

1. ¿Ha terminado ya la intervención de Cristo en la historia? — 2. ¿Qué importancia da la Biblia al tema de la Segunda Venida del Señor? — 3. ¿Qué piensan de esto, no sólo el mundo, sino también los teólogos progresistas? — 4. ¿Qué matiz distinto expresan los términos en que la Biblia describe la Segunda Venida del Señor? — 5. ¿Qué nos enseña a este respecto la Palabra de Dios? — 6. ¿Qué opinan sobre esto las distintas escuelas de interpretación de la profecía? — 7. ¿Con qué actitud de ánimo han de discutirse estas cuestiones? — 8. ¿Cuál es el objetivo cierto de la Segunda Venida del Señor? — 9. ¿Le parece necesario el estudio de las profecías y, en particular, de la Escatología? — 10. ¿Cuál es, como dice el señor Trenchard, el doble propósito fundamental de la profecía?

Tercera parte

Los Oficios
de Jesucristo

LECCIÓN 31.ª EL OFICIO PROFÉTICO DE JESUCRISTO

1. Introducción.

En el A.T. se ungía a los profetas, a los reyes y a los sacerdotes. El Ungido por excelencia (griego, «*Christós*»; hebreo, «*Massiah*») lo fue como profeta, sacerdote y rey, aunque la profecía de Is. 61:1ss., cumplida en su primera parte (vers. 1-2a) en la Primera Venida del Señor (Lc. 4: 18, 19), enfatiza de un modo peculiar el aspecto profético.

Fue, sobre todo, a partir de Calvino[1] cuando el *triplex munus*, o triple oficio de Cristo, adquirió en Teología el relieve preciso. Como hace notar Berkhof,[2] esta distinción es de gran importancia, en especial para contrastar el papel del Postrer Adán con el Primer Adán inocente. En efecto, el primer hombre fue investido, a imagen de Dios, con conocimiento (profeta), santidad (sacerdote) y dominio (rey). El pecado comportó ignorancia, iniquidad y miseria esclavizante. De ahí que fuese necesario un Mediador profeta, sacerdote y rey, porque, como dice Denovan,[3] «Cristo debía ser profeta, para salvarnos de la ignorancia del pecado; sacerdote, para salvarnos de la culpabilidad del pecado; y rey, para salvarnos del dominio del pecado».

Efectivamente, para ser salvos es preciso *recibir* al Verbo hecho hombre (Jn. 1:12). De ahí que Pablo, en Col.

---

1. *Institutio*, libro II, cap. XV.
2. *Systematic Theology*, p. 357.
3. Citado por A. Strong, *Systematic Theology*, p. 710.

2:6, nos diga con una densidad de pensamiento impresionante: «*Por tanto, de la manera que recibisteis a Cristo
Jesús el Señor, andad en él.*» Recibirle como a *Cristo* (el
Profeta) significa que estamos dispuestos a escucharle
(Mt. 17:5; Lc. 9:35), pues es preciso creer en él y guardar
sus palabras, bajo pena de eterna condenación (Jn. 8:24;
12:44-48). Recibirle como a *Jesús* (Dios que salva mediante
el sacrificio del Gran Sumo Sacerdote) significa que sea
aplicado a cada uno de nosotros el fruto de su sacrificio
en el Calvario. Finalmente, recibirle como al *Señor* (Dueño
Soberano) significa que estamos dispuestos a obedecerle y
a seguirle, pues ésta es la norma fundamental del «discípulo», es decir, del que convive con su Maestro y le sigue
a todas partes.

2.   ¿En qué consiste el oficio profético?

El Antiguo Testamento usa tres vocablos distintos para
designar a un profeta: *nabí*, del verbo *naba'*, que resalta
la idea de *proferir;* y *ro'eh*, del verbo *raah* (ver), o *jotseh*,
con los que se resalta la idea de visión recibida de Dios y
de predicción de lo oculto o futuro.

El N.T. emplea el vocablo *profetes* (de *pro* = delante,
y *femí* = hablar), que significa, simplemente, *el que profiere*, con el matiz bíblico de proferir oráculos de parte de
Dios. No es preciso que se pueda predecir el futuro para
ser profeta. Por eso, la Iglesia ejercita el oficio profético
simplemente *proclamando las proezas del que nos llamó
de las tinieblas a su luz admirable* (1 Ped. 2:9).

El proceso que siguió el profetismo en el pueblo de
Israel puede ser trazado de la manera siguiente, según
L. S. Chafer:

«Al principio se le llamó *el hombre de Dios;* más
tarde fue conocido por *el vidente,* y finalmente fue
identificado como *el profeta.* La línea de este pro-
greso puede trazarse con facilidad, ya que el hombre

de Dios, a partir del principio invariable de que los limpios de corazón verán a Dios, es capaz de ver y, por eso, llegó a ser conocido como el vidente, y los que tienen vista espiritual están a un paso de poder expresar lo visto, tanto en forma de predicción como de proclamación.»[4]

Una frase que aparece constantemente en boca de los profetas es: «Así *dice Jehová*». Con ello se manifiesta que el profeta es, ante todo, un transmisor de los oráculos divinos, como un telegrafista que debe pasar un mensaje con exactitud. Es preciso, pues, que sea solícito y obediente en *recibir* antes de *comunicar;* él habla a los hombres de parte de Dios; en esto ejerce la función inversa a la del sacerdote, pues éste intercede ante Dios de parte y en representación de los hombres (Heb. 5:1ss.). El oficio profético siempre ha comportado bravura y paciencia para *proclamar la palabra, insistir a tiempo y a destiempo, redargüir* (persuadir al equivocado), *reprender* (corregir al desviado) y *exhortar* (estimular al débil, al desanimado, al perezoso), según lo que dice Pablo en 2 Tim. 4:2. Por eso las profecías contienen, casi a partes iguales, *amenazas y promesas.*

3. Cristo, el Profeta por excelencia.

El ministerio profético de Cristo se remonta, en cierto modo, al principio del mundo. De la misma manera que el Espíritu de Dios se manifiesta desde el principio como el agente ejecutivo de la creación (Gén. 1:2), así también el Verbo expresaba la voluntad efectiva del Padre: «*Y dijo Dios...*» (Gén. 1:3). En Prov. 8 encontramos a la Sabiduría personificada: «*¿No clama la sabiduría...? ... Jehová me poseía en el principio... Ahora, pues, hijos, oídme*» (Prov. 8:1, 22, 32). Éste era, por lo demás, el oficio del «*Ángel*

---

4. *Teología Sistemática,* I, p. 828.

«mensajero) *de Jehová*». En este contexto se encuadran textos como Jn. 1:1, 3, 9, 18; 3:34; 7:16; 13:15; Col. 1:16; Heb. 1:1-3; 12:25-26; 1 Ped. 1:11; 2:22, e incluso Lc. 11:49 y Flp. 2:5.

Como Verbo Encarnado, Cristo cumple la gran profecía de Deut. 18:15: «*Profeta de en medio de ti, de tus hermanos, como yo, te levantará Jehová tu Dios; a él oiréis.*» Que esta profecía fue cumplida en Jesús, nos lo asegura la Palabra de Dios en Hech. 3:22; 7:37, y puede compararse con Mt. 17:5; Lc. 9:35.

Jesucristo mismo habló de sí como de un profeta (Lc. 13:33), que trae un mensaje de parte del Padre (Jn. 8:26-28; 12:49-50; 14:10, 24; 15:15; 17:8, 20) y hace su proclamación con una autoridad sin igual (Mt. 5:22, 28, 32, 39, 44 y, especialmente, 7:29). Así lo reconocían las gentes (Mt. 21:11, 46; Lc. 7:16; 24:19; Jn. 3:2; 4:19; 6:14; 7:40; 9:17). Y, más que ningún otro profeta, confirmó sus mensajes con «señales» fehacientes de su Mesianidad, como eran los milagros, de los que hablaremos en la lecc. 34.ª. Implícitamente se declaró a sí mismo como profeta en Lc. 13:57.

Cristo es también el Profeta por excelencia como *vidente* que avizora y predice el futuro. Todo el cap. 24 de Mateo es una profecía detallada del futuro de Jerusalén y del final de los tiempos. Lucas 19:41-44 resume la profecía sobre el asedio y destrucción de Jerusalén. Igualmente profetizó su muerte y resurrección (Mt. 16:21; 17:22-25 y paral.; 20:17-19 y paral.; Mc. 8:31 - 9:13; Lc. 9:22-27), su Segunda Venida en gloria (Mt. 16:27; 25:31; 26:64) y la futura obra del Espíritu Santo en la Iglesia (Jn. 14:15-30; 15:21-27 y todo el cap. 16). Notables son también sus profecías de la traición de Judas (Mt. 26:20-25 y paral.) y de las negaciones de Pedro (Mt. 26:30-35 y paral.), así como la muerte de éste (Jn. 21:18, 19).

4. Cristo culmina la revelación escrita.

Siendo Cristo el *Verbo* o Palabra personal, exhaustiva, del Padre, la revelación especial de Dios a la humanidad había de ser en él «la última palabra». Esto es lo que nos da a entender Heb. 1:1-2: *«Dios, habiendo hablado muchas veces y de muchas maneras en otro tiempo a los padres por los profetas, en estos postreros días nos ha hablado por el Hijo.»* Nótense los contrastes entre la pluralidad, parcialidad y multiformidad de los mensajes comunicados por Dios a través de los demás profetas, y la totalidad, unicidad y ultimidad de la revelación hecha en Jesucristo. De ahí que el último libro de la Biblia denota esta ultimidad en las palabras con que se abre: *«Revelación de Jesucristo, que Dios le dio, para manifestar a sus siervos las cosas que deben suceder pronto»* (Apoc. 1:1). Y la Biblia se cierra con palabras del mismo Jesús, antes de la bendición final de Juan: *«El que da testimonio de estas cosas dice: Ciertamente vengo en breve»* (Apoc. 22:20).

El hecho de que Cristo sea la revelación *final* de Dios a la humanidad, es algo digno de ser enfatizado con la mayor insistencia, puesto que ello significa que toda otra *voz* que venga, o se pretenda venir, de Dios, ha de ajustarse a la Palabra ya revelada en la Biblia. Por eso, al anunciar la futura venida del Paráclito, del Espíritu Santo, dijo Jesús: *«él os enseñará todas las cosas, y os recordará todo lo que yo os he dicho»* (Jn. 14:26); *«él dará testimonio acerca de mí»* (Jn. 15:26); *«él os guiará a toda la verdad; porque no hablará por su propia cuenta, sino que hablará todo lo que oyere..., tomará de lo mío, y os lo hará saber»* (Jn. 16:13-14). La única garantía de verdad infalible se encuentra en esa Palabra, porque *«los santos hombres de Dios hablaron siendo llevados* (es decir, movidos interiormente a hablar y escribir) *por el Espíritu Santo»* (2 Ped. 1:21). Y, de la misma manera, el mismo Espíritu que inspiró la Biblia nos enseña y da el verdadero sentido de ella (1 Jn. 2:20, 27). ¡*Nótese bien! El Espíritu Santo no puede enseñar nada diferente u opuesto a la Pa-*

labra, porque es el Espíritu de Cristo, el Aliento del Verbo, el Maestro de la Palabra, que la calienta y le da vida. La Palabra sin Espíritu es un cadáver, *letra muerta y mortal* (2 Cor. 3:6). El Espíritu sin la Palabra sería un fuego voraz, pero desordenado: sin base, sin razón, sin orden. Ambos se unen como el cuerpo y el alma.

Todos los movimientos «entusiastas» que se han desarrollado a lo largo de la Historia de la Iglesia (1 Cor. 14:40) han fallado por este punto. Mantengamos claro este concepto bíblico, que nos ahorrará equivocaciones y desvíos: Los espíritus se prueban —se disciernen— acudiendo al mensaje claro del Evangelio (1 Jn. 4:1ss.). *«¡A la ley y al testimonio! Si no dijeren conforme a esto, es porque no les ha amanecido»* (Is. 8:20).

CUESTIONARIO:

1. ¿A quiénes se ungía en el Antiguo Testamento? — 2. ¿Por qué era necesario que Cristo ejerciese este triple oficio? — 3. Sentido que comporta Col. 2:6 en los tres apelativos dados a nuestro Salvador. — 4. ¿Cuáles son las funciones del verdadero profeta? — 5. Diferencia primordial entre la función profética y la función sacerdotal. — 6. Ministerio profético del Verbo antes de encarnarse. — 7. Carácter peculiar del oficio profético de Jesucristo. — 8. Principales predicciones de Cristo. — 9. Análisis de Heb. 1:1, 2. — 10. ¿Qué implica esta ultimidad en orden a admitir o no posteriores «revelaciones» del Espíritu Santo?

LECCIÓN 32.ª JESÚS, INTÉRPRETE DEL PADRE

1. El "Verbo".

Resumiendo lo que hemos dicho en otro lugar,[5] diremos que *Verbo* = Palabra viva, es el nombre que se da al Hijo de Dios en Jn. 1:1, 14; Apoc. 19:13 y, quizás, 1 Jn. 1:1, 2. El vocablo griego «*Logos*» que Juan emplea, nos da idea de una palabra que se piensa (se concibe mentalmente, de ahí que el *Verbo* sea el *Hijo*), se elige o escoge y se pronuncia (a veces, sólo interiormente; otras veces, también exteriormente). En ese Verbo, que es Jesucristo en cuanto Dios, el Padre ve, planea y expresa todo lo que *es*, todo lo que *sabe* y todo lo que *piensa hacer,* puesto que este Verbo, el Hijo, es «*la irradiación misma de la gloria del Padre, y la imagen o marca impresa —y expresiva— de su realidad sustantiva*» (Heb. 1:3). Para Juan, la personificación de la Sabiduría Divina en Prov. 8 no podía menos de tener una resonancia ampliada al hablar del *Verbo* por medio del cual Dios hizo todas las cosas. Por eso se llama «verbo», en gramática, al término que expresa el estado y la acción o pasión de los seres.

2. El exegeta del Padre.

Por ser Jesucristo el *Verbo* único de Dios (2 Cor. 1:19-20), es la Palabra exhaustiva del Padre, el único que pue-

---

5. *Un Dios en Tres Personas,* pp. 152-155.

de expresar con toda exactitud lo que Dios es, sabe, quiere y hace. Hecho hombre (Jn. 1:14), Cristo, en quien habita corporalmente, tangiblemente, la plenitud de la Deidad (Col. 2:6), se constituye en portador vivo y pleno de la gracia y de la verdad (Jn. 1:14, 17), y traduciendo al lenguaje humano, en su persona y en su enseñanza, la divinidad, se constituye en el Gran Exegeta del Padre, como dice el original de Jn. 1:18: «*A Dios nadie ha visto jamás; el unigénito Dios —o Hijo— que está al seno del Padre, él hizo la exégesis.*» «*Exégesis*» es un vocablo griego que comporta la idea de *ir sacando* a la luz lo que estaba escondido en las profundidades.

Para esta labor *exegética* el Hijo *ve* lo que hace el Padre, pues el Padre le *muestra* todo lo que hace (Jn. 5:19, 20). Esto confiere al oficio profético de Cristo un carácter singular (Jn. 3:34, 35), por cuanto él no sólo habla las palabras de Dios (Jn. 7:16), sino que *todo él es Palabra de Dios*. De ahí que pudiese decir a Felipe: «*Quien me ha visto a mí, ha visto al Padre*» (Jn. 14:9). Fue en Jesucristo donde el terrible Dios del Sinay se manifestó en toda su bondad, amor y misericordia, como expresó preciosamente Pablo en Tito 3:3-7. El paso de Dios por la Tierra en la persona de Jesucristo fue un perfecto periplo de beneficencia: «*cómo éste anduvo haciendo bienes y sanando a todos los oprimidos por el diablo, porque Dios estaba con él*» (Hech. 10:38).[6]

3. El Juez.

Dios ejecuta todos sus juicios en, y por medio de, Jesucristo (Dan. 7:14; Mt. 25:31ss.; Jn. 5:22, 27; Hech. 17:31; 1 Cor. 4:4; 2 Tim. 4:1; Apoc. 20:11, 12). En Jn. 5:22 dice Jesús: «*Porque el Padre a nadie juzga, sino que todo el juicio dio al Hijo.*» A la luz de 1 Cor. 12:5 y 1 Tim. 2:5, entendemos que juzgar es oficio del *Mediador;* por eso se

---

6. V. lo dicho en la lección 18.ª, punto 5, B), b').

le ha dado esta *autoridad de hacer juicio, por cuanto es el Hijo del Hombre* (Jn. 5:27).

Pero hay una razón más profunda, implícita en Jn. 1:1, 3, 18; 5:19; 7:16. Siendo el Hijo el Verbo del Padre, es la expresión personal de lo que el Padre dictamina y, por tanto, él mismo es el *Juicio* personal del Padre, de la misma manera que es el *Mensaje* del Padre.

4. El Salvador.

Aunque vamos a dedicar toda la lección siguiente a exponer el mensaje de Jesucristo, diremos ahora que, habiendo venido Jesús a cumplir la voluntad del Padre (por ej., 4:34; 6:38-40; 17:4; Heb. 10:7), vino a *buscar y a salvar lo perdido* (Lc. 19:10, comp. con Jn. 3:15-17; 10:9; 12:47; Rom. 5:9; 1 Tim. 1:15; 2:4-6; Tito 3:5; Heb. 7:25). Por eso se le puso en el Cielo el nombre de *Jesús* = Dios salva (Mt. 1:21).

El mensaje y la obra de Cristo fueron de *salvación*, pues él vino a liberarnos de las tres causas de *perdición*: de la ignorancia (Jn. 8:12), del pecado (Jn. 8:32-34) y de la muerte (Jn. 11:25). Él es el *único* Salvador; por eso se proclamó a sí mismo como único camino hacia el Padre: el Camino, la Verdad y la Vida (Jn. 14:6). Los tres sustantivos llevan artículo para mostrar que Jesús no es un camino entre otros, sino *el* Camino; no una verdad entre otras, sino *la* Verdad, Alfa y Omega (Apoc. 1:11), es decir, la Enciclopedia completa de Dios; no una vida cualquiera, sino *la* Vida, vida eterna que él da (Jn. 1:4; 5:24; 6:40, 47-58; 10:28). Juan había aprendido bien este mensaje de salvación por fe en Jesús (1 Jn. 5:11-13, 20).

Jesucristo llevó a cabo la obra de nuestra salvación ofreciéndose en el Calvario al Padre en sacrificio de expiación, redención, propiciación y reconciliación, como veremos en las lecciones 35.ª a la 44.ª inclusive del presente volumen. Toda esta obra fue el Gran Mensaje de Dios a la humanidad; mensaje que ocupa un lugar central en la predicación apostólica (2 Cor. 5:19-21). Cristo mismo dio a la Iglesia la gran comisión de *predicar en todas las naciones, comenzando desde Jerusalén*, este gran mensaje (Lc. 24:46-47, comp. con Hech. 1:8).

CUESTIONARIO:

1. *Significado del término «Logos» = Verbo, que en Jn. 1:1, 14; Apoc. 19:13 se da al Hijo de Dios. —* 2. *¿Qué indica el verbo empleado en el original de Jn. 1:18, al final del versículo? —* 3. *¿Por qué es el Hijo la Persona más adecuada para traducirnos al lenguaje humano lo que es Dios? —* 4. *¿Qué paralelismo doctrinal hay entre Jn. 14:9 y Col. 2:9? —* 5. *¿Cómo expresó Cristo el amor misericordioso de Dios, ya anticipado en Ez. 33:11, y después predicado por los dos grandes apóstoles Pablo (1 Tim. 2:4) y Pedro (Hech. 10:43; 2 Ped. 3:9)? —* 6. *Resumen que hace Pedro, en Hech. 10:38, de la imagen (Heb. 1:3) que del Padre nos presentó Cristo a lo largo de toda su vida mortal. —* 7. *¿Por qué había de ser el Hijo del Hombre el Juez de vivos y muertos? —* 8. *¿Qué nos indica, a este respecto, el vocablo «Verbo» aplicado a Jesucristo? —* 9. *¿De qué nos salvó Jesús? —* 10. *¿Qué fuerza tienen los artículos determinados en Jn. 14:6?*

LECCIÓN 33.ª EL MENSAJE DE JESUCRISTO

1. Una distinción importante.

En el Congreso Ibérico sobre Evangelización, celebrado en Madrid en junio del año 1974, tuve como tema de mi ponencia: «*El Mensaje del Evangelio*». La lección presente será un compendio de aquella ponencia, especialmente del punto 2 de la misma.

En la p. 19 de la ponencia impresa puede verse la distinción que yo hacía entre *el mensaje de Jesucristo y el mensaje sobre Jesucristo*. En efecto, una cosa es lo que Cristo vino a decirnos de parte del Padre, y otra lo que los escritores sagrados del Nuevo Testamento nos dijeron acerca de Jesús. Lo que éstos dejaron escrito forma el conjunto de la Cristología y de la Soteriología, y es precisamente el objeto del presente volumen. Pero lo que ahora nos interesa, dentro del estudio del oficio profético de Jesucristo, es cuál era el mensaje que él nos trajo como el Profeta por excelencia de parte de Dios.

2. La "Buena Noticia".

Evangelio es una palabra griega que significa «Buena Noticia». Esta Buena Noticia podría resumirse de la siguiente manera: «*Dios está, por Cristo y en Cristo, propicio hacia el mundo, dispuesto a perdonar y dar salvación total, vida eterna, a todo el que, convencido de su necesidad y de su impotencia radical, acuda a recibir por fe,*

*como un puro regalo, el perdón y la vida eterna, el poder
y la libertad, que la sangre preciosa de Cristo nos ha con-
quistado en la Cruz del Calvario, de una vez por todas y
sin temor de perder jamás tan preciados valores.»*[7]

Esta definición engloba, no sólo los elementos del mensaje mismo de Jesucristo, sino también el mensaje paulino
de la salvación. Con todo, el núcleo lo encontramos ya en
los evangelios, especialmente en *Lucas* y en *Juan*. Limi-
tándonos, conforme lo pide el tema de la presente lección,
al mensaje expresado por el propio Jesucristo, diremos
que comporta tres conceptos fundamentales, que pasamos
a exponer en sendos apartados.

3. El mensaje de Cristo es un mensaje de reconciliación con Dios.

El primer sermón de Jesucristo queda resumido en cuatro densas frases en Mc. 1:15: «*El tiempo se ha cumplido,
y el reino de Dios se ha acercado; arrepentíos, y creed
en el Evangelio.*» Examinemos brevemente estas cuatro
frases.

A) El *tiempo* no es aquí el «*khronos*» de nuestros relojes, sino el «*kairós*», o sea, la gran *oportunidad* que Dios
ofrece para la salvación con la llegada del Mesías. Esta
oportunidad se ha cumplido, *se ha llenado,* como un vaso
o, más gráficamente, como uno de los antiguos relojes de
arena. El verbo en pretérito perfecto pasivo significa,
como dice Lenski,[8] «que el período de tiempo se ha com-
pletado y así permanece». Ha llegado la culminación de
la Historia de la Salvación, a partir de la cual estamos
«en estos postreros días» (Heb. 1:1), aunque queda el acto
final, *«el día del Señor»* (1 Tes. 5:2).

B) El Reino de Dios es la libre y amorosa iniciativa
de Dios de salvar a los hombres. Ese es su sentido aquí,
pues el verbo está también en pretérito perfecto, y con-

---

7. Pág. 4 de la ponencia aludida.
8. En *San Marcos* (Publicaciones El Escudo, México, 1962), p. 59.

cuerda con lo que el mismo Jesús dice en Mt. 12:28; Lc. 17:21. Este *reino* se había acercado al estado ya allí el Rey en persona, que venía a buscar y a salvar lo perdido.[9]

C) Como condición para entrar en este reino, Jesús pone en primer lugar el «arrepentimiento», en cuanto que éste comporta, según el sentido del verbo original, un «cambio de mentalidad». Este «cambio de mentalidad», que en los gentiles supone una «conversión desde los ídolos» (1 Tes. 1:9), en los judíos suponía el sustituir, por ahora, su concepto del Mesías como rey glorioso y triunfante sobre los enemigos temporales, por la del siervo sufriente que reinará desde la Cruz, y allí arrebatará a los poderes del mal su presa (Ef. 4:8). El reinado temporal sobre Israel no quedaba suprimido, sino pospuesto (Hech. 1:7, 8).

D) Creer *en* el Evangelio, según la peculiar construcción con la preposición griega *en,* significa, con la mayor probabilidad, una «esfera de acción, es decir, creer bajo la influencia y en el poder del Evangelio».[10] *Creer* es prestar asentimiento, adhesión y confianza; no sólo implica *crédito,* sino también *entrega* a Alguien que viene a salvar, y al que hay que *recibir* como a Salvador y Soberano Señor.

4. El mensaje de Cristo es un mensaje de liberación.

Libertad es la facultad de escoger los medios más convenientes para los fines más necesarios, sin coacción externa ni perturbación interna. Por aquí se ve que, para ser libre, el ser humano necesita una visión clara, una estimación exacta y una decisión correcta. Ahora bien, el ser humano se encuentra esclavizado por el demonio en la ignorancia, en la miseria y en el pecado. Necesita un libertador, el Gran Forzudo de Mt. 12:28-29.

Para demostrar su Mesianidad, con el cumplimiento de la profecía de Is. 61:1, 2a, Jesús proclamó en la sinagoga

---

9. En la última lección de este volumen estudiaremos los distintos matices y sazones del Reino.
10. V. Lenski, *o. c.,* p. 61.

de Nazaret el objeto de su venida y el núcleo de su «Buena Noticia» (Lc. 4:18, 19): «*El Espíritu del Señor está sobre mí, por cuanto ME HA UNGIDO PARA DAR BUENAS NUEVAS A LOS POBRES; me ha enviado a sanar a los quebrantados de corazón; a PREGONAR LIBERTAD a los cautivos, y vista a los ciegos; A PONER EN LIBERTAD a los oprimidos; a predicar el año agradable del Señor*», es decir, del gran *jubileo* de Dios, en que se van a perdonar todas las deudas, se van a recuperar las haciendas, se van a soltar todas las cadenas espirituales.

Jesús, en su predicación, expone en detalle los aspectos de dicha liberación: de la ceguera (Jn. 8:12; 9:39-41), del pecado (Jn. 8:32-34), del temor a la muerte (Jn. 11:25), de la intranquilidad (Jn. 14:27), del pesar (Jn. 15:11), de la insatisfacción (Jn. 16:24), de la preocupación por el día de mañana (Mt. 6:33, 34), de la aflicción que causa la persecución (Jn. 16:33, comp. con Mt. 5:11, 12), etc.

5. El mensaje de Cristo es un mensaje de discipulado.

Es aquí donde vemos que el Cristianismo es, ante todo, *el seguimiento de una persona* (1 Ped. 1:21). Si Jesucristo es *el Señor*, el Dueño Soberano, la vida cristiana ha de ser una vida de *obediencia*. En Lc. 9:23, 24 dice él mismo: «*Si alguno quiere venir en pos de mí, niéguese a sí mismo, tome su cruz cada día, y sígame. Porque todo el que quiera salvar su vida, la perderá; y todo el que pierda su vida por causa de mí, éste la salvará.*» Este segundo versículo, con el contexto posterior (vers. 25), muestra que se trata de algo vital, de ser o no ser.

Este pasaje es digno de ser considerado en detalle. Primero vemos que Dios no quiere imponernos la salvación por la fuerza, sino que se dirige *al que quiera*. En realidad, Dios cumple la voluntad del hombre, en el sentido de que le da lo que el hombre *busca* (Rom. 2:6-8). Nótese en Mt. 6:2, 5, 17 el expresivo verbo «*apékhusi*»=

= «*están recibiendo toda* su recompensa». Somo si dijera: ¿No es aplauso humano lo que buscan? ¡Pues ya lo tienen!

El seguimiento de Cristo comporta *abnegación*. Negarse a sí mismo significa crucificar el propio yo, sus pasiones carnales, y el contagio mundano (Gál. 2:20; 5:24; 6:14). Así que «tomar la cruz» es abrazarse con el destino que Dios ha puesto en la copa de cada uno, aunque vaya contra nuestros gustos, contra el capricho, la cobardía y la auto-suficiencia de ese «Yo» que, aun en los más santos, se camufla para salirse con la suya (comp. con Lc. 22:42).

La precisión que el original de Lucas ofrece es meti-culosa: «Negarse» = repudiar los caprichos del «Yo», está en imperativo de aoristo, lo que indica una decisión inicial de seguimiento hecha de una vez por todas. El «tomar la cruz» —como equipaje necesario— está también en aoristo. Esta decisión radical de pechar con la cruz ha de reno-varse «*cada día*», como el pan nuestro *de cada día*. Finalmente, el «seguir a Cristo» está en imperativo de presente, lo que indica una acción continuada. Lenski ha expuesto estas ideas de la manera siguiente:

> «Indudablemente Jesús escogió esta figura (la de tomar la cruz) porque él mismo había de ser cruci-ficado... Jesús llevaría *su* cruz, una que él solo podía llevar. Tocante a sus discípulos, dice que cada uno de ellos ha de llevar su cruz, esto es, la particular que al tal se le da. Esta expresión ha llegado a ser muy familiar por su empleo constante. Es una equi-vocación decir que nuestros sufrimientos sean una cruz. Los inicuos tienen tribulaciones (Sal. 32:10), pero no cruces. La cruz es aquel solo sufrimiento que re-sulta de nuestra fiel unión con Jesús (6:22). Y el mandato es el de que cada uno de los discípulos par-ticipe en este sufrimiento. El pensamiento se desarro-lla hasta sobrecoger el ánimo: Cristo carga con su cruz, y todos sus discípulos, cada uno cargando con

su cruz, le siguen en una inmensa procesión, lo mismo
que gentes llevadas a la crucifixión.»[11]

Es significativo que el primer epíteto que se da en el
N.T. a los cristianos es el de «discípulos». *Discípulo* es
alguien que aprende de otro, conviviendo —entrando y sa-
liendo (Hech. 1:21)— con el maestro y siguiéndole a todas
partes. Resulta interesante comprobar cómo están los verbos griegos en Mt. 28:19, 20, en el encargo de la Gran
Comisión que Cristo dio a la Iglesia: «*Haced discípulos*»
está en imperativo de aoristo, lo que indica claramente
que no se trata de una enseñanza que se vaya impartiendo
progresivamente, *sino de una decisión radical por la que
una persona, tras escuchar el mensaje del Evangelio, se
entrega al Señor de una vez por todas, con todo lo que
comporta Lc. 9:23, 24.* Con ello se apunta como alumno.
Los dos verbos siguientes están en participio de presente:
«*bautizándoles*», «*enseñándoles*», lo que demuestra que el
bautismo ha de ir administrándose en sus tiempos y sazones, y tras el bautismo, que marca el ingreso en la iglesia
local (Hech. 2:41), viene la enseñanza progresiva, con el
resto del programa esencial de la Iglesia (Hech. 2:42).

---

11. *San Lucas* (Publicaciones El Escudo, México, 1963), pp. 455-
456.

CUESTIONARIO:

1. Diferencia entre el mensaje de Jesucristo *y* el mensaje sobre Jesucristo. — *2. Resuma en una definición descriptiva el núcleo del Evangelio, en su significación primordial de «Buena Noticia».* — *3. Tres aspectos esenciales del mensaje de Jesucristo.* — *4. Análisis de Mc. 1:15.* — *5. ¿Cuál es la razón por la que el ser humano necesita un libertador?* — *6. Principales textos del N.T. que demuestran el cumplimiento de Is. 61:1ss. en la persona de Jesucristo.* — *7. Análisis de Lc. 9:23, 24.* — *8 Luz que arrojan Mt. 6:2, 5, 17 y Rom. 2:7 («buscan») sobre la primera frase de Cristo en Lc. 9:23: «Si alguno quiere...».* — *9. ¿Qué significa el «tomar su cruz cada día»?* — *10. ¿Qué significa ser «discípulo», y cómo se hace uno discípulo de Cristo?*

LECCIÓN 34.ª LOS MILAGROS DE JESUCRISTO

1. Las "señales" del profeta.

La prueba más contundente del oficio profético es el milagro. Por eso, en aquel delicioso diálogo que nos relata el cap. 9 de Juan, cuando los fariseos le preguntan al recién curado ciego de nacimiento su opinión sobre Jesús, él responde: *«Que es profeta»* (vers. 17). Y, al insistir ellos en que Jesús era pecador, el hombre les replica sabiamente: *«Si es pecador, no lo sé; una cosa sé, que habiendo yo sido ciego, ahora veo»* (vers. 25). Más adelante da un paso más y dictamina con toda precisión: *«Y sabemos que Dios no oye a los pecadores; pero si alguno es temeroso de Dios, y hace su voluntad, a ése oye. Desde el principio no se ha oído decir que alguno abriese los ojos a uno que nació ciego. SI ÉSTE NO VINIERA DE DIOS, NADA PODRÍA HACER»* (vers. 31-33). Compárese con Hech. 10:38: *«y sanando a todos los oprimidos por el diablo, porque Dios estaba con él».* De ahí que el Evangelio de Juan llame siempre «señales» a los milagros de Jesús.

Por cierto, Agustín de Hipona, en un sermón sobre este pasaje,[12] asegura que el recién curado ciego de nacimiento dio una respuesta totalmente falsa al decir: *«Sabemos que Dios no oye a los pecadores.»* Pone el ejemplo del publicano que oró a Dios en el Templo y salió justificado de allí. Sin embargo, el error no fue del ciego, sino de Agustín por

---

12. Puede verse en el vol. n.º 95 de la B.A.C. (Madrid, 1952), p. 803.

no entender el sentido de la frase. El ciego no quería decir que Dios no oiga a los pecadores cuando acuden al Señor en demanda de perdón, sino que no confirma con milagros la doctrina de un falso profeta.

2. Definición de milagro.

Suele definirse el milagro como «un hecho extraordinario, sobrenatural, divino».

Extraordinario quiere decir que se sale de lo corriente, hasta salirse del modo normal de actuar de las leyes naturales. Sin embargo, ha de tenerse en cuenta que el milagro no contraviene ninguna ley natural, sino que sólo muestra un efecto que parece sustraerse al modo ordinario de actuar de los agentes físicos, químicos, biológicos o psicológicos. Todas estas fuerzas están en las manos de Dios, quien actúa por medio de ellas, ya del modo ordinario de su providencia cotidiana y universal, ya de un modo extraordinario, asombroso, que escapa a nuestra comprensión.

Más aún, el Antiguo Testamento nos presenta un número considerable de maravillosas intervenciones divinas a favor de su pueblo, sin llamarlas *milagros* en el sentido que hoy le damos a este término, sino como *obras poderosas del brazo extendido* (y remangado) *de Dios*. Estas obras no forman una excepción a las leyes naturales, sino que se inscriben con toda naturalidad dentro del contexto de la Providencia (V. Sal. 135:6-12).

Cuando decimos que el milagro es algo sobrenatural, queremos dar a entender que se trata de un hecho que no está al alcance de la capacidad de los seres humanos. En este sentido, también se llaman intervenciones sobrenaturales a las operaciones extraordinarias de seres angélicos —buenos y malos—, que, como dice L. S. Chafer, «tienen recursos y capacidades que... trascienden todas las limitaciones humanas».[13] V., por ejemplo, Hech. 16:16; 2 Tes. 2:9; Apoc. 13:1-18.

Por eso, para un verdadero *milagro,* se requiere un tercer elemento: es un hecho producido *por Dios, o por el poder que Dios confiere.* Hay en esto un límite que ninguna criatura puede sobrepasar con su propio poder. Llega un momento, en la competencia milagrosa de Éx. 7 y 8, precisamente en la tercera plaga, cuando los magos de Faraón se ven obligados a confesar: *«Dedo de Dios es éste»* (Éx. 8:19, comp. con. Lc. 11:20). El *dedo* de Dios es el Espíritu Santo, en cuanto que la tercera persona de la Trinidad es el agente ejecutivo de los planes divinos, pero además es un *dedo índice* que apunta hacia un mensaje. Por eso, el término griego *«teras»* = portento o prodigio (un dedo delante), es también —sobre todo en Jn.— un *«semeion»* = señal; señales de una presencia, de una autoridad, de una legación divinas. *«¿Qué señal nos muestras?»* —dicen los judíos a Jesucristo cuando éste acababa de purificar el Templo.

3. Los milagros de Cristo, señales de su mesianidad.

Los milagros de Cristo se inscriben especialmente en este aspecto de «señales», porque con ellos demostraba ser el Mesías profetizado y profeta. Todos sus milagros, sobre la naturaleza y sobre las personas, llevaban este sello, por delante incluso de —o más bien, compenetrados con—, el aspecto de beneficencia y liberación. Por eso, ante la pregunta de los enviados del Bautista: *«¿Eres tú el que había de venir* (expresión de típico contenido mesiánico), *o esperaremos a otro?»,* Jesús responde: *«Id, haced saber a Juan lo que habéis visto y oído: los ciegos ven, los cojos andan...»* (Lc. 7:19, 22), con lo que daba a entender que estaba cumpliendo las profecías mesiánicas de Is. 35: 5, 6; 61:1.

---

13. *O. c.,* II, p. 622.

Más aún, algunos milagros de Jesucristo iban destinados a demostrar su divinidad, como la curación del paralítico en *Mt. 9, Mc. 2* y *Lc. 5*, donde al murmurar los judíos: *«¿Quién puede perdonar pecados sino sólo Dios?»*, Jesús ejecuta el milagro tras replicarles: *«para que sepáis que el Hijo del Hombre tiene potestad en la tierra para perdonar pecados...»*

Entre los milagros de Jesucristo, el de su resurrección (Jn. 10:18) tenía carácter directamente salvífico (Rom. 4: 25; 10:9). No obstante, *todos* los milagros conducían, al menos por vía de introducción, a la salvación de sus interlocutores. Así vemos que al reconocimiento de Nicodemo en Jn. 3:2, Jesús responde llevándole hasta el nuevo nacimiento y la salvación por fe (vers. 3, 5, 8, 11, 14, 15); al reconocimiento de la Samaritana (Jn. 4:19), Jesús responde llevándola al verdadero culto que hay que rendir al Padre, y su autodeclaración como Mesías (vers. 24-29). La actitud imperfecta del palaciego en Jn. 4:48 es corregida, con resultado salvífico, en el vers. 53.

. Hemos dicho en el párrafo anterior que la resurrección de Cristo tenía carácter directamente salvífico. Es preciso agregar que, al mismo tiempo, constituía «la señal por excelencia de su mesianidad», como él mismo dijo, según el relato de Mt. 12:39: *«La generación mala y adúltera demanda señal; pero señal no le será dada, sino la señal del profeta Jonás.»* Y continúa en el versículo siguiente: *«Porque como estuvo Jonás en el vientre del gran pez tres días y tres noches, así estará el Hijo del Hombre en el corazón de la tierra tres días y tres noches.»* Aunque la resurrección está sólo implícita en estas frases, se hará explícita en Lc. 24:46 y, sobre todo, en Hech. 2:24-36.

Además de su resurrección, Cristo realizó su milagro más portentoso al resucitar a Lázaro, muerto de hacía cuatro días, puesto que, según la mentalidad judía, el alma permanece junto al cadáver los tres primeros días, para abandonarlo definitivamente al cuarto día después de la defunción. Juan 11:42 nos refiere que Jesús lo hizo *«para* que crean que tú (Dios el Padre) *me has enviado»*. Como resultado, *«muchos de los judíos que habían venido para acompañar a María, y vieron lo que hizo Jesús, creyeron en él»* (vers. 45). El contexto posterior (vers. 46-53) nos muestra que este milagro, con el resultado salvífico que produjo, fue la gota que colmó el vaso para que los escribas y fariseos, los ancianos y los principales sacerdotes tramasen la rápida ejecución de Jesús. Caifás, siendo el sumo sacerdote aquel año, profetizó (usándole Dios, a pesar de su perversidad; también lo hizo Saúl cuando la perversidad había entrado en su corazón —V. 1 Sam. 19:24) *«que Jesús había de morir por la nación; y no solamente por la nación, sino también para congregar en uno a los hijos de Dios que estaban dispersos»* (Jn. 11:49-51). Para intentar borrar la «gran señal», se propusieron matar, no sólo a Jesús, sino también a Lázaro (Jn. 12:10, 11). Dice, a este propósito, Agustín de Hipona: «Como si el que resucitó al muerto no pudiese resucitar al matado» (Com. al Evang. de Juan).

CUESTIONARIO:

1. ¿Cómo refrenda Dios las intervenciones más importantes de los grandes profetas? — 2. Raciocinio sensato del ciego de nacimiento (Jn. 9) y equivocación de Agustín de Hipona a este respecto. — 3. Definición de milagro. — 4. ¿En qué sentido es el milagro algo extraordinario? — 5. ¿Puede el demonio hacer milagros? — 6. ¿Por qué llama el N.T. a los milagros «prodigios» y «señales»? — 7. ¿Qué muestra Lc. 7:19, 22 en orden a probar la mesianidad de Cristo? — 8. Valor apologético de la resurrección de Cristo, a la luz de Hech. 2:24-36. — 9. Peculiar importancia del milagro de la resurrección de Lázaro. — 10. ¿Qué papel desempeñó este milagro en la trama farisea para acelerar la ejecución de Jesús?

LECCIÓN 35.ª EL OFICIO SACERDOTAL DE JESUCRISTO

1. El oficio sacerdotal.

Sacerdocio y sacrificio son dos términos que representan una función y un oficio tan antiguos como la humanidad. El hombre que, de alguna manera, se ha sentido siempre culpable ante la divinidad, ha tratado de aplacarla mediante el sacrificio. Pero, privado de la revelación específica de Dios, lo ha hecho de manera impropia, siempre insuficiente y, a menudo, abominable. Por eso, el Antiguo Testamento no aplica a los sacerdotes falsos el mismo nombre que a los sacerdotes del Dios vivo, sino que les llama en plural «kemarim» (2 Rey. 23:5; Os. 10:5; Sof. 1:4), que es una voz siríaca cuya etimología, según Gesenius, es «negrura» o «tristeza», puesto que dichos sacerdotes iban vestidos de negro y en actitud de duelo y lamentación. Ello contrasta con las blancas vestiduras de los sacerdotes de Israel y la actitud reverente, pero no apesadumbrada, que el Señor Yahweh exigía de ellos.

El término hebreo «kohen» y el griego «hieréus» son los que la Palabra de Dios emplea para designar a los sacerdotes del Dios verdadero. El vocablo griego nos da la idea de algo *consagrado* a Dios, pero el hebreo proviene de una raíz que denota *intercesión en favor de otros;* en esa misma raíz *(khn)* se apoya la etimología caldea de *profeta,* por ser también éste un intermediario entre Dios y los hombres.

2.   Diferencia esencial entre el oficio sacerdotal y el profético.

Aunque ambos, el profeta y el sacerdote, son designados por Dios (V. Deut. 18:18, comp. con Heb. 5:4), la función de ambos sigue un sentido inverso, porque mientras el profeta representa a Dios ante el pueblo, ya que lleva un mensaje de Dios a los hombres, el sacerdote representa al pueblo delante de Dios, ya que tiene el alto cometido de acercarse a Dios y actuar ante él en lugar y en favor del pueblo al que pertenece y representa. Del profeta encontramos en la Palabra de Dios, por ejemplo: *«Vino a mí palabra de Yahweh, diciendo: Anda y clama a los oídos de Jerusalén, diciendo: Así dice Yahweh»* (Jer. 2:1, 2). En cambio, los atuendos sacerdotales simbolizaban bien a las claras su mediación en favor del pueblo delante de Dios. La lámina de oro en la parte inferior de la mitra que cubría la cabeza del sumo sacerdote llevaba la siguiente inscripción: SANTIDAD A JEHOVÁ. Por otra parte, el pectoral que cubría su pecho llevaba, junto al corazón, doce piedras en las que estaban inscritos los nombres de las doce tribus de Israel. Por eso, mientras el profeta tenía que enfatizar los deberes morales, espirituales y religiosos del pueblo, y debía comunicarle privilegios, responsabilidades, promesas y amenazas, el sacerdote tenía que enfatizar las formalidades y observancias implicadas en un acercamiento reverente a la divinidad.

3.   Doble función sacerdotal.

El sacerdote es una persona designada por Dios para hacer una especie de transacción con la divinidad en favor de la humanidad. De esta manera define al sacerdote el teólogo bautista A. Strong.[14] La función del sacerdote es doble: ofrecer sacrificios a Dios, y hacer intercesión por el pueblo. Esta división es de extrema importancia, puesto que nos permite comprender el carácter eterno del sacer-

---

14. *O. c.,* p. 713.

docio de Cristo, a la vez que nos asegura la consumación ya realizada, de una vez por todas, del único y suficiente sacrificio de Jesús en la Cruz del Calvario.

Las características del sacerdote nos las presenta, en forma concisa, Heb. 5:1, que dice así: «*Pues todo sumo sacerdote, tomado de entre los hombres, es constituido en favor de los hombres en las cosas que se refieren a Dios, para presentar tanto ofrendas como sacrificios por los pecados.*» El contexto posterior describe otros aspectos importantes de la función sacerdotal, así como de la condición del sacerdote mismo. Si a esta porción añadimos Núm. 6:22-27 (preciosa porción, que explica Lev. 9:22) y Heb. 7:25, encontramos en la función sacerdotal las siguientes características:

a) el sacerdote es tomado de entre los hombres como representante de éstos ante Dios (vers. 1);

b) el sacerdote no es designado por los hombres, sino por Dios (vers. 4: «*siendo llamado por Dios*»);

c) su actividad está confinada en los intereses de los hombres, en la medida en que estos intereses se relacionan con Dios, es decir, en el aspecto religioso (vers. 1);

d) su función específica es presentar ofrendas y sacrificios por los pecados (vers. 1);

e) dentro de esta función está incluida la oración *sacerdotal,* ya que la intercesión es un aspecto esencial del oficio sacerdotal (Heb. 7:25);

f) la bendición que, de parte de Dios, imparte al pueblo (Lev. 9:22; Núm. 6:24-26).

4. El sacerdocio de Jesucristo.

Ya en el Antiguo Testamento Dios escogió a Israel para ser una nación sacerdotal; dentro del pueblo de Israel escogió una tribu sacerdotal, la de Leví. Sacerdotes y levitas habían de ser descendientes de Leví, pero la familia sacerdotal por excelencia era la de los descendientes de Aarón, de la que era tomado el sumo sacerdote, tipo de nuestro gran sumo sacerdote, Jesús, el Señor. Y, dentro ya del Nuevo Testamento, ninguna otra persona *en singular* es llamada *«hieréus»* = sacerdote, excepto él. Con todo, hay una diferencia radical entre el pueblo de Israel y la Iglesia de Cristo, puesto que Israel tenía una casta sacerdotal, una dinastía y un determinado número de profetas, llamados por Dios para este ministerio, así como también un cuerpo de jueces que, por participar del exclusivo atributo divino de *juzgar,* son llamados *«dioses»* e *«hijos del Altísimo»* en el Sal. 82:6 (comp. con Jn. 10: 34, 35), mientras que en la Iglesia todo verdadero creyente es sacerdote, rey, profeta y juez (1 Cor. 2:15; 6:2, 3; 1 Ped. 2:9; Apoc. 1:6; 5:10), porque el Espíritu Santo, que capacita para tales funciones, ya no está solamente *con* o *sobre* el pueblo, sino que habita *en* cada cristiano que posee *«la unción del Santo»* (1 Jn. 2:20) y, por tanto, cada creyente es un *ungido* de Dios.

Por su parte, el Antiguo Testamento predice y prefigura el sumo sacerdocio de Jesucristo, nuestro Redentor. Encontramos claras referencias a ello en el Sal. 110:4: *«Tú eres sacerdote para siempre según el orden de Melquisedec»,* cita que aparece no menos de cuatro veces en *Hebreos* (5:6; 6:20; 7:17, 21) y en Zac. 6:13: *«habrá sacerdote a su lado* (de Jehová); *y consejo de paz habrá entre ambos»,* texto que hallará profunda resonancia en 2 Cor. 5:19.

Ya hemos dicho que el sumo sacerdote aarónico era figura del Mesías-Sacerdote, Jesús. Pero este sacerdote no era un continuador del sacerdocio levítico, puesto que procedía de la tribu de Judá, de la cual nadie sirvió como sacerdote; venía a inaugurar un nuevo Pacto y, con él, un nuevo sacerdocio como consecuencia del cambio en la manera de acercarse el pueblo a Dios (Heb. 4:12). Todo ello está ampliamente detallado en la Epístola a los Hebreos, único libro de la Escritura en que el término *«hieréus»* = = sacerdote, o *«archieréus»* = sumo sacerdote, es aplicado repetidamente a Cristo (3:1; 4:14; 5:5; 6:20; 7:26; 8:1), aunque en muchos otros libros del Nuevo Testamento abundan las referencias a su obra sacerdotal.

5. La doble función sacerdotal de Cristo.

Aunque gran parte de esta sección tercera del presente volumen estará destinada al estudio de la obra sacrificial de Cristo, será conveniente adelantar una breve idea de la misma.

El sacrificio de Jesucristo en la Cruz del Calvario rebasó ampliamente, como perfecto *antitipo*, el significado y la eficacia de los sacrificios de la Ley. Cinco eran las principales ofrendas sacrificiales de la Ley: tres de olor suave y dos de olor no suave. Las de *olor suave* (así llamadas por comportar únicamente actitudes de sumisión, amor y obediencia) eran el holocausto, la oblación, y la ofrenda de paz (Lv. caps. 1-3). Las de *olor no suave* (por implicar expiación por el pecado) eran la ofrenda por el pecado (expiación de la culpa) y la ofrenda de expiación (expiación por los efectos dañinos del pecado). De todas ellas destacan el holocausto y el sacrificio de expiación. A favor de la magnífica exposición que de estos dos aspectos hace McIntosh en su comentario al Levítico,[15] y contra la opinión de Scofield,[16] defendemos que Cristo fue nuestro *representante* en su holocausto, el cual comenzó en su entrada a este mundo (Heb. 10:5-7) y se consumó en la Cruz del Calvario (Heb. 13:10-12), sin solución de continuidad durante su vida (Jn. 4:34; 17:4), siendo para nosotros modelo de consagración total a Dios (Rom. 12:1; Heb. 13:13-16), pero no fue en esto nuestro *sustituto*, puesto que, de lo contrario, quedaríamos desobligados de toda obediencia activa a la Ley de Dios, con una falsa interpretación de 1 Cor. 9:20-21 que nos llevaría al antinomianismo. En cambio, fue nuestro *sustituto* en el sacrificio de expiación por el pecado, comenzado y consumado únicamente

15. Pp. 9-26 y 80-117.
16. *Biblia Anotada de Scofield*, nota 1 a Lev. 1:3.

en la Cruz, donde fue *hecho por nosotros maldición* (Gál.
3:13). De ahí que el primer Viernes Santo fue el único
gran *Yom Kippur* o Día de la Expiación del Nuevo Pacto,
como veremos más adelante, especialmente en la lecc. 44.ª.
Con relación a este aspecto, ya consumado, de la función
sacerdotal de Cristo, nuestro Redentor aparece como *sentado* (símbolo de que se acabó el aspecto sacrificial —comp.
He. 1:3; 8:1; 10:12).

El segundo aspecto de la función sacerdotal de Cristo,
la *intercesión*, es de carácter permanente, mientras dure
alguien por quien interceder (hasta la consumación de nuestra salvación en el fin de los tiempos). El original de Heb.
7:24 dice que Cristo, el sacerdote, *permanece para siempre;* el vers. 25 añade: *«para interceder por ellos»* (los
que, por medio de él, se acercan a Dios). Nótese bien:
no dice que vive para interceder siempre, sino que vive
siempre para interceder. Un eco concreto de esta intercesión lo encontramos en 1 Jn. 2:2; *«Si alguno ha pecado,
Abogado tenemos con* (junto a, delante de) *el Padre, a
Jesucristo el justo.»* En esta actitud de intercesión (y también en la de justicia) Jesús aparece *en pie* (Hech. 7:56;
Heb. 5:10; 7:28; Apoc. 5:6 —aunque en este último texto
se enfatiza su condición de *resucitado*).

CUESTIONARIO:

1. ¿Con qué términos designa la Biblia el oficio sacerdotal? — 2. ¿Usa la Escritura del A.T. la misma palabra para designar a los sacerdotes de los ídolos que a los del Dios verdadero? — 3. ¿En qué se diferencia el profeta del sacerdote? — 4. ¿Cuántas y cuáles son las principales funciones del sacerdote? — 5. ¿Cómo nos describe Heb. 5:1ss. las características de un fiel sacerdote? — 6. ¿Qué diferencias encuentra entre el sacerdocio del Antiguo Testamento y el del Nuevo en cuanto a casta, extensión y funciones? — 7. ¿Qué le sugiere el hecho de que el original de 1 Ped. 2:9 y Apoc. 1:6; 5:10 diga, respectivamente, «sacerdocio regio» y «un reino y sacerdotes»? — 8. ¿Qué diferencias esenciales nos presenta Hebreos entre el sacerdocio levítico y el de Jesucristo? — 9. ¿Cómo cumple Jesús la doble función del oficio sacerdotal, de acuerdo con la profecía y la historia? — 10. ¿En qué aspecto sacrificial es Cristo nuestro sustituto, y en cuál es nuestro representante, y por qué?

LECCIÓN 36.ª REPRESENTACIONES BÍBLICAS DE LA REDENCIÓN (I —ANTIGUO TESTAMENTO)

1. Concepto de redención.

En castellano no tenemos un término tan comprensivo como el inglés «*atonement*» para designar la obra de Jesús en el Calvario. Por eso solemos designarla con el nombre de «redención», tomado en un sentido genérico. En la lección 43.ª explicaremos este mismo término en su sentido específico. A su vez, el estudio de la necesidad de la redención en la lección 39.ª nos proporcionará la ocasión de aclarar otros conceptos relacionados con el tema.

Podemos, pues, definir la redención como «la obra salvífica de la misericordia de Dios, quien, mediante el sacrificio de su Hijo Jesús en la Cruz del Calvario, ha hecho provisión abundante para liberarnos de la esclavitud del pecado y del demonio, para satisfacer condignamente las demandas de su justicia santa y para manifestar al máximo su gloria intransferible de ser el Salvador necesario y suficiente de la humanidad caída, estableciendo así la base contractual para la cumplida reconciliación con él de todo aquel que se acerque a la Cruz de Cristo con fe sincera y corazón contrito y humillado». En esta definición no entran algunos aspectos que integran el complejo plan de nuestra salvación (como la resurrección y ascensión del Señor, ya tratados en la Segunda parte), pero con ella basta para centrar el foco de nuestra atención en las facetas estrictamente sacrificiales que corresponden a la sección presente.

2. La importancia de los tipos veterotestamentarios.

En este tema, como en todos los demás de la Teología cristiana, el Antiguo Testamento nos ofrece el debido y necesario trasfondo para comprender el sentido soteriológico de los conceptos y términos que expresan la realidad salvífica del sacrificio de la Cruz del Calvario. «La salvación viene de los judíos» —dijo el Señor a la samaritana (Jn. 4:22, donde la preposición «ek» indica procedencia). Y «viene de los judíos» no sólo porque Jesús era judío según su naturaleza humana, sino porque el plan salvífico de Dios había sido revelado al pueblo de Israel y transmitido mediante los tipos, figuras y pasajes proféticos del Antiguo Testamento.

Este recurso al Antiguo Testamento es de tan vital importancia, que el propio Jesús hizo uso de él en su conversación con los discípulos que se dirigían a Emaús: «Y Jesús les dijo: ¡Oh insensatos y tardos de corazón para creer en todo lo que los profetas han dicho! ¿No era necesario que el Cristo (el Mesías o Ungido) padeciese todas estas cosas y entrase en su gloria? Y, comenzando por Moisés y por todos los profetas, les explicó las cosas referentes a él en todas las Escrituras» (Lc. 24:25-27). La misma línea se observa en la predicación del Evangelio de labios de Pedro (Hech. 3:18, 24; 10:43), de Felipe (Hech. 8:35) y de Pablo (Hech. 9:22; 13:23, 27, 32-39; 17:11; 18:5; 24:14; 26:6-7, 22, 23, 27; 28:23).

Pero, como advierte E. F. Kevan,[17] sería un error lamentable buscar en el A.T. un muestreo de pruebas, olvidando que la revelación es esencialmente *progresiva* y que siempre es válido el dicho de Agustín: «el Nuevo Testa-

---

17. En su Curso por correspondencia del London Bible College, *The Doctrine of the Work of Christ*, less. I, pp. 4ss. Para todo el tema, véase A. H. Strong, *o. c.*, pp. 718-728.

mento está escondido en el Antiguo; el Antiguo está revelado en el Nuevo». «La obra del Señor —dice Kevan— no es una mera reproclamación de la Ley y de los profetas, sino *su cumplimiento*... Por tanto, en el Antiguo Testamento hemos de encontrar las verdades del Nuevo Testamento no en *miniatura*, sino en *germen*.» Hay excepciones, como el capítulo 53 de Isaías.

3. El mensaje sacrificial del Antiguo Testamento.

Dejando a un lado la consideración del elemento sacrificial en las religiones paganas, vemos en la Biblia que es siempre Dios el que toma la iniciativa de gracia en la redención del hombre, y aunque los sacrificios referidos en Génesis no indican una explícita ordenación divina, son muchos los autores que, incluso en Gén. 3:21, ven el origen divino de la idea correcta de sacrificio. Es curioso observar que Yahweh Dios fabricase para Adán y Eva unas túnicas de pieles en sustitución de la indumentaria de hojas de higuera con las que nuestros primeros padres habían intentado cubrir su denudez. Ya fuese obra directa de Dios, o por mandato divino, aquellos animales pudieron ser sacrificados de tal forma que sus pieles fueran ya, de algún modo, una anticipación del «*kapporeth*» o cubierta propiciatoria que ocultaba a los ojos de Dios la Ley quebrantada por el pueblo de Israel.

La verdadera naturaleza del sacrificio judío se hace notoria en las normas del Levítico. De una u otra forma, las cinco principales clases de sacrificio tenían carácter expiatorio, puesto que todas tendían a satisfacer las demandas de la Ley y de la santidad de Dios mediante el carácter sustitutorio de la víctima o de la ofrenda. Ello es obvio, sobre todo, en el derramamiento de la sangre de las víctimas. En conformidad con lo dicho por Dios a Noé en Gén. 9:4 (*«la vida está en la sangre»*), leemos en Lev. 17:11: *«Porque la vida de la carne está en la sangre, Y YO OS LA HE DADO PARA HACER EXPIACIÓN SOBRE*

EL ALTAR POR VUESTRAS ALMAS; y la misma sangre hará expiación de la persona.» De ahí la conclusión de Heb. 9:22: *«sin derramamiento de sangre no hay perdón».*

La idea implicada es la siguiente: La vida del hombre se ha depravado por el pecado, pues le ha hecho perder la comunión con Dios. Como la vida está en la sangre, sería preciso verter la propia sangre para exonerarse de la carga del pecado. Ahora bien, la propia sangre está manchada; una cosa que está manchada no sirve para *limpiar.* Entonces Dios provee animales limpios, sobre cuya cabeza sea pronunciada la confesión de los pecados del pueblo, antes de ser degollados, y derramada su sangre en sustitución de la sangre manchada del hombre pecador. Sin embargo, esta sangre de animales sólo podía poseer una representación *típica,* no *mágica,* para quitar el pecado, como advierte Heb. 9:13-14; 10:4, ya que un animal no puede sustituir a una persona en la expiación de sus pecados. De ahí que el Redentor de la humanidad caída tuviese que hacerse solidario de los redimidos participando, como ellos, de «carne y sangre» y «perteneciendo a la misma raza» (Heb. 2:11-17).

Falta por explicar un detalle de suma importancia: Los sacrificios del Antiguo Testamento, incluidos los del Día de la Expiación que se detallan en Lev. 16, hacían propicio a Dios (siempre con la mira puesta hacia el Calvario) respecto a los pecados del pueblo *en general,* pero no reconciliaban automáticamente a los individuos con Dios. Sólo la fe en el Mesías venidero y un corazón contrito y humillado pueden restaurar la comunión personal con Dios (V. Lev. 16:29, 31: *«afligiréis vuestras almas...»;* Sal. 51: 16, 17: *«Porque no quieres sacrificio, que yo lo daría; no quieres holocausto. Los sacrificios de Dios son el espíritu quebrantado; AL CORAZÓN CONTRITO Y HUMILLADO NO LO DESPRECIARAS TÚ, OH DIOS»).* Esto ya entra dentro del punto siguiente y tiene singular importancia para entender el sentido y la extensión de la redención en la obra del Calvario (V. Rom. 3:24-25; 2 Cor. 5:19-21).

4. El mensaje profético del arrepentimiento.

El mensaje profético al pueblo de Israel incluía siempre una intimación al arrepentimiento.[18] Con ello se contrarrestaba el aspecto ritual y formalista del que muchas veces adolecía el ministerio sacrificial del sacerdote levítico. «Los profetas —dice Kevan— denunciaban con tanta fuerza la hipocresía de sacerdotes y pueblo en sus sacrificios, que a veces parecían opuestos del todo al sistema entero.»[19] Tres lugares merecen especial atención: Is. 1:10-20; Jer. 7:21-28 y Am. 5:21-24. Una lectura atenta de dichos pasajes nos lleva a la conclusión de que el ministerio sacerdotal y el mensaje profético no se oponen sino que se complementan. Dice Hertz: «Los profetas no intentan alterar o abolir los aspectos externos de la religión como tal. No son tan insensatos como para demandar que los hombres rindan culto a Dios sin ayuda de símbolos exteriores. Lo que para ellos constituía motivo de protesta era la tendencia fatal a hacer de estos símbolos la religión entera; la *sobreestimación* supersticiosa del sacrificio en comparación con la justicia, la piedad y la pureza; y especialmente la monstruosa perversidad que a menudo acompañaba a los sacrificios.»[20] *Miqueas 6:8* resume admirablemente lo que Dios pedía (y pide), ante todo, de su pueblo: «*Oh hombre, él te ha declarado lo que es bueno, y qué pide Jehová de ti: solamente hacer justicia, y amar misericordia, y humillarte ante tu Dios.*»[21]

Ahora bien, como observa Kevan,[22] el mensaje profético insistía en el arrepentimiento como un medio para la *reconciliación* con Dios, más bien que en la *expiación* por el pecado. Esto necesita una especial aclaración, pues aun-

---

18. V. la lecc. 10.ª de mi libro *Ética Cristiana* (Terrassa, CLIE, 1975), pp. 67-72.
19. *O. c.,* p. 10.
20. *Pentateuch and Haftorahs,* p. 560.
21. Acerca de este pasaje véanse las primeras líneas de la p. 69 de mi libro *Ética Cristiana.*
22. *O. c.,* pp. 13-16.

que el concepto de reconciliación está incluido en el de expiación, este último tiene una mayor amplitud. Kevan pone un ejemplo muy gráfico en el niño que comete una travesura y, tras decirle a su madre que siente mucho haberla ejecutado, la madre le perdona y le ruega que olvide el incidente. Aquí tenemos una reconciliación *sin expiación* de la culpa. En nuestro caso no es así, sino que ambos conceptos deben ir unidos. Y unidos van en el mensaje veterotestamentario si consideramos juntamente las demandas de moralidad y arrepentimiento del mensaje profético con la idea de *mediación* que implica el espíritu de un verdadero sacrificio de holocausto y expiación. Es aquí donde *Isaías 53* adquiere todo su relieve, puesto que el Siervo de Yahweh ofrece, juntamente con su *muerte expiatoria* en sustitución del pueblo, una *obediencia perfecta* a la voluntad de Dios. Así, Heb. 10:5-7 nos trae el eco del Sal. 40:6-8: *«Sacrificio y ofrenda no quisiste; pero me preparaste cuerpo. Holocaustos y expiaciones por el pecado no te agradaron. Entonces dije: Mira que he venido, oh Dios, para hacer tu voluntad.»*

CUESTIONARIO:

1. *¿En qué sentido tomamos el término redención en la lección presente? — 2. Defina lo más completamente posible la redención en su sentido global como obra de Jesús en el Calvario. — 3. ¿Por qué acudimos al A.T. en busca de datos para este tema? — 4. ¿Qué nos enseña en este sentido la predicación de Jesús, así como la de los apóstoles y evangelistas? — 5. ¿Por qué no encontramos en el A.T. una revelación completa de la expiación redentora? — 6. ¿Dónde y cómo se hace notoria la verdadera naturaleza del sacrificio en el A.T.? — 7. ¿Qué idea se implica en la necesidad del derramamiento de sangre para expiar el pecado del hombre? — 8. Reconciliaban con Dios a cada individuo, sin más, los sacrificios del culto levítico? — 9. ¿Qué añadía, en este punto, el mensaje de los profetas? — 10. ¿De qué forma encontramos en el A.T. un puente que una el concepto de reconciliación con el de expiación, de tal modo que nos prepare para comprender el sentido de la obra de Jesús en la Cruz del Calvario, conforme estaba profetizado en los Sal. 22 y 40, y en Is. 53?*

LECCIÓN 37.ª REPRESENTACIONES BÍBLICAS DE LA REDENCIÓN (II —EVANGELIOS)

1. Una advertencia necesaria.

El erudito rabino, convertido al cristianismo, Mario Trezzi, me decía y repetía que el gran error de la teología y de la exégesis occidental ha sido el estudiar la Biblia con «ojos occidentales». Efectivamente, todos los conceptos fundamentales implicados en la Biblia como Historia de la Salvación tienen una resonancia semítica muy difícil de captar para quienes hemos sido educados en una cultura e imbuidos de unos conceptos que son peculiares de la civilización greco-romana. Es preciso insistir en esta advertencia, al mismo tiempo que repetimos lo ya dicho en la lección anterior sobre la necesidad de adentrarse profundamente en los conceptos del A.T. si queremos comprender bien el tema de la redención según nos es presentado en el N.T. En la presente lección nos limitaremos a estudiar el tema en los Evangelios, dejando para la lección siguiente el estudio en el libro de Hechos y en las Epístolas. Tomaremos los Evangelios en su conjunto, pues aunque haya una notable diferencia entre los Sinópticos y el de Juan en cuanto al *modo* de referir los hechos y enseñanzas de Jesús, no la hay en cuanto a la manera de enfocar el *tema* que nos ocupa. Podemos presentarlo desde varios puntos de vista, siguiendo las líneas del Prof. Kevan.

2. Los Evangelios presentan la obra de Cristo como cumplimiento del A.T.

Basta con leer detenidamente los siguientes lugares: Mt. 12:17; 26:24; Mc. 9:12; 14:21, 49; Lc. 18:31; 22:22; 24:25-27, 44, 45, para darse cuenta del contexto profético veterotestamentario en el que estaba implicada la obra redentora de Jesús. Dichos pasajes son suficientes para demostrar la perfecta continuidad de la revelación especial escrita a impulsos del Espíritu Santo y, en muchos lugares, como revelación directa y formal de Dios. Es cierto que Juan presenta la pasión y muerte de Cristo como una *exaltación* más bien que como una *humillación* (V. Jn. 3:14; 12:32, 33; 18:37; 19:37); no aparecen allí ni la agonía de Getsemaní, ni el grito de desamparo en la Cruz, ni las burlas de los circunstantes. En Juan muere triunfalmente el Verbo hecho carne, pero un corto versículo (12:27) nos resume el conflicto, la *agonía,* al par que acepta el cáliz de su destino desde la eternidad con una frase de sumisión: «pero ¡yo he llegado a esta hora para este propósito!». Por otro lado, en los Sinópticos, junto a la humillación de Jesús, encontramos igualmente el porte majestuoso de su persona divina (Mt. 3:17; 17:5 y, especialmente, 26:63-64, donde, ante el tribunal del sumo sacerdote, proclama la futura manifestación gloriosa de su majestad: «*desde ahora veréis al Hijo del Hombre sentado a la diestra del poder de Dios, y viniendo en las nubes del cielo*»). Esta proclamación tiene tanta mayor importancia cuanto que fue precisamente dicha confesión, expresada ante el conjuro del sumo sacerdote, la que dictó su sentencia de muerte: «*¡Es reo de muerte!*» (vers. 66).

3. Los Evangelios presentan la obra de Cristo como una oblación sacrificial.

Es aquí donde los Evangelios Sinópticos (Mateo, Marcos y Lucas) se funden con el de Juan para darnos una

visión completa de la obra sacrificial de Cristo, que cul-
minó en la Cruz del Calvario.

Es notable el modo con que Juan el Bautista presentó
ante sus discípulos a Jesús como «*el Cordero de Dios, que
quita el pecado del mundo*» (Jn. 1:29). Con ayuda de mi
propio comentario (inédito) a este lugar, puedo decir lo
siguiente: Lo primero que se advierte en dicho versículo
es la fuerza de interjección que comporta la frase, pues
el sustantivo «cordero» no está en acusativo, sino en nominativo. Pero lo principal es el sentido. Tras el acto de
ser bautizado por Juan, humillándose al bajar a las aguas
del Jordán como si fuera un pecador, y tras las tentaciones del desierto, donde Jesús había demostrado que estaba
decidido a «*cumplir toda justicia*», es decir, toda y sola
la voluntad del Padre, el Bautista ve claramente en Jesús
a nuestro representante y sustituto y, señalando hacia él,
proclama a gritos la función esencial del Salvador de
acuerdo con Is. 53:7. Aunque la obra de la redención se
consumó en la Cruz, Juan la ve ya en acción y por eso
dice «*quita*», en presente, con el sentido incoativo-conti-
nuativo que tiene el presente griego. El hecho de que la
Pascua estaba cercana, y la cita de Isaías el día anterior
(Is. 40:3, comp. con Jn. 1:23), nos dan pie para pensar
que el Bautista, al apuntar a Cristo como al «Cordero»,
tenía en su mente, por una parte, al «cordero pascual»
de Éx. 12:1-13 y, por otra, al que iba a ser el sustituto por
nuestros pecados o, más exactamente, por «*el pecado del
mundo*» (V. Is. 53:7: «*cargó en él* EL PECADO DE TODOS NOS-
OTROS), con lo que la frase adquiere un sentido *universal*.[23]
Notemos, finalmente, que el verbo griego «*airo*» que Juan
emplea aquí, lo mismo que en 19:31, significa «retirar» algo
de algún lugar, en consonancia con lo que realizaban los
sacrificios de los corderos en el A.T. respecto a la expiación del pecado en Israel, pero el sentido primordial es
de «levantar». En realidad, son tres los sentidos que se
combinan en la acción del Salvador, expresada por el ver-

---

23. Volveremos sobre estos textos en la lecc. 44.ª.

bo «*airo*»: a) *quita* el pecado de encima de nosotros; b) lo *retira*, tan lejos como lo hace el perdón de Dios, mediante su sacrificio expiatorio; y c) queda *cargado* con dicho pecado (Is. 53:6). Es «*el Cordero de Dios*», porque es Dios el Padre quien lo ofrece (Jn. 3:16; Hech. 2:23; Rom. 8:32; 2 Cor. 5:19, 21). 1 Pedro 1:18, 19; 2:22-25 arrojan nueva luz sobre Is. 53:5-9 y sobre Jn. 1:29.

Otro pasaje significativo, también en Juan, lo encontramos en el discurso pronunciado en Capernaúm sobre «*el pan de la vida*», discurso que se extiende desde el vers. 26 hasta el 63. Todo el discurso está jalonado por expresiones que explican bien a las claras, que es *por la fe* como nos apropiamos la vida abundante (Jn. 10:10) que Cristo venía a traer al mundo (Jn. 6:29, 35, 40, 45, 63, 64). Pero es altamente significativo que ese «*pan*» sea, en palabras de Jesús, «*mi carne, la cual yo daré por la vida del mundo*» (vers. 51). Esta *carne* ha sido *sellada* (vers. 27: «*esfrágisen*» = selló) por el Padre, de la misma manera que los rabinos judíos ponen el sello en la carne que puede comerse por ser *limpia* según la Ley. Ahora bien, si sólo hubiese en el pasaje mención de la «carne», podría pensarse que Jesús aludía simplemente al hecho de salvarnos mediante su Encarnación (Jn. 1:14: «*se hizo carne*»), pero la mención conjunta de la *sangre* como «*verdadera bebida*» (vers. 55) sólo admite una explicación: Jesús hablaba del *derramamiento de su sangre* como medio de expiación en la Cruz del Calvario y soporte de nuestra fe, en cuanto que la fe es el medio subjetivo de nuestra justificación, en la que *se aplica* por gracia la redención realizada en el Calvario (Rom. 3:24-25). Es, por lo tanto, una sangre *sacrificial*. Muchos exegetas protestantes se resisten a ver conexión alguna entre Jn. 6 y la Cena del Señor (quizá por no dar ventaja a la enseñanza de Roma sobre el sacrificio de la Misa), pero lo cierto es que, como dice E. F. Kevan, «en la medida en que el discurso hace referencia a la muerte sacrificial de nuestro Señor, tiene, por supuesto, una referencia secundaria a la Cena del Señor, que anuncia dicha muerte».[24]

Pero los pasajes más significativos son los aludidos en la institución de la Cena del Señor (Mt. 26:26-28; Mc. 14:24; Lc. 22:15-20). Notemos las frases más significativas (traducimos lo más exactamente del original):

«*Esto es mi sangre del pacto, que es derramada por* ("perí" = por) *muchos para perdón de pecados*» (Mt. 26:28).

«*Esto es mi sangre del pacto, que es derramada en favor* ("hyper") *de muchos*» (Mc. 14:24).

«*Esta copa es el nuevo pacto en mi sangre, la que es derramada por* ("hyper") *vosotros*» (Lc. 22:20).

En estos textos hallamos los siguientes elementos:

A) Como veremos en la lección siguiente, la Epístola a los hebreos deja bien claro que la sangre de Cristo inauguró el nuevo pacto y, a semejanza del antiguo (Éx. 24: 3-8), este pacto fue también inaugurado con sangre: con la sangre de Jesús, derramada hasta la última gota en la Cruz del Calvario, lo cual daba a la muerte de Jesús un carácter claramente sacrificial (V. Lev. 5:8-9); y eso, precisamente en la Pascua, la nueva Pascua que él instituía al instituir la Cena del Señor, como interpreta inspiradamente Pablo en 1 Cor. 5:7: «*Porque también Cristo, nuestra Pascua, ha sido sacrificado.*» Hay muchos MSS que no traen la segunda parte de Lc. 22:19 ni el vers. 20, pero 1 Cor. 11:25 nos refiere de primera mano las palabras del Señor: «*Esta copa es el nuevo pacto en mi sangre.*» Como decíamos al comentar Jn. 1:29, también aquí el presente «*es derramada*» tiene un sentido incoativo que anticipa el derramamiento real en la Cruz.

B) Aunque las preposiciones griegas varían, desde el «*peri*» de Mt. 26:28 hasta el «*antí*» (en lugar de, frente a) de Mt. 20:28, pasando por el «*hyper*» de Mc. 14:24; Lc. 22:20, el sentido de *sustitución* vicaria y solidaria a favor de todos los redimidos es claro. El comentario de Broadus a Mt. 20:28 es admirable. Después de mostrar la sinonimia

24. *O. c.*, p. 9.

relativa o, más bien, complementaria de «antí» y «hyper» con un texto de gran profundidad (1 Tim. 2:6: «el cual se dio a sí mismo en *rescate sustituyente* —"antílytron"— por —"hyper"— todos»), añade: «La muerte propiciatoria de Cristo hizo compatible con la justicia divina el que se salvasen todos con tal que lo aceptasen en ese carácter; y en ese sentido "se dio a sí mismo en rescate por todos" (1 Tim. 2:6), "gustó la muerte por todos" (Heb. 2:9), comparado con 1 Jn. 2:2; pero nunca se esperaba, ni tampoco fue el designio divino, que su muerte asegurara la salvación de todos, y así en el sentido de propósito específico vino "para dar su vida en rescate por muchos".»

Añadamos, para terminar este punto, que, cuando Cristo estaba a punto de expirar, pronunció la palabra «*consumado está*». El griego «*tetélestai*», que es un pretérito perfecto, era precisamente la palabra con que los griegos daban por totalmente cancelado el pagaré de una deuda. Cuando todos los plazos de un préstamo o alquiler se habían cumplido, al pie del documento se estampaba dicha palabra, indicando que *nada* quedaba ya por pagar. Y, por eso, al momento de expirar Jesús, el velo del Templo se rasgó *de arriba abajo* (como si dijese: no por mano de hombre, sino por la mano de Dios), para demostrar que, en virtud de la obra de la Cruz, quedaba expedito el acceso al Lugar Santísimo (V. He. 4:14-16; 10:19-22), pues nada había ya que impidiese la libre, íntima y plena comunión con Dios al que se acerque con fe y contrición (Heb. 10:12-14) a la presencia del Dios tres veces santo (Is. 6:1, 2).

4. Detalles adicionales de la obra sacrificial de Jesús.

A') La obra de la Cruz implicaba *sufrimiento* de parte de Jesús. Basta con citar, entre otros muchos, sendos textos de los cuatro evangelistas: Mt. 16:21; Mc. 9:12; Lc. 24:46 y Jn. 12:24. La mención de la amarga *copa* que había de beber (Mt. 20:20; 26:29, 32; Mc. 10:38; 14:36; Lc. 22:42;

Jn. 18:11) no sólo indica la necesidad de sus sufrimientos, sino que éstos eran parte de su destino en este mundo, pues la «copa» era también símbolo de la *suerte* que la providencia divina destinaba a una persona, y éste es, como advierte Gesenius en su Diccionario Hebreo-Caldeo, el sentido primordial del término *«kom»* en el A.T.: *«Predestinado desde antes de la creación del mundo»* (1 Ped. 1:20).

B') Los sufrimientos de Cristo respondían a una *obediencia voluntaria* por parte de Jesús. Juan 10:17, 18 no deja lugar a dudas respecto a esto. Hebreos 10:5-9, como un eco del Sal. 40:6-8, y aun de Éx. 21:6; Deut. 15:17, nos da la misma idea. Juan 4:34 engloba toda la existencia humana de Jesús en la tierra, con el énfasis especial que Flp. 2:8 pone en su obediencia *«hasta la muerte, y muerte de cruz».* Era su obediencia amorosa al Padre la que tenía que contrarrestar, para constituirnos *justos,* a la desconfianza y consiguiente desobediencia de Adán, por la que *«los muchos fueron constituidos pecadores»* (Rom. 5:19). Aunque esta obediencia implicaba un *mandato* (*«entolé»*) del Padre (Jn. 10:18), un *«es menester»* que sucediera (Mt. 16:21; Mc. 8:31; Lc. 9:22; 24:7; Jn. 3:14), con todo, la libertad fisiológica y psicológica de Cristo estaba asegurada.[25]

C') La pasión y muerte de Cristo tuvieron un carácter *sustitutivo.* Aparte de los textos que se han mencionado en el punto 3, B) de la presente lección, podemos asegurar que el sentido sustitutivo de la preposición griega *«antí»* de Mt. 20:28; Mc. 10:45 queda afianzado por tres lugares altamente significativos. El 1.° es cuando Caifás, en un inconsciente arrebato profético (Jn. 11:49-52), afrimó: *«es preferible para nosotros que un solo hombre muera por* (*"hyper"*, en el clarísimo sentido de *"antí"* = en lugar de) *el pueblo, y no que toda la nación perezca»* (vers. 50). El pensamiento consciente de Caifás era que la muerte de Jesús era necesaria para que el pueblo se salvase de una

---

25. V. las lecciones 9.ª, 17.ª y 18.ª del presente volumen.

represalia por parte de los poderes políticos del Imperio; la idea de sustitución no puede estar más clara. El 2.º es el episodio en que Pilato suelta a Barrabás y entrega a Jesús para que sea crucificado en lugar de Barrabás (Mc. 15:15). Es muy probable que Barrabás, exultante de gozo por la inesperada libertad, siguiera al cortejo que acompañaba a Jesús hasta el Calvario y, si llegó a ver al Señor en la Cruz, pudo decir mejor que nadie: «Allí debería estar yo.» Es precisamente lo que, en sentido general, enseñan textos como Is. 53:6 y 2 Cor. 5:21. El 3.º lo constituye el grito de Jesús en la Cruz: «¡*Dios mío, Dios mío! ¿A qué fin me has desamparado?*» (Ésta es la única traducción correcta. Jesús no pregunta por el motivo, sino por el objetivo del desamparo —abandono moral— que había sufrido durante las tres horas del milagroso eclipse.) Esta frase indica, con la mayor probabilidad, que Jesús sufrió *en nuestro lugar* (cualitativa, no cuantitativamente) los tormentos que acarrea la condenación eterna del impío: el desamparo de Dios y la sed irrestañable de una eterna vida feliz, otrora menospreciada y, para el que muere en la incredulidad, por siempre irremediablemente perdida (Lc. 16:26; Jn. 8:24). El Infierno explica el Calvario, como el Calvario exige el Infierno. Dios no hubiese entregado a su Hijo Unigénito a la muerte por menos que librarnos de una muerte eterna.

D') La obra sacrificial de Cristo tuvo un efecto *liberador* del pecado y del demonio. En la lección siguiente consideraremos más en detalle este efecto, pero podemos adelantar, desde los Evangelios (Mt. 20:28; Mc. 10:45; Jn. 8:36), que el término «*lytron*» («*lytron antí pollón*» = rescate por muchos) era el término usado en los papiros griegos para expresar el precio pagado por un esclavo para convertirlo en liberto (del verbo «*lyo*» = desatar), y equivale al término hebreo «*mejir*» con que se expresaba el precio pagado por un prisionero (Is. 45:13) o para redimir (hebreo, «*ga'al*») un esclavo,[26] así como para el res-

---

26. V. E. F. Kevan, *o. c.*, *less. III*, p. 8.

cate de una propiedad rústica. Esta liberación que la redención de Cristo comporta, implica una victoria rotunda sobre el demonio que nos esclavizaba (Mt. 12:29; Mc. 3:7; Lc. 11:21; 13:32, 33; Jn. 12:23-33; 16:11, comp. con Ef. 4:8; Col. 2:15).

E') Finalmente, la obra de Cristo en la Cruz *se aplica* a cada persona que es salva, mediante la fe y el arrepentimiento. Esto significa —lo hemos dicho más de una vez en otros lugares[27]— que la obra de Jesucristo en la Cruz del Calvario no salva automáticamente a nadie, sino que, al *obtener* para nosotros una redención *completa,* pone la salvación *personal* al alcance de todo aquel que se acerca a Dios, por medio de la sangre de Jesús, con fe firme y arrepentimiento sincero (Jn. 3:14-16; Ef. 2:8, entre otros textos). Más aún, el mensaje de la Buena Nueva conlleva siempre un *imperativo* (Mc. 1:15: *«arrepentíos y creed en el Evangelio»*), que intima una *obediencia.* Así, la fe salvífica, tanto en su inicio (justificación) como en su proceso (santificación), es una obediencia. Textos notables son Rom. 6:17, 22, enmarcados por 1:5; 16:26 (en los que la correcta traducción es «para obediencia *de* la fe»); 1 Ped. 3:21 («pregunta —obediente, como en Hech. 2:37; 16:30— de una buena conciencia hacia Dios»). V. también Mt. 9:12, 13; Mc. 2:17; 6:12; Lc. 5:31-32; Jn. 6:29, 53; 8:24; 12:47-50.

---

27. Por ej., en la *Introducción* y en la 1.ª lecc. de mi libro *Doctrinas de la Gracia* (Terrassa, CLIE, 1975). V. también la lecc. 44.ª del presente volumen.

CUESTIONARIO:

1. ¿Qué actitud mental se precisa para penetrar en los conceptos bíblicos de la Historia de la Salvación? — 2. ¿Cómo demuestra el mensaje de los Evangelios la continuidad de la revelación escrita? — 3. ¿Cómo presentan los Evangelios la obra de Cristo en la Cruz? — 4. Haga un análisis, a este respecto, de Jn. 1:29. — 5. El discurso de Jesús en la sinagoga de Capernaúm tiene un versículo-puente: Jn. 6:51; ¿cuál es su sentido a la luz del contexto anterior y posterior (vers. 29-63)? — 6. ¿Qué elementos sacrificiales hallamos incluidos en la institución de la Cena del Señor? — 7. ¿Qué aspectos añaden, durante la crucifixión de Jesús, tanto el grito de «consumado está», como el rasgamiento del velo del Templo de arriba abajo? — 8. ¿Qué nos enseña el acto sacrificial de Cristo en cuanto al sufrimiento, la obediencia y el carácter sustitutivo de su obra? — 9. ¿Con qué término expresa el original de Mt. 20:28 el carácter liberador de la obra de la Cruz? — 10. ¿En qué forma se nos aplica personalmente la obra de la redención realizada en el Calvario?

LECCIÓN 38.ª REPRESENTACIONES BÍBLICAS DE LA REDENCIÓN (III —HECHOS Y EPÍSTOLAS)

1. La enseñanza del libro de Hechos.

El libro de Hechos nos muestra en acción la predicación apostólica de la obra de la Cruz.[28] Aparte del episodio de Felipe y el eunuco de Etiopía (Hech. 8:26-40), en que la predicación del Evangelio se hace a base precisamente de Is. 53, tenemos una serie de discursos de los dos grandes apóstoles Pedro y Pablo, donde el tema de la obra sacrificial de Cristo ocupa un lugar relevante.

Es de notar el tremendo cambio producido en el ánimo de Pedro después de la resurrección de Jesús y, especialmente, a partir de la experiencia de Pentecostés. Aquel mismo discípulo, amante del Señor, sí, pero también rudo de mentalidad para entender el destino doloroso de Cristo (Mt. 16:22), no sólo proclama en público, al pueblo y a las autoridades religiosas de su país la obra sangrienta de la Cruz, sino que la propone como algo triunfal y victorioso, dispuesto por Dios el Padre para ensalzar el nombre de Jesús y presentarlo oficial y solemnemente como «Señor y Cristo», es decir, como el Mesías-Rey del pueblo de Israel y el Salvador de la humanidad, siguiendo al mismo tiempo la línea profética del *Siervo de Yahweh* (Hech. 2:23, 36; 3:13, 26; 4:27-30). Los distintos factores que intervinie-

---

28. Para esta lección y la siguiente puede verse con gran provecho el libro de L. Morris *The Apostolic Preaching of the Cross* (London, The Tyndale Press, 1972).

ron en la muerte de Jesús se hallan allí combinados como una partida de ajedrez en la que todos los peones se mueven de una manera misteriosa y, al mismo tiempo, maravillosa de la mano sabia, amorosa y omnipotente de Dios.

Igualmente, el apóstol Pablo presenta al Salvador como aquel en quien se cumplieron las profecías sobre su muerte y resurrección y por cuya obra sacrificial, *con su propia sangre,* no sólo compró a la Iglesia para obtenerla como posesión propia, sino que por su medio se anuncia el perdón de los pecados, para que, creyendo en él, sea justificado todo ser humano, de todo aquello que por la Ley nadie puede ser justificado (Hech. 13:23-41; 20:28).

No estará de más advertir aquí que, aun admitiendo alguna diversidad de detalle o énfasis entre los puntos de vista de Pablo, Pedro y Santiago (el presidente de la asamblea reunida en Jerusalén) acerca del modo de empalmar la Ley con el Evangelio, lo cierto es que el núcleo del mensaje evangélico es *el mismo* en todos. Como dice el Dr. Mozley, «Pablo nunca acusa a sus oponentes de negar el significado de la muerte de Cristo; sí que les acusa (a los judaizantes) de insistir en prácticas que, si se miran como necesarias para la salvación, arrebatan todo su valor a la obra de la Cruz. Por eso es tan poderosa su argumentación; pero no lo hubiera sido en modo alguno si los judaizantes hubiesen podido apelar a san Pedro y a otros contra la novedad de la enseñanza paulina acerca de la Cruz».[29] En realidad, el hecho de que «*Cristo murió por nuestros pecados conforme a las Escrituras*» (1 Cor. 15:3) es, juntamente con el hecho de la resurrección (vers. 4), *la quintaesencia del Evangelio.* Un Evangelio que Pablo mismo no se había inventado: «*Yo os entregué ante todo lo mismo que recibí*» (vers. 3a). Con esta sencilla frase Pablo aseguraba la continuidad y armonía total de la predicación apostólica, de tal manera que podía tildar de Evangelio «*diferente*» (griego, «*par'hó*» = yuxtapuesto) a cualquier otra doctrina que fuese predicada por hombres

---

29. *The Doctrine of the Atonement,* p. 65.

y aun por ángeles de Dios (Gál. 1:6, 8, 9). No hay que olvidar que Pablo enseñó esta doctrina con el mayor énfasis a iglesias que, como la de Roma, él no había fundado. Tanto mejor para mostrar que el núcleo de su enseñanza no difería en lo más mínimo de la enseñanza de los demás apóstoles.

2. Enseñanza de las epístolas paulinas.

Dicho por vía de introducción lo que acabamos de afirmar en el punto anterior acerca de la continuidad y armonía de la enseñanza de Pablo con la de los demás apóstoles, vamos a ver en detalle los aspectos que él descubre en la sublimidad de la obra de Cristo en la Cruz del Calvario.

A) En conformidad con lo que el mismo Señor (o, más probablemente, Juan como fruto de una prolija meditación) dice en Jn. 3:16, Pablo basa también su enseñanza acerca de la obra de la Cruz en el *amor* de Dios el Padre hacia una humanidad perdida (Rom. 5:8, 10). Como dice el Dr. Vincent Taylor, «el amor de Dios en el sacrificio de Cristo es el trasfondo de toda su teología».[30]

B) Otro aspecto destacable en la enseñanza paulina sobre la obra de la Cruz es el concepto de *oblación* («prosforá») y *sacrificio* («thysía») que encontramos en pasajes tan relevantes como Rom. 3:25; 5:9; 1 Cor. 5:7; Ef. 2:13; 5:2. Este último texto es digno de consideración: «*Y andad en amor, así como también Cristo os amó* (o *nos amó*), *y se dio a sí mismo por nosotros, ofrenda* ("prosforán") *y sacrificio* ("thysían"), *como fragante aroma* ("osmén euodías").*» Es significativo que Pablo no aluda aquí al sacrificio de Cristo como obra de expiación por el pecado (lo cual sería, de acuerdo con Lev. 4 y 5, *aroma no fragante* u *olor no suave*), sino como sacrificio de *holocausto*, con lo cual puede presentarse, no como nuestro sustituto, sino como nuestro *modelo* en el amor. Ahora bien, todas las

---

30. *The Atonement in New Testament Teaching*, p. 72.

alusiones a la «*sangre*», conectadas o no con «*thysía*», conllevan claramente la idea de *expiación* por el pecado: «*perí hamartías*» (Rom. 8:3, comp. con el original de Heb. 10:6); «*hyper ton hamartión hemón*» (Gál. 1:4).

C) Nos interesan especialmente los textos paulinos que incluyen la idea de *sustitución*. Aunque puede afirmarse, en general, que esta idea va implícita en todo pasaje escritural que habla del aspecto expiatorio de la Cruz, se expresa de una manera especial, como ya vimos en la lección anterior, por el uso de las preposiciones «*antí*» y «*hyper*», e incluso «*perí*». Como pasajes en que «*hyper*» equivale claramente a «*antí*», podemos citar 1 Cor. 15:29; 2 Cor. 5:20 y Flm. 13. En otros lugares es el contexto el que determina si ha de traducirse como «en favor de» o «en lugar de». El contexto nos da una equivalencia incuestionable en los pasajes siguientes: Rom. 8:32; 2 Cor. 5:14, 15, 18-21 —lugar importante, sobre el que volveremos en la lecc. 44.ª—; 1 Tes. 5:10 y, como complemento, Gál. 3:13, lugar que revela su claro sentido cuando se le compara con 2 Cor. 5:21, cuyo sentido de sustitución es indiscutible.

De los aspectos específicos de la redención (propiciación, expiación, rescate y reconciliación) trataremos en la lección 43.ª.

CUESTIONARIO:

1. ¿Qué tono tienen los discursos de Pedro acerca de la obra de Cristo en la Cruz, después de Pentecostés? — 2. ¿Cuál es la nota más relevante en pasajes como Hech. 2:23; 3:18? — 3. ¿Qué resonancia veterotestamentaria tiene el término «pais» = siervo (no «hijo») en Hech. 3:13; 4:27, 30? — 4. ¿Hay alguna discrepancia entre Pablo y los demás apóstoles, especialmente Pedro, en cuanto a la enseñanza de la obra sacrificial de Jesús en la Cruz? — 5. ¿Por qué tiene tanta fuerza la argumentación de Pablo contra los judaizantes, por ejemplo en Gál. 3:1-14 y en la enfática expresión de 2:21? — 6. ¿Qué relación encuentra entre 1 Cor. 15:3, 4 y Gál. 1:6, 8, 9? — 7. ¿En qué basa últimamente Pablo su enseñanza sobre la obra de la Cruz? — 8. Analice Ef. 5:2 en función del tema que venimos tratando. — 9. ¿En qué pasajes expresa Pablo la idea de sustitución en la obra sacrificial de Cristo? — 10. ¿En qué textos paulinos sobre la obra de nuestra redención encontramos la preposición «hyper» con el sentido sustitutivo de «antí»?

LECCIÓN 39.ª   CAUSA Y NECESIDAD DE LA REDENCIÓN

1. ¿Qué movió a Dios a efectuar la obra de la Redención?

Bastaría con leer Jn. 3:16 para responder pronta y concisamente a la pregunta que encabeza el primer punto de esta lección. Si insistimos en ello es porque hay muchas personas que han aprendido, o se imaginan, que fue el amor misericordioso de un dulce y amable Jesús el que se interpuso para calmar las justas demandas de un Dios airado con nosotros. Esta enseñanza despoja a Dios el Padre de toda su gloria como Salvador justo y amoroso que toma la iniciativa en la obra de la redención, y nos lo presenta como un ser ávido de sangre y de venganza. Juan 1:18; 3:16; 5:19; 10:30; 14:9 son suficientes para mostrar la identidad de sentimientos en el seno de la Trinidad.

Fue precisamente la *voluntad* del Padre la que decidió la Redención (Is. 53:10; Heb. 10:5-10); una voluntad buena o *beneplácito* (Gál. 1:4; Ef. 1:5; Col. 1:19, 20; todo ello un eco de Lc. 2:14: *«buena voluntad para los hombres»*), y voluntad sumamente *amorosa,* como lo prueba el énfasis *«de tal manera»* en Jn. 3:16. Por esa buena voluntad Dios el Padre *no escatimó a su Hijo* Unigénito (Rom. 8:32), sino que *lo despidió* a este mundo, conforme al sentido del verbo griego empleado en Gál. 4:4 (*«exapésteilen»*); como si nos dijera por boca de Pablo: Dios envió como a un esclavo a su propio Hijo al mundo para liberar de la esclavitud a los hombres perdidos y elevarlos al rango de hijos de Dios (Gál. 4:4-6). De ahí la famosa frase, corriente en la literatura eclesiástica primitiva, y no siempre bien entendida: «Dios se hizo hombre para que los hombres llegasen a ser dioses» (*partícipes de la naturaleza divina* —2 Ped. 1:4).

2. "La justicia y la paz se besaron" (Sal. 85:10).

El final del Sal. 85 es una de las porciones más bellas de la Palabra de Dios (vers. 10-13). En esa última estrofa, tan bellamente organizada en el original hebreo, el binomio *hesed wehemet* = la misericordia y la verdad, es decir, el amor y la fidelidad de Dios se encontraron mutuamente y, por ello, la justicia salvadora y la paz (*tsedeq weshalom*), esto es, el carácter santo de Dios y el cúmulo de sus más ricas bendiciones, que abarcan la totalidad de los aspectos benéficos de Dios, se dieron el beso de la más amigable conciliación. Se enlazan cielo y tierra en un abrazo, pues el cielo derrama su lluvia de bienes, mientras la tierra fertilizada por el Espíritu produce su fruto, de tal manera que el pueblo de Dios puede caminar seguro porque lleva delante a un Dios que pone en vanguardia la justicia y lleva a su zaga la salvación.[31]

En efecto, la justicia o *rectitud moral* de Dios, hecha misericordia, no podía dejar sin sanción el pecado de la humanidad, puesto que se había comprometido en serio consigo mismo de una manera rotunda cuando le dijo a nuestro primer padre: «*el día que comas de él* (del árbol del conocimiento del bien y del mal), *CIERTAMENTE morirás*» (Gén. 2:17). Dios no podía faltar a su palabra y decirles a nuestros primeros padres después de la transgresión del mandamiento: «¡Bien! ¡Por esta vez, pase!» *La paga del pecado es muerte* (Rom. 6:23). Pero el amor

---

31. V. R. Arconada en *La Sagrada Escritura*, IV (Madrid, B.A.C., 1969), pp. 292-293.

de Dios, que no podía contemplar impasible la ruina de la humanidad caída ni dejarse vencer por el mal, proveyó un camino de «*locura*» para la mente humana entenebrecida, pero de suprema «*sabiduría*» para la mente omnisciente y el corazón infinitamente misericordioso de Dios. Así se definió Dios como *justo y justificador* (Rom. 3:26), pues «justo» es lo que a una persona le cae a la medida (como un traje), y Dios dio *su medida* en el gran amor que nos tuvo (Jn. 3:16) y en el medio que proveyó para nuestra salvación, combinando maravillosamente todos sus atributos de la manera que lo expresa Pablo en Rom. 3: 24, 25: «*siendo justificados gratuitamente POR SU GRACIA por medio de la redención que es en Cristo Jesús, a quien Dios exhibió públicamente como propiciación por medio de su sangre a través de la fe, a fin de demostrar SU JUSTICIA*».

3. ¿Fue absolutamente necesaria la obra de la Redención?

Las posiciones que los teólogos han tomado frente a esta pregunta pueden reducirse a las tres siguientes:

A) *La obra de la Redención no era necesaria.* Desde Pelagio hasta Socino, pasando por J. Duns Scotus (conocido entre nosotros por Escoto), y llegando hasta nuestros tiempos con Schleiermacher y Ritschl, se ha defendido que la obra de la Redención, tras la caída de la humanidad pecadora, no era necesaria. Para Pelagio y Socino, porque —según ellos— el pecado de Adán sólo le dañó a él y, por otra parte, la justicia de Dios no exigía de modo terminante que la redención se efectuase por vía de *expiación*. Escoto, por otro lado, en su voluntarismo radical, defendió que Dios no está ligado por ningún atributo que no sea su pura y libre voluntad omnipotente. Los modernistas mencionados, con todos sus seguidores, admiten la influencia moral —ejemplar— de la expiación, pero niegan rotundamente el aspecto *judicial* de la expiación.

B) *La obra de la Redención fue hipotéticamente nece-*

saria. En este grupo encontramos, junto con Atanasio, Agustín y Tomás de Aquino, a Lutero, Calvino y Zwinglio, aunque los grandes Reformadores evadieron algunas de las equivocaciones de los primeramente citados. Según Tomás de Aquino, Dios pudo perdonar, sin más, el pecado; o dejarlo sin perdón; o dar por suficiente ante Él la expiación ofrecida por un ser humano cualquiera, etc. Sólo en el caso de que Dios hubiese demandado una satisfacción *condigna*, es decir, *equivalente* a la injuria *infinita* que el pecado supone contra Dios, habría sido necesaria la Encarnación de una persona divina y la expiación realizada por ella, teniendo en cuenta, por otra parte, que un solo acto *penoso* (una sola gota de sangre, por ejemplo) del Salvador habría sido suficiente para equilibrar, y aun para inclinar al otro lado, la balanza de la justicia de Dios.[32]

C) *La obra de la Redención fue absolutamente necesaria*. Ésta es la posición tomada por todos los evangélicos o, si se prefiere otra expresión, por todos los protestantes fundamentalistas, desde Turretin y Owen hasta Hodge, Berkhof, Strong, Berkouwer, etc. Ésta había sido ya, con ligeras variantes, la posición tomada por Ireneo en la Iglesia primitiva y, de un modo relevante, por Anselmo de Canterbury en su famoso tratado *Cur Deus Homo?* (¿Por qué se hizo hombre Dios?). Abundando en los conceptos vertidos en el punto 2 de la presente lección, todos los evangélicos sostenemos que la expiación realizada en la Cruz del Calvario era el único medio posible de conciliar la justicia de Dios, «aquella perfecta rectitud moral por la cual Dios mantiene necesariamente Su santidad contra el pecado y el pecador e inflige a los transgresores el castigo merecido,[33] y el amor misericordioso de ese mismo Dios hacia la humanidad perdida. En efecto:

---

32. V. la *Summa Theologica*, III, q. 1, a. 2 y q. 46, a. 1. Véanse también la lecc. 21.ª de mi libro *Catolicismo Romano* (Terrassa, CLIE) y la lecc. 18.ª de mi libro *Doctrinas de la Gracia*.

33. Berkhof, o. c., p. 369.

a) La Escritura nos dice claramente que Dios, en virtud de su santidad infinita, no puede pasar por alto, sin más, el pecado, sino que tiene que visitarlo como se merece (Éx. 34:7; Núm. 14:18; Sal. 5:4-6; Nah. 1:2, 3; Rom. 1:18; 3:25, 26). Este último lugar tiene la importancia que hemos ya expresado en el punto 2 de la presente lección.

b) Se añade a esto, como ya hemos también indicado anteriormente, el carácter inmutable de los decretos divinos, conforme a lo que él mismo expresó por boca de Moisés (Dt. 27:26). Dios cambiaría totalmente su carácter santo —se autodestruiría— si violase la ley emanada de su sabia y santa voluntad. Iría contra su propia «verdad», que es su justicia (Dan. 9), como lo vemos explícitamente en Núm. 23:19; Ez. 18:4; Rom. 3:4; 6:23.

c) Finalmente, siendo el pecado un mal *absoluto*, tanto contra el bien del hombre como contra la santidad de Dios, sólo una expiación *absoluta* hubiese satisfecho las demandas de la justicia divina. Dios no hubiese entregado a la muerte a su propio Hijo Unigénito por menos que por una expiación necesaria, pues Dios no hace cosas innecesarias o, como dice el proverbio de la teología medieval, «no multiplica los entes sin necesidad». V. también Lc. 24:26; Gál. 3:21; Heb. 2:10; 8:3; 9:22, 23.

Esta doctrina, expresamente revelada en ia Palabra de Dios, no significa que el Ser Supremo esté ávido de sangre hasta descargar su cólera sobre un inocente que se ofrezca como chivo expiatorio de las transgresiones humanas. Ya hemos dicho anteriormente que es falsa la idea de un Dios airado, frente al cual surge como mediador dispuesto a aplacarle un dulce Jesús. Es el Padre mismo el que envía a su Hijo, *el que tiende el puente* (1 Tim. 2:5) entre el cielo y la tierra, para que descienda el Hijo y, con su muerte vicaria, salve el foso que hacía división entre nosotros y nuestro Dios (Is. 59:1, 2). 2 Corintios 5:18-21 es el mejor resumen de toda esta doctrina santa y consoladora: «*Y todo esto proviene de Dios* (el Padre), *quien nos reconcilió consigo mismo por medio de Cristo, y nos dio el ministerio de*

*la reconciliación; a saber, que Dios estaba en Cristo recon-
ciliando al mundo consigo mismo, no tomándoles en cuenta*
("no cargándoles en el DEBE" —V. Flm. 18 con el mismo
verbo *"logizo"*) *a los hombres sus transgresiones, y nos ha
encomendado a nosotros la palabra de la reconciliación...
Al que no conoció* (no cometió, no pudo tener inclinación
hacia el) *pecado,* (Dios) *le hizo pecado* (víctima responsable de todo pecado) *por nosotros, para que fuésemos hechos justicia de Dios en él.»* Dios nos enseñó con esto que,
para Él, LA VIDA DIVINA DEL HOMBRE TIENE UN
VALOR MÁS ALTO QUE LA VIDA HUMANA DE DIOS.

CUESTIONARIO:

*1. ¿Es bíblica la idea de un Dios airado, frente al cual
surge como mediador un dulce Jesús? — 2. ¿Qué nos dicen
a este respecto lugares como Jn. 3:16; Rom. 8:32; Gái. 4:
4-6, entre otros? — 3. ¿Cuál es el profundo sentido profético del Sal. 85:10-13? — 4. ¿Por qué no podía dejar Dios
sin sanción el pecado de la humanidad? — 5. ¿Qué nos enseñan respecto a esto Gén. 2:17; Rom. 3:23-26; 6:23? —
6. Diversas posiciones teológicas acerca de la necesidad
de la obra de la Cruz. — 7. ¿Es cierto, ccmo dice la Iglesia de Roma, que una sola gota de sangre vertida por
Jesús habría bastado para expiar el pecado del mundo? —
8. ¿Puede Dios, en su voluntad omnipotente, prescindir de
su justicia, como afirmaba Escoto? — 9. ¿Qué pruebas nos
suministra la Palabra de Dios en favor de la absoluta
necesidad de la obra de Jesús en la Cruz? — 10. ¿Por qué
no es esta enseñanza contraria al amor, a la santidad y a
la justicia de Dios?*

LECCIÓN 40.ª BASE FUNDAMENTAL DE LA OBRA EXPIATORIA DE JESÚS (I)

1. Introducción al tema del fundamento de la expiación.

Después de haber tratado sobre la causa y la necesidad de la obra de la Redención, entramos ahora a definir la base fundamental en que se asienta el aspecto sacrificial y el carácter sustitutivo de la expiación que Jesús llevó a cabo en la Cruz del Calvario. Vamos a establecer con claridad las bases de la discusión a fin de que podamos obtener una visión correcta de la enseñanza que acerca de este punto nos proporciona la Palabra de Dios.

Notemos, en primer lugar, que la Redención, por su propia etimología («re-comprar», rescatar), implica el pago de un precio para sacarnos de la esclavitud en que *yacíamos en el Maligno* (1 Jn. 5:19), por causa de nuestra muerte espiritual en delitos y pecados (Ef. 2:1, 5). Hemos, pues, de preguntar cómo, dónde y a quién se pagó el precio de dicho rescate.

En segundo lugar, hemos de investigar en qué medida y condición fue Jesús nuestro representante y nuestro sustituto en la obra de la Cruz. Una confusión en este concepto puede llevarnos a unas conclusiones de extrema peligrosidad.

En tercero y principal lugar, es necesario definir cuál fue el elemento determinante de los efectos de la obra sacrificial de Cristo a nuestro favor. A este respecto, es preciso distinguir el elemento *subjetivo de voluntariedad obediente de Cristo*, del elemento *objetivo de sufrimiento sacrificial*, los cuales se hallan enlazados en una sola frase en Flp. 2:8: «*se humilló a sí mismo* (condición previa), *habiéndose hecho obediente* (elemento subjetivo) *hasta la muerte, y muerte de cruz* (elemento objetivo)». Según la dirección en que bascule uno u otro elemento, y según el aspecto ejemplar, penal, comercial, etc., con que se presente la transacción llevada a cabo en la obra de nuestro rescate, tendremos distintas teorías sobre la base de la obra expiatoria de Jesús en la Cruz del Calvario.

Ya de entrada puede observarse que si las teorías basculan hacia el elemento *subjetivo,* el aspecto primario pasará a ser la *reconciliación* del pecador con especial énfasis en el mejoramiento de su estado moral y espiritual. En cambio, si las teorías basculan hacia el elemento *objetivo,* el aspecto primario pasará a ser la debida *satisfacción* de las demandas de la justicia divina. Buscar el debido equilibrio entre ambos elementos será nuestro principal cometido, resaltando así el lugar que ocupan los diversos aspectos que consideraremos en la lección 43.ª.

Expondremos en la lección presente las teorías que basculan hacia el elemento *objetivo,* haciendo observar los aspectos equivocados en que dichas teorías incurren, reservando para la lección siguiente la exposición y crítica de las teorías que basculan incorrectamente hacia el elemento *subjetivo,* y terminaremos la exposición de este tema aclarando en la lección 42.ª cuál es la posición correcta y bíblica acerca del asunto que nos ocupa.[34]

---

34. Para todo este tema véanse: A. H. Strong, *o. c.,* pp. 728-771; L. Berkhof, *o. c.,* pp. 384-391; E. F. Kevan, *o. c.,* less. VII-XII; L. S. Chafer, *TS,* I, pp. 867-898 y 946-980; O. Cullmann, *Cristología del Nuevo Testamento,* pp. 275-282; Ch. Hodge, *Systematic Theology,* II, pp. 563-591; W. Pannenberg, *Fundamentos de Cristología,* pp. 303-334; T. Castrillo, *Jesucristo Salvador,* pp. 365-436.

2. Teoría de la recapitulación en Cristo.

Efesios 1:10 usa un verbo («*anakefalaiósasthai*») que ha dado mucho que hablar. El Diccionario griego-español de Pabón-Echauri lo traduce por «resumir, encerrar, recapitular», y el sustantivo correspondiente («*kefálaion*») por «el punto capital, lo más importante, lo más alto, lo sumo; el coronamiento de una obra; principio, fundamento; resumen». Sólo el contexto próximo y remoto de la Palabra de Dios nos puede aclarar el sentido. Viendo la universalidad de la expresión «todas las cosas» en el citado versículo, no puede interpretarse en el mismo sentido que el «*kefalén*» del vers. 22, en que se refiere a la *iglesia*. Más bien está en el contexto cósmico de Col. 1:15-20, que también contiene, como en paréntesis, lo de «*es también la cabeza del cuerpo, que es la Iglesia*» (vers. 18). Aunque la raíz es la misma, la diversidad de sentido es manifiesta, y el no ver la distinción entre ambos términos lleva a las consecuencias más desastrosas, tanto en el terreno de la Soteriología como en el de la Eclesiología. De esta confusión nació precisamente, ya en el siglo II, con la importante aportación de la filosofía neoplatónica, la llamada «línea encarnacional», tan relevante en la Iglesia de Roma a partir del Concilio Vaticano II.[35]

Fue Ireneo (130-202) el primero en defender la teoría de la «recapitulación» en el sentido de que Cristo, al hacerse hombre, asumió la naturaleza humana *universal* (e incluso todo el cosmos).[36] La idea aparece todavía más destacada en los discípulos de Orígenes (Gregorio de Nisa —332-398— y Gregorio Nacianceno —329-390). Según ellos, Cristo, el Postrer Adán, *por el mero hecho de hacerse hombre,* asumió la naturaleza de todos los hombres, se hizo *cabeza* de toda la humanidad, haciéndose así responsable de todos nuestros pecados e introduciendo en la humanidad todo el poder salvífico de su divinidad. Fue en este con-

---

35. V. mi libro *Catolicismo Romano*, lecc. 1.ª.
36. V. *Adversus haereses*, 1, 10, 1; y 3, 18, 7 (Rouet, 191 y 221b).

texto teológico donde Atanasio pronunció por primera vez la frase: «Él (el Verbo) se hizo hombre, para que nosotros fuésemos hechos dioses (*"theopoiethonen"*).»[37] El sentido *esotérico* de esta teoría salta a la vista. Agustín de Hipona sostuvo, en algunos puntos, algo parecido.

Esta teoría confunde lamentablemente la idea de *representatividad* con la de *sustitución*. No olvidemos que, como ya hemos dicho en otra lección, la muerte de Jesús cumplía con los requisitos del sacrificio de *holocausto*, pero fue precisamente como sacrificio de *expiación por el pecado* como cumplió el aspecto *sustitutivo*. Por eso, sólo a partir de la redención *realizada* y *aplicada* puede Cristo ser Cabeza de la Iglesia, puesto que sólo a base de ser descargada la ira de Dios sobre él podemos nosotros disfrutar de la *«paz con Dios»* (Is. 53:5; Rom. 5:1 —en el contexto próximo de 4:25 y remoto de 3:24, 25—; 2 Cor. 5:21).

3. Teoría del rescate pagado al diablo.

Entre los siglos II-IV hubo escritores eclesiásticos, como Orígenes (182-251) y Gregorio de Nisa, que, con base falsa en algunos textos paulinos (1 Cor. 2:7, 8; 2 Cor. 4:4; Ef. 2:2; 4:8; Col. 2:15, etc.), inventaron la teoría de que Cristo pagó el rescate de nuestra liberación, no a Dios el Padre, sino al diablo, ya que éste era el que nos tenía bajo su poder desde que la humanidad cayó en el pecado, vendiéndose de esta manera al demonio.

Gregorio de Nisa fue más lejos todavía, al añadir que «Dios, a fin de hacerse a sí mismo accesible a aquel (el demonio) que demandaba de él (Dios) un precio por nuestro rescate, se disfrazó a sí mismo bajo el velo de nuestra naturaleza, con el propósito de que, como les ocurre a los peces hambrientos, juntamente con el cebo de la carne, se tragase también el anzuelo de la Deidad».[38] Agustín usa

---

37. *Oratio de Incarnatione Verbi*, 54 (Rouet, 752).
38. Citado por E. F. Kevan, *o. c.*, less. VII, p. 7.

igualmente la imagen de la ratonera dentro de una línea parecida. Otro pensamiento que encontramos en dichos autores es que Satanás, al excederse en sus derechos ejercitando en un inocente como Cristo su poder de causar la muerte, quedó justamente privado de los derechos que tenía sobre nosotros pecadores.

Justamente se revuelve airado contra esta teoría Gregorio de Nacianzo, diciendo: «Si el precio de la redención no se ha pagado a otro que al que retiene los cautivos, pregunto: ¿a quién se ha pagado, y por qué? Si al maligno, ¡qué afrenta!... Pero, si al Padre, para empezar, ¿cómo ha podido ser?, pues no era él quien nos retenía... En verdad es cosa notoria que el Padre lo recibió, no porque lo pidiese o lo necesitase, sino por la economía de la redención, y porque era conveniente ("oportebat") que el hombre fuese santificado por la humanidad de Dios; a fin de librarnos él mismo, después de vencer al tirano por la fuerza, y reconducirnos a sí por medio de su Hijo el mediador.»[39]

Aunque no andaba del todo descaminado el de Nacianzo, su argumentación no es tan sólida como debería ser. Baste con señalar que el demonio no adquirió ningún derecho sobre nosotros, sino que el dominio sobre el mundo le fue ofrecido en bandeja a Satanás, como él mismo dijo a Jesús (Lc. 4:6), sin que éste le replicara en cuanto a este punto, siendo desposeído después de sus mal adquiridos derechos (Jn. 16:11; Ef. 4:8; Col. 2:15). El libro del Apocalipsis, entre otros, da repetida constancia de que todo dominio y poder del dragón, como de todos los demás tiranos de este mundo, está controlado totalmente por Dios. Para ilustrarlo con una comparación sencilla, podemos decir que Satanás era el *carcelero,* pero Dios es el *dueño* de la cárcel. Era la *ira* de Dios la que Jesús aplacó (Rom. 1:18; Ef. 2:3), no la del diablo; y eso por el amor misericordioso del Padre, quien envió a su Hijo al mundo para ese menester (Jn. 3:16).

---

39. *Oratio,* 45, 22 (Rouet, 1016).

4. Teoría de la transacción comercial.

Aunque Anselmo de Canterbury (1033-1109) defendió con vigor y denuedo (y con toda razón) la necesidad absoluta de la obra expiatoria del Calvario, la base jurídica sobre la cual asentó su argumentación deja mucho que desear. Podría exponerse de la manera siguiente: El pecado es una injuria contra el honor de Dios; en este sentido es una injuria *infinita*, puesto que la injuria («*in-ius*»), al ir contra un derecho ajeno, se mide por el que la recibe, no por el que la da; así, es mayor la injuria inferida a un rey que a un ministro, y a un gobernador mayor que a un alcalde. Para compensarla, pues, se necesita una *satisfacción* infinita. Ahora bien, la satisfacción, siendo un obsequio, no se mide por el que la recibe, sino por el que la da; así, es mayor el regalo que hace un rey que el que hace un ministro, etc. Por tanto, para equilibrar el deshonor que a Dios le hace el pecado del hombre se necesitaba una satisfacción ofrecida por Dios mismo. De ahí la necesidad de que Dios se hiciera hombre, no sólo para obedecer, pues eso le obligaba en cuanto que era *hombre*, sino para sufrir y morir *siendo inocente;* con ello el Hijo de Dios merecía una recompensa de valor infinito; pero, al no necesitarla él mismo, la traspasó a nosotros pecadores en forma de perdón de pecados y las bendiciones consiguientes para todos los que vivan de acuerdo con las demandas del Evangelio.

La teoría de Anselmo es falsa en multitud de detalles, como observa muy bien Berkhof;[40] por ejemplo: *a)* pone la base de la expiación en el honor —no en la justicia— de Dios; *b)* no hace de la muerte de Cristo una obra estrictamente *sustitutiva,* sino un mérito supererogatorio; *c)* no tiene en cuenta la unión mística de los creyentes con Cristo; *d)* y, principalmente, excluye completamente de la obra expiatoria del Calvario la *obediencia* voluntaria y amorosa de Cristo. Sin embargo, creemos que Berkhof sufre una

---

40. *O. c.,* pp. 387-388.

grave equivocación al decir que «no hace justicia al sentido redentor de Su vida»,[41] puesto que la Biblia nunca dice que seamos redimidos por la *vida* de Cristo, sino por su *muerte* (Rom. 3:24, 25; 4:25; Heb. 9:22, y ya desde Is. 53:5, 6, entre otros muchos lugares). Lo contrario es confundir el holocausto con la expiación y echarnos en brazos del antinomianismo.

5. Teoría rectoral o gubernamental.

Esta teoría, inventada por Grocio y difundida —especialmente en América del Norte— por Wardlaw, Dale, Cave y otros, consiste en lo siguiente: La satisfacción que la obra del Calvario ofrece a Dios no se debe a la necesidad de cumplimentar las exigencias de la justicia divina o de cualquier otro atributo de Dios, sino simplemente a la exigencia de mantener y preservar las demandas del orden moral del Universo, que ha sido violado por el pecado. Por ello, la obra del Calvario no supone en realidad una estricta sustitución en cuanto a la responsabilidad de nuestros pecados (2 Cor. 5:21), sino un equivalente meramente *penal* del castigo que los pecadores merecíamos. Esta sustitución penal por parte de Cristo determina que la ley divina produzca tal impacto en las conciencias de los hombres, que éstos lleguen a arrepentirse de sus delitos y pecados, a base de lo cual Dios perdona la culpa, sin detrimento de las exigencias morales de la ley divina, es decir, del gobierno que Dios ejerce sobre el orden moral del Universo. De este modo, la obra de la redención es más bien una *revelación* que una *satisfacción* de la justicia de Dios.

La objeción más fuerte contra esta teoría es que en ella no se ofrece una sustitución por las demandas de la justicia divina, sino que se tiende a preservar el orden moral haciendo que los pecadores tomen conciencia de sus ofensas y procuren evitarlas en lo futuro; por otra parte,

41. *O. c.*, p. 388.

cambia la justicia de Dios en simple benevolencia, y hace del orden moral un efecto de la voluntad rectora de Dios, en vez de tener en cuenta primeramente el atributo irrenunciable de la *santidad* divina. Finalmente, va en contra de la Palabra de Dios (1 Cor. 5:19-21, entre otros), priva al pecado de su más profunda negrura (Sal. 97:10), y a la muerte de Cristo, de su absoluta necesidad (Mt. 20:22; Jn. 18:11).

6. Teoría del arrepentimiento sustitutivo.

Esta teoría, propuesta primeramente por McLeod Campbell, es expuesta en forma más elaborada por el Dr. Moberly, quien dice lo siguiente: «El perfecto sacrificio de penitencia (!) por parte del Cristo inocente es el verdadero sacrificio de expiación por el pecado... Sólo él, que sondeó las profundidades de la conciencia humana con relación al pecado, pudo, en virtud de su propia justicia inherente, condenar y aplastar el pecado en la carne... Sus sufrimientos implican... su plena identificación, en la naturaleza humana, dentro del espacio del desafío que el pecado supone y del castigo que el pecado merece, con la santidad divina que condena el pecado... La más cercana semejanza —¡y, aun así, cuán distante!— que podemos encontrar en nuestra propia experiencia no la encontramos en el angustioso clamor del criminal aterrorizado, sino más bien en aquellos cuya profunda identificación con los culpables les oscurece la reputación con una negrura y una vergüenza que se adentra en lo profundo de su ser, al par que les mantiene tranquilo el corazón, porque no está mezclada con una conciencia obnubilada por el pecado personal.»[42]

Esta teoría cae por su base con una simple cita de Heb. 4:15: *«Porque no tenemos un sumo sacerdote que no pueda compadecerse de nuestras flaquezas, sino uno que ha sido tentado en todo como nosotros, APARTE DEL PE-*

---

42. R. C. Moberly, *Atonement and Personality*, pp. 130-131, citado por E. F. Kevan, *o. c.*, less. VIII, pp. 9-10.

CADO.» Si se compara este versículo con 5:1-3, donde se habla del sacerdote levítico, se notará un obvio contraste entre el «*synpathesai*» de 4:15 y el «*metriopathein*» de 5:2, que indica una plena identificación *al mismo nivel* de pecador. En otras palabras, Cristo no podía identificarse con nosotros, ni sustituirnos, en el *arrepentimiento*, sencillamente porque no tenía de qué arrepentirse; y donde falta el *hecho*, falta la *experiencia* (comp. con 5:8: «*y aunque era Hijo, APRENDIÓ OBEDIENCIA POR LO QUE PADECIÓ*»). Por otra parte, esta teoría va contra la sustitución plenamente *objetiva*, justiciera, que nos presenta Pablo en 2 Cor. 5:21.

CUESTIONARIO:

1. Presupuestos que han de tenerse en cuenta para definir cuál es la base de la obra expiatoria de Jesús. — 2. ¿Qué entendemos por elemento subjetivo y elemento objetivo en la obra sacrificial de Cristo? — 3. ¿En qué se funda y en qué consiste la teoría de la recapitulación? — 4. ¿Qué repercusión tuvo dicha teoría sobre la llamada «línea encarnacional» de la Iglesia de Roma? — 5. Crítica de la teoría de la recapitulación. — 6. Exponga, en sus diversas facetas, la antigua teoría del rescate pagado al diablo. — 7. ¿Cuál es la réplica obvia a tamaños desatinos? — 8. ¿Qué piensa de la teoría «comercial» de Anselmo de Canterbury y de la crítica que de ella hace L. Berkhof? — 9. Analice y exponga su juicio sobre la teoría llamada «gubernamental». — 10. ¿Qué piensa de la teoría del arrepentimiento sustitutivo a la luz de la enseñanza de la Epístola a los hebreos?

LECCIÓN 41.ª BASE FUNDAMENTAL DE LA OBRA EXPIATORIA DE JESÚS (II)

Pasamos ahora a exponer y analizar las teorías que basculan erróneamente hacia el elemento subjetivo de la obra sacrificial de Cristo.

1. Teoría de la ejemplaridad.

Esta teoría, ya sostenida —al menos implícitamente— por Pelagio, fue expuesta en detalle por Fausto Socino (1539-1604), cuyos seguidores han encontrado un eco favorable en los modernos unitarios y otros teólogos liberales. Según esta teoría, la única barrera entre el hombre y Dios es la pecaminosidad subjetiva del ser humano, y la única solución consiste en mejorar la condición moral de éste, lo cual puede efectuarse simplemente por medio del arrepentimiento y del propósito de mejorar éticamente su conducta. De esta manera, la expiación queda a cargo del libre albedrío del hombre. Por otra parte, Socino negaba la divinidad de Jesucristo, al que presentaba como un noble mártir que murió por una noble causa. Su fuerza redentora consistió en *presentarnos un ejemplo humano de fidelidad a la verdad y al deber,* para estimularnos, así, a una vida moral semejante a la suya. En este contexto puede hablarse de perdón, pero no de satisfacción vicaria; más aún, Socino llegó a decir que ambos conceptos eran incompatibles entre sí.

Las objeciones contra esta teoría, a la luz de la Palabra de Dios, son numerosas y desde diversos ángulos: Niega la depravación de la naturaleza humana (contra Ef. 2:3), la divinidad de Cristo (contra Jn. 1; Heb. 1, etc.), el valor sustitutivo de la muerte de Cristo (contra 2 Cor. 5:21), la malicia interna y esencial del pecado (contra Is. 6:1-7), la posibilidad de redención para los niños y para los que vivieron antes de Cristo, puesto que no pudieron recibir el influjo de su ejemplaridad, y, entre otras muchas cosas, confunde la benevolencia de Dios con su justicia inmanente, niega la necesidad de nacer de nuevo (contra Jn. 3:3, 5) y atribuye falsamente a Cristo la idea de un «noble mártir», puesto que el grito de Mt. 27:46; Mc. 15:34, así como la expresión de angustia en Jn. 12:27, no se parecen en nada a la gozosa y decidida voluntad de Pablo de *morir por el nombre del Señor Jesús* (Hech. 21:13; Flp. 1:23).

2. Teoría de la influencia moral.

Contra la rigidez «comercial» de la teoría anselmiana respondió Pedro Abelardo (1079-1142) basculando indebidamente hacia el elemento subjetivo de la expiación de Cristo, a la que presentó como la suprema manifestación del amor de Dios a fin de ablandar los corazones de los hombres e inducirlos al arrepentimiento. El principal defensor de esta teoría en nuestros tiempos ha sido el teólogo norteamericano del siglo pasado Horacio Bushnell, al que han seguido otros de menor renombre. Esta teoría no debe confundirse con la llamada gubernamental, en la que también se enfatiza el aspecto del arrepentimiento, pero a base del elemento *objetivo* de una sustitución penal de Jesús en aras del orden moral violado por el pecado. Citemos unas frases del propio Abelardo: «De esta manera —dice—, nuestra redención es aquel sublime amor que nos inspira la pasión de Cristo, y que no sólo nos libera de la esclavitud del pecado, sino que nos da también la verdadera libertad de los hijos de Dios, a fin de que seamos completamente llenados, no de temor, sino del amor hacia Aquel que nos impartió tal gracia.»[43] De esta manera, el factor subjetivo queda en un plano relevante, ya que, en este supuesto, los sufrimientos de Cristo no eran necesarios para remover el obstáculo que la justicia de Dios oponía al perdón del pecador, sino para convencer al pecador de que de parte de Dios no existía tal obstáculo.

Sin despreciar el elemento valioso que esta teoría encierra, deja mucho que desear en el plano de la expiación sustitutiva, puesto que ignora las demandas de la justicia divina, ocupándose sólo de resaltar el atributo del amor. En realidad, el efecto de estimular en nosotros el amor (2 Cor. 5:15) y proveernos de la verdadera libertad (Jn. 8: 32, 36) está subordinado al de propiciar a Dios sufriendo, no *con* nosotros, sino *en lugar de* nosotros. No se olvide que el pecado atenta primordialmente contra la *santidad* de Dios, y que el amor de Dios no puede desligarse de sus demás atributos; por eso, la Palabra de Dios enfatiza que la muerte de Jesús era necesaria como expiación por el pecado y propiciación de un Dios justamente airado con el pecador (Rom. 3:24-26; Ef. 5:2), y que el ser humano no puede beneficiarse moralmente de la obra de la Cruz sin que antes haya quedado revestido de la justicia de Cristo (2 Cor. 5:21). En fin, mal puede abogarse por una sustitución *vicaria*, como hace Abelardo, cuando el amor de Dios pudo haber encontrado otros medios de impresionarnos con su amor, sin exigir el sacrificio de Jesús en la Cruz.

3. Teoría de la identificación mística.

Aunque Strong expone esta teoría como un aspecto de la anterior,[44] sin embargo presenta detalles que la diferencian notablemente de ella. Los primeros y principales representantes de esta corriente de pensamiento fueron los

43. Citado por E. F. Kevan, *o. c.*, less. IX, pp. 3-4.
44. *O. c.*, pp. 733-740.

teólogos alemanes Schleiermacher (1768-1834) y Ritschl (1822-1889). El primero fue influido por las ideas de B. Spinoza y por las de Kant, a través de Fichte, en la línea filosófica de la *Crítica de la Razón Práctica* de Kant, pasando a ser el pionero del subjetivismo religioso.[45] La diferencia, ya señalada, entre esta teoría y la de la influencia moral de la obra de Cristo, radica en que tanto Schleiermacher como Ritschl conciben el cambio operado por ella en el hombre, no como un cambio de conducta en la vida *consciente* del ser humano, sino como una transformación profunda llevada a cabo en el fondo de la *subconsciencia*. Pensaban ambos que la idea de una expiación sustitutiva era una infiltración de tipo enteramente *judío* (!). Berkhof resume así, con su habitual precisión, esta teoría: «El principio básico de esta teoría es que, en la encarnación, la vida divina penetró en la vida de la humanidad, a fin de levantar a ésta al plano de la divina. Cristo poseía una naturaleza humana con su corrupción congénita y la predisposición al mal moral; pero, mediante el influjo del Espíritu Santo, fue preservado de manifestar tal corrupción en forma de pecado actual, purificó gradualmente a la naturaleza humana y, en Su muerte, extirpó completamente la depravación original y volvió a unir con Dios a la naturaleza humana. Entró en la vida de la humanidad como una levadura transformante y la transformación resultante constituye Su redención.»[46]

Contra estos conceptos tenemos que argüir: *a)* que ignoran completamente el concepto de *culpabilidad* del pecado y, por consecuencia, el genuino concepto bíblico de *justificación; b)* enfatiza unilateralmente el *poder* malvado del pecado en el mundo, exigiendo una mera reacción de la justicia inmanente del Universo contra los transgresores, sin prestar atención alguna a la ira *personal* de un Dios justo y santo contra la *culpabilidad* esencial del pecado; *c)* contradicen la Palabra de Dios, pues ésta nos asegura

---

45. V. la lecc. 12.ª de mi libro *Catolicismo Romano*.
46. *O. c.*, p. 389.

la perfecta inocencia original y permanente de Cristo (Lc. 1:35; 2 Cor. 5:21; Heb. 4:15; 7:26); *d)* finalmente, dejan sin salvación posible a todos los que murieron antes de Cristo.

CUESTIONARIO:

1. Concepto sociniano de redención. — 2. ¿Cómo refuta la Palabra de Dios a la teoría sociniana sobre la obra de la expiación de Cristo? — 3. ¿Qué inventó Pedro Abelardo para oponerse a la teoría «comercial» de Anselmo? — 4. ¿Por dónde flaquea esta teoría de la influencia moral, a pesar de su aspecto positivo? — 5. Análisis y crítica de la teoría de la identificación mística.

LECCIÓN 42.ª CONCEPTO BÍBLICO DE LA OBRA DE LA REDENCIÓN

1. Es necesaria una enseñanza clara y correcta de la obra de la redención.

Quizá nadie como E. F. Kevan[47] ha expuesto con tanta claridad la absoluta necesidad de una correcta enseñanza bíblica sobre la importantísima doctrina de la obra expiatoria de Jesús en la Cruz del Calvario. Contra los que arguyen que no deberíamos preocuparnos de doctrinas y teorías sobre este tema, sino contentarnos con el *hecho* de la redención, Kevan replica con toda razón y justicia que nuestra interpretación de la obra de la Cruz «determina nuestra concepción de Dios y ésta, a su vez, determina no sólo nuestra teología, sino también nuestra religión y nuestra ética».[48]

En efecto, la obra de la Cruz no es un *hecho* desnudo, sino que ocupa un lugar destacado en la revelación divina y encierra un *contenido* de suma importancia tanto en la predicación del Evangelio como en la vivencia que comporta. Como dice acertadamente Kevan, «el camino de la salvación no es una exclamación, sino una proclamación».[49] Ahora bien, sólo un conocimiento profundo y claro de «*todo el consejo de Dios*» (Hech. 20:27) permite captar debidamente esta doctrina, sencilla por una parte pero compleja

---

47. *O. c.*, less. XII, pp. 1-2.
48. *O. c.*, less. XII, p. 1.
49. *O. c.*, less. XII, p. 2.

por otra, ya que se basa en unos presupuestos doctrinales que se prestan a confusión si no se penetran y conjugan para guardar el equilibrio correcto. Dichos presupuestos pueden resumirse de la manera siguiente:

A) El origen y primer elemento que hay que tener en cuenta es el compromiso, que Dios ha adquirido libre y soberanamente consigo mismo, al establecer su relación con la humanidad en forma de *pactos;* pactos, no se olvide, en los que Dios es el único *contratante;* el hombre, el único *beneficiario.*

B) Los pactos de Dios con el hombre se reducen fundamentalmente a dos: *a)* el pacto de *obras,* implícitamente establecido con Adán antes del pecado; por este pacto Adán se constituía en cabeza de la humanidad, cabeza racial de la familia humana con la cual quedaba *solidarizado* (Rom. 5:12-21; 1 Cor. 15:21, 22; 45-49); *b)* el pacto de *gracia,* mediante el cual Dios se comprometía, en virtud de la redención operada por Jesús en el Calvario, a rescatar al hombre de su condición caída; de esta manera Jesús era constituido el *Postrer Adán,* la nueva y definitiva cabeza solidaria de la raza humana (Heb. 2:9-18). El pacto de gracia tiene 2 tiempos: 1) el tiempo de la *Ley,* en que se adquiere una profunda *convicción del pecado* (Rom. 3:20) y se obtiene la salvación mediante la fe en el Mesías que había de venir (Gén. 3:15; Is. 53) a ofrecer expiación completa, ya prefigurada en los sacrificios levíticos, que no limpiaban la conciencia (eso lo hacía la fe y el arrepentimiento), pero *cubrían* los pecados de los ojos airados de Dios; 2) el tiempo del *Evangelio,* en que la muerte de Cristo pone fin a la Ley (Rom. 10:4) para dar vida eterna a todos los que por la fe quedan injertados en él. La correlación entre estos dos tiempos (prefiguración y realización) del pacto de gracia o misericordia de Dios, a la vez que su contraposición normativa, es tan marcada que, sin perder la continuidad de la Historia de la Salvación, divide esa misma Historia en dos subpactos, conocidos como el Antiguo y el Nuevo Testamento, aunque su correcta denominación es: Antiguo y Nuevo Pacto. Al estar ambos bajo la condición caída del hombre, los dos interponen, para propiciar a Dios, expiar el pecado y liberar al hombre, la exigencia y realización del *sacrificio* (Lev. 17:11 —texto clave).

C) Si tomamos juntamente el cap. 5:12-21 de *Romanos*, el cap. 15:21, 22, 45-49 de *1 Corintios*, y los caps. 8-10 de *Hebreos*, nos percataremos de dos verdades fundamentales para la comprensión correcta del tema que nos ocupa: 1.ª, que la *obediencia* de Cristo, como cabeza de la nueva humanidad, es el elemento *formal* decisivo para que pase a la nueva familia la *vida*, del mismo modo que la *desobediencia* de Adán, como cabeza solidaria de la antigua humanidad, lo fue para la muerte y condenación de la misma (Rom. 5:19; Flp. 2:8 —«obediente»—; Heb. 10:7-10); 2.ª, que la *expiación sacrificial* por el pecado es el elemento *material* (objetivo) para que la justificación alcance, inducida por el pecado de Adán (Is. 53:5-11; Flp. 2:8 —«hasta la muerte, y muerte de cruz»—; Heb. 2:9; 9:22; 10:4-6, 12-14).

D) Ambos elementos (obediencia y sufrimiento —expiación sustitutiva) son indispensables para que Dios efectúe y selle en el Calvario el pacto de gracia (2 Cor. 5:19; Heb. 10:29 —texto clave). Pero nótese bien: el primer elemento (obediencia) constituye el sacrificio de *holocausto,* que dura toda la vida de Jesús (Heb. 10:5; Jn. 4:34) y se consuma en el Calvario (Jn. 19:28, 30); pero el segundo elemento (sufrimiento expiatorio) constituye el sacrificio de *expiación por el pecado,* y ése comienza y termina en la pasión y muerte de Jesús. En el primero, Jesús es nuestro *representante* (y modelo al que seguir); en el segundo, Jesús es nuestro *sustituto* (lucha, vence y sufre en *solitario* el desamparo de Dios —Is. 63:3; Mt. 27:46; Heb. 2:9, «hyper» = «anti» de Mt. 20:28). Esta distinción destruye, de una sola pasada, tanto al *antinomianismo* (1 Ped. 2:21-24) como al *nomismo* (Rom. 10:4). De ahí que se efectuara la *imposición de manos* (señal de identificación) sobre el *holocausto* (Lev. 1:4), pero no sobre el *sacrificio de expiación por el pecado*.[50]

E) Con estos presupuestos tenemos bastante para defender la tesis que expondremos en el punto siguiente. Debemos, también, recordar lo ya expuesto en pasadas lecciones sobre la necesidad de tener en cuenta, *conjuntamente*, los atributos de *justicia* y *amor* (santidad perfecta) de Dios; el concepto de *unión hipostática* en Cristo; y, supuesto un correcto concepto de *pecado*, las nociones de *pena*, *perdón* y *aplicación* de la obra de la Cruz, por obra del Espíritu Santo, «*a todo aquel que cree*» (Jn. 3:16; Rom. 10:4; 2 Cor. 5:15), en orden a llevar una *vida santa* (Tito 2:14).

Por falta del correcto conocimiento de los antedichos presupuestos, sobre todo de los señalados en los apartados C) y D), han sufrido lamentables equivocaciones no sólo los teólogos reseñados y refutados en las lecciones 41.ª y 42.ª, sino también otros eminentes autores evangélicos como Berkhof y Strong. En virtud de sus respectivas posiciones en el tema de la transmisión del pecado original a la descendencia de Adán,[51] ambos cometen graves errores al analizar la expiación realizada por Cristo en la Cruz. Así, Berkhof, en su refutación de la teoría anselmiana, dice que «pone todo el énfasis en la muerte de Cristo, y no se hace justicia al sentido redentor de Su vida».[52] Precisamente en este punto Anselmo da en la diana, y es Berkhof el que se equivoca por confundir el concepto de holocausto con el de expiación por el pecado, a no ser que tome el término «redentor» en el amplio sentido de Jn. 8:32, 36, y aun así la «*verdad del Hijo*» habría de estar conectada con el *núcleo* del Evangelio que, según Pablo, se encierra en la *muerte y resurrección* de Jesús (1 Cor.

---

50. V. el maravilloso comentario de C. H. McIntosh al *Levítico* (Los Ángeles, Grant Publishing House, 1956), pp. 9-26 y 80-104.
51. V. la lecc. 17.ª de mi libro *El Hombre: Su grandeza y su miseria* (Terrassa, CLIE, 1076).
52. *O. c.*, p. 386.

15:1-3). Por su parte, Strong llega a decir que «Cristo heredó de Adán el general reato de culpa, que afectaba a toda la raza humana»,[53] torciendo en este sentido el texto de 1 Tim. 3:16: *«justificado en el Espíritu»*. ¡Como si este texto tratase de la necesidad de ser justificado de la culpa, y no de ser vindicada su propia justicia por el Espíritu, de acuerdo con Jn. 16:10! Ambos son deudores a la posición que han tomado respecto a la transmisión del pecado de Adán: Berkhof, a su teoría federal; Strong, a la transmisión física, de acuerdo con las enseñanzas de Agustín, Lutero y Melanchton.

2. La obra de Cristo en la Cruz consistió en una voluntaria expiación sustitutiva.

E. F. Kevan expone y analiza detalladamente su definición comprensiva de la obra de la expiación de Cristo en su Curso de Teología Dogmática.[54] El único defecto que encontramos en dicha definición es su exceso de detalles que, en realidad, no pertenecen a la redención *obtenida* sino a la redención *aplicada*. Reproducimos, pues, sólo la primera parte de su definición. Dice así: «La redención (*"atonement"*) es aquella *necesaria satisfacción* de las demandas de *Dios* como *Amor Santo,* que *él mismo,* en la persona del *Dios-Hombre,* ha *provisto* por medio de los *voluntarios sufrimientos penales* del *Señor Jesucristo* como el *sustituto* por los *pecadores.»*[55] De esta definición queremos destacar —y aclarar— los siguientes puntos:

1) La redención es una obra *trinitaria,* como todo lo que Dios hace en relación con lo creado, pero en ella cada persona divina obra de acuerdo con sus propiedades estrictamente personales. Así pues, el Padre (principio sin principio) *envía,* por amor al mundo (Jn. 3:16), a su Hijo; el Hijo es la única persona divina que *recibe sobre sí* (asume)

---

53. A cada paso en *o. c.*, pp. 754-766.
54. *The Doctrine of the Work of Christ,* less. XII, pp. 8-11.
55. *O. c.,* p. 8. (Los subrayados son suyos.)

una naturaleza humana, con la cual *vive y muere* en este mundo; el Espíritu Santo *aplica* la obra realizada en el mundo por el Hijo. Dios Uno y Trino decreta y provee dicha redención.

2) En esta obra de la redención Dios obra de acuerdo con las demandas de su *amor* (salvar al pecador) y de su *santidad* (condenar el pecado. De esta manera se muestra *«justo, y justificador del que pone su fe en Jesús»* (Rom. 3:26).

3) La condenación del pecado exige, de parte de la justicia de Dios, para que su amor pueda redimir al pecador, expiar la culpa y satisfacer la pena. Esto comporta la maldición del transgresor y el castigo que debe soportar (Is. 53:5, 6; Gál. 3:13). La sanción del pecado con la imposición de la pena correspondiente es *necesaria* para que la justicia de Dios sea aplacada y la verdad de Dios mantenida, junto con su misericordia (Sal. 85:10; Dan. 9:7-9).

4) Nadie, excepto una persona *divina* y *humana* a la vez, podía dar satisfacción perfecta a dichas demandas. Tenía que ser Dios para *poder* efectuar un pago perfecto; tenía que ser *hombre* para hacerse *solidario* del pecado de la humanidad (Heb. 2:11-17; 7:25); solidario de la *responsabilidad,* no de la *culpabilidad:* a) porque sólo una víctima totalmente *inocente* podía ser aceptada en favor de los culpables; b) porque sólo el *«bendito»* (Rom. 9:5), «el bienamado en quien el Padre tiene su complacencia» (Mt. 3:17; 17:5; etc.) podía, sin mengua de su santidad *congénita* (Lc. 1:35), ser hecho *maldición* (Gál. 3:13) en lugar de nosotros y a nuestro favor.

5) La expiación del pecado demandaba el *derramamiento* total de la sangre de Jesús (Lev. 5:9; 17:11; Jn. 19:34; Heb. 9:22). Pero, siendo él inocente, se requería que lo hiciese *voluntariamente* (Jn. 8:46; 10:17, 18), al par que en *obediencia* al mandato del Padre (Rom. 5:19; Flp. 2:8; Heb. 10:7). Una satisfacción *forzada* no hubiese cumplido las normas éticas que requiere aquella transac-

ción («katallagé» —2 Cor. 5:19) que implica la reconciliación de Dios con el mundo pecador.

6) Finalmente, para que un hombre expiara por el hombre, no había otro camino que la sustitución del culpable por un inocente que pudiese y quisiese hacerse solidario y responsable de aquél, como antitipo de las víctimas sacrificadas en el A.T. (Lev. 17:11; Is. 53:5-11; Heb. 9:7-22). Por tanto, la muerte de Cristo, en cuanto sacrificio de expiación por el pecado, no fue ejemplar ni representativo, sino sustitutiva.

CUESTIONARIO:

1. ¿Por qué es necesario profundizar en la doctrina de la redención? — 2. ¿Qué lugar ocupa dicha verdad dentro del mensaje del Evangelio? — 3. ¿Cuál es el presupuesto eterno y primordial de esta doctrina? — 4. ¿Qué relación guarda la obra de Cristo con la caída original de la humanidad? — 5. ¿Qué atributos divinos demandaban la expiación ofrecida en el Calvario? — 6. ¿Por qué había de efectuarse la redención a través de una obediencia sufriente? — 7. ¿Cuál es la razón de que Cristo nos redimiera con su muerte, y no con su vida? — 8. ¿A qué se deben las equivocaciones de teólogos tan prominentes como Berkhof y Strong en esta materia? — 9. ¿Cómo definiría usted en pocas palabras la obra de la redención? — 10. Analice el porqué de cada uno de los elementos integrantes de una definición completa de la redención que Dios efectuó mediante la sangre de Cristo en la Cruz del Calvario.

LECCIÓN 43.ª ASPECTOS PARTICULARES DE LA OBRA DE LA REDENCIÓN

La obra de la redención estaba destinada a salvar a la humanidad caída, haciendo reversible toda la obra de la perdición del hombre por el pecado; es decir, Jesús vino a destruir la obra del pecado en todas sus lamentables consecuencias y manifestaciones. Ahora bien, el pecado tiene cuatro facetas y, por tanto, opera en cuatro frentes distintos, aunque complementarios: 1) es un ataque frontal a la *santidad* de Dios, pues quebranta su Ley y lesiona los derechos de su santidad. Respecto a esto, la obra de la Cruz tiene su aspecto *propiciatorio;* 2) es una *mancha* que contamina al ser humano entero, la cual necesita ser *lavada con sangre* (Apoc. 7:14; 22:14), ser *expiada;* 3) convierte al hombre en *enemigo* de Dios por menospreciar su bondad (Rom. 2:4), y para recuperar la paz con Dios necesita ser *reconciliado* con Dios; 4) finalmente, hace del hombre un *esclavo* del pecado y del demonio, y para que pueda volver a ser libre necesita ser *rescatado* de su condición miserable. Al norte, un Dios airado; al sur, un ser manchado; al oeste, un pasado de enemistad; al este, una imperiosa necesidad de libertad. Los cuatro puntos cardinales de la vida huumana necesitan ser reparados. De ahí que la Palabra de Dios nos presente la obra de la redención bajo estos cuatro aspectos particulares: *propiciación, expiación, reconciliación* y *rescate*. Vamos a examinarlos en detalle.

1. Aspecto propiciatorio de la obra de la Cruz.

Cronológicamente, y aun lógicamente, el primer aspecto particular de la obra de la Cruz que merece nuestra consideración es el de *propiciación* (Lc. 18:13). Hebreos 9:5 usa el término griego *«hilasterion»* = instrumento para propiciar, para describir la *tapa* (hebreo, *«kapporeth»*, del verbo *«kafar»* = cubrir) que cubría el Arca (V. Éx. 25:20; 31:18). Era de oro, símbolo de pureza y amor (aquí, de *justicia* regia), y en cada extremo tenía la figura de un querubín con las alas extendidas sobre el propiciatorio, de modo que se tocaban por sus puntas. Los *querubines* son presentados en la Biblia como custodios vigilantes de la gloria de Dios (Gén. 3:24; Éx. 1:13; 14:27-28 y sus correspondientes «seres vivientes» de Apocalipsis).

El verbo hebreo *«kafar»*, en su forma Pihel (activa intensiva) *«kipper»*, significa ya «obtener el perdón del pecado mediante la propiciación de Dios y la expiación de la culpa».[56] De ahí la importancia suprema que el «Yom Kippur» = Día de la Expiación, tenía (y tiene) para el pueblo judío. Se observa al leer Lev. 16 que en ese día el sumo sacerdote entraba (sólo él, y sólo una vez al año —Heb. 9:12, cita de Lev. 16:15) con la sangre del macho cabrío en *expiación por el pecado del pueblo* (nótese el singular de Lev. 16:15, comp. con el de Is. 53:6; Jn. 1:29).

En el N.T. encontramos: *a)* el adjetivo *«hileós»* = propicio, en Mt. 16:22 y Heb. 8:12; *b)* el verbo *«hiláskomai»* en la oración del publicano (Lc. 18:13); oración que el creyente no tiene necesidad de repetir, ya que la propiciación ha sido hecha de una vez por todas en el Calvario, por lo que puede decir: *«¿Quién acusará a los escogidos de Dios? Dios es el que justifica* (Rom. 8:33);[57] *c)* el sustantivo *«hilasterion»* = instrumento de propiciación, en Rom. 3:25, con relación a la *sangre de Cristo; d)* el sustan-

---

56. V. la voz *kipper* en el Diccionario de Gesenius-Tregelles, con citas de Lev. 16, entre otras.

57. Para toda esta lecc. ver L. S. Chafer, *TS* —ed. castellana—, I, 867-929.

tivo «*hilasmós*» = propiciación, en 1 Jn. 2:2; 4:10, con referencia a la persona de Cristo como encarnando en sí mismo la propiciación hecha en el Calvario, y remanente como recordatorio en el Cielo para siempre, de la obra consumada de una vez por todas en la Cruz (Apoc. 5:6: «*en pie como degollado*» —«esfagménon»).

Para no confundirnos, añadamos que, como dice L. S. Chafer, el vocablo «propiciar», en sentido de *apaciguar*, puede producir una impresión falsa, pues «sugiere la noción completamente falsa de que la ira de Dios quedó apaciguada y satisfecha mediante la sangre del sacrificio, cuando el hecho mismo de que Dios sea quien provea el propiciatorio y la propiciación, debería haber ahuyentado del pensamiento humano tal concepto. Dios es amor, y su atributo supremo es la santidad; su ley es la expresión de su santidad, y la Cruz es la expresión de su amor...; el amor de Dios puede fluir sin trabas hasta el pecador sin comprometer Su santidad. Así pues, lo que en otro caso habría sido necesariamente un tribunal de justicia, se convierte, para el que cree en Cristo, en un propiciatorio, o sea, en un "trono de gracia" (Heb. 4:16). Por tanto, la propiciación se refiere a la ley y a los derechos de la santidad de Dios».[58]

2. Aspecto expiatorio de la obra de la Cruz.

El aspecto expiatorio de la obra sacrificial de Cristo en la Cruz es como el otro lado de una misma moneda respecto a la propiciación; tanto, que el hebreo expresa la expiación como la forma pasiva intensiva del verbo «*kafar*», es decir, la forma Puhal, pasiva de Pihel = «*kuppar*».[59] Como dice Gesenius, «esta forma se usaba para expresar las letras de un documento, que eran borradas al ser tachadas por el mismo estilete que se usaba para

---

58. *O. c.*, p. 908, donde Chafer copia del *Curso por correspondencia*, III, pp. 482-485, del Dr. Scofield.
59. V. en el Diccionario de Gesenius-Tregelles la voz *kuppar*.

escribir». Expresa, pues, la idea de *anular* (Is. 28:18) y,
más frecuentemente, de *limpiar* o *expiar* (Is. 6:7; 22:14;
27:9), quedando libre de cargos al *recibir perdón* (Éx. 29:
33; Núm. 35:33). En este sentido se usa el verbo «*hiláskomai*» en Heb. 2:17, y la frase «*perí hamartías*» en Heb.
10:6, 8 (cita de los LXX en el Sal. 40:6-8). También en este
sentido encontramos, dentro de la obra de Cristo, la *purificación* («katharismón») *de nuestros pecados*, en Heb. 1:3.
Por otra parte, Hech. 3:17 usa «*exaleifo*», que, más bien
que «borrar», significa «blanquear», especialmente en el
sentido específico de «enjalbegar»; finalmente, 1 Jn. 1:7
usa el verbo «*katharizo*» = limpiar, en presente indicativo,
lo que indica una acción tan continua como pueda ser la
de las caídas en pecado.

3. Aspecto reconciliatorio de la obra de la Cruz.

El estudio de los puntos anteriores nos lleva a la conclusión de que los sacrificios del A.T. sólo podían *cubrir*
los pecados hasta que fuese la sangre de Jesucristo, el
Cordero de Dios, la que efectuase la verdadera *remisión*
(«*áfesis*» —9:22) que aquellos sacrificios prefiguraban pero
no efectuaban. Dios se limitaba a «dejar a un lado» («*pá-
resis*» —Ro. 3:25), lo que indica una dilación del juicio
divino a la vista de los sacrificios, y a «pasar por alto»
(«*hypéreidon*» —Hech. 17:30), o «mirar desde arriba, sin
tener en cuenta» *los tiempos* («khronus») *de la ignorancia
humana* (notemos que Pablo está hablando a gentiles), lo
que indica que el juicio divino se demoraba sólo temporalmente. Esta actitud divina estaba basada en la *paciencia*
(Rom. 3:25: «*anokhé*» = capacidad de aguante, comp. con
el verbo «*anekho*» de Ef. 4:2: «*metá makrothymías ane-
khómenoi allelus*» = soportándoos con longanimidad unos
a otros), mientras que la propiciación operada por medio
de la sangre de Cristo está basada en la *justicia*. Por tanto,
como dice Chafer, «es una transacción ya ejecutada, que
ha tenido por resultado la absolución del pecador y el otor-

gamiento de su justificación sobre una base tan justa, que Dios es declarado ser justo al justificar así a un impío que se limita a creer en Jesús (Rom. 3:26)».[60]

Ésta es precisamente la transacción que implica el término griego «*katallagé*» (del verbo «*katallasso*» = cambiar completamente) y que nuestra Biblia castellana traduce por «reconciliación». Este término, que ocurre numerosas veces en forma de verbo (Rom. 5:10; 11:15; Ef. 2:16; Col. 1:20, 21), alcanza su expresión más decisiva en 2 Cor. 5: 19, 20. En el vers. 19 se nos dice que Dios mismo estaba efectuando la reconciliación del mundo con él mismo (Dios) en la obra de Cristo; es decir, estaba cambiando completamente la posición del mundo en su relación con Dios. El sentido de *transacción* queda todavía más resaltado con la introducción del verbo «*logizo*» («no teniéndoles en cuenta sus pecados»), verbo que, como puede verse por el uso que el mismo Pablo hace de én en Flm. 18, significa «poner a cuenta de alguien un pagaré». Por tanto, Dios estaba en el Calvario descargando los pecados de nuestra «cuenta» y cargándolos a la «cuenta» de Jesús.

Quedan por hacer dos observaciones importantes: A) El cambio de actitud de Dios hacia el mundo es efectuado, propiamente hablando, no por la reconciliación, sino por la propiciación. Pero, como advierte el mismo Chafer, «la propiciación no infunde compasión en Dios, sino que más bien le proporciona la libertad necesaria para ejercitar su compasión inmutable sin las trabas que, en otro caso, le impondrían las exigencias penales de Su justicia».[61] De ahí la incorrección de todas las versiones, como la A.V. inglesa, que expresan la oración del publicano como si el original dijese: «Ten misericordia de mí», en vez de «sé propicio hacia mí», que es lo que el griego dice. B) Esta *reconciliación* del vers. 19, por la que Dios pone al *mundo* en una posición completamente distinta (pacto de la redención), no cambia automáticamente la situación del peca-

60. *O. c.*, I, p. 918.
61. *O. c.*, I, p. 904.

dor perdido. De ahí que el apóstol, después de añadir que le ha sido encomendado el *mensaje de la reconciliación* («ton lógon tes katallagés»), termina exhortando a los lectores a que *«se reconcilien con Dios»*; es decir, a que pongan de su parte, por medio de la fe y del arrepentimiento, lo que les corresponde personalmente para hacer suya la reconciliación efectuada globalmente en el Calvario. Dice Chafer: «¿Qué es, entonces, lo que se les ruega a los hombres que hagan? Sencillamente esto: Dios está satisfecho con la solución que la muerte de Cristo ha dado al problema del pecado, y ahora se le pide al pecador que quede satisfecho también él con lo que satisface a Dios.»[62]

4.   Aspecto estrictamente redentor de la obra de la Cruz.

En toda esta sección de lecciones que tratan de la obra del Calvario hemos usado el término «redención» en un sentido general. Pero la palabra «redención» tiene también un sentido específico, particular, por el que se muestra en la Palabra de Dios la re-compra que Dios hizo de nosotros por medio del precio pagado en el Calvario (1 Ped. 1:18, 19: *«rescatados»* —griego, «elytróthete»—... *«con la sangre preciosa de Cristo, como de un cordero sin mancha ni contaminación»*). En este versículo el verbo *rescatar* indica el *precio* («lytron») pagado, mientras que el adjetivo *preciosa* («timío») indica más bien el *valor* del precio, la *estima* («timé») que merece el medio que Dios usó para pagar el rescate.

El aspecto de *rescate*, incluido en la obra de la Cruz, aparece de diversas maneras y con distintos términos, tanto en el hebreo del A.T. como en el griego del N.T. Los vocablos utilizados son los siguientes:

A)   En el Antiguo Testamento encontramos los términos siguientes:

a)   el verbo *«ga'al»* = rescatar para devolver a su legítimo dueño algunos de sus bienes, cosas o personas

---

62.   *O. c.*, p. 905.

(por ejemplo, entre muchos otros lugares, Éx. 6:6; Lev. 25:25; Rut 4:4, 6; Sal. 72:14; 106:10; Is. 43:1). Su participio «go'el» indica *el pariente más cercano* para efectuar el rescate o para vengar la sangre de un pariente. Este aspecto de la redención es el que obligó al Hijo de Dios a bajar a este mundo y hacerse hombre para ser un perfecto *pariente* nuestro (Heb. 2:11-14), pues cumple mejor que nadie las cuatro condiciones que ponía la Ley: 1) ser pariente; 2) capacitado para pagar el precio (Hech. 20:28); 3) libre de la desgracia que había sobrevenido al pariente desgraciado (Heb. 4:15; 7:25; Jn. 8:46; 1 Ped. 2:22); 4) estar deseoso de hacerlo (Heb. 10:5-7), como vemos que lo hizo Booz, en el libro de Rut, en lugar de otro pariente más cercano que rehusó casarse con Rut;

b) el verbo «padhah = soltar; de ahí, redimir pagando el rescate (Éx. 13:13); desobligar (Núm. 18:15-17), liberar de la esclavitud (Deut. 7:8; 13:6; Jer. 15:21; 31:11); preservar o librar de peligros (Sal. 34:23);

c) «ganah» = redimir comprando, obtener por precio (Is. 11:11; Neh. 5:8);

d) «paraq» = rescatar rompiendo las ligaduras (Sal. 136:24).

e) el sustantivo «ge'ullah» (del verbo «ga'al») = el rescate o el derecho al rescate (Lev. 25:24, 26, 29, 31, 48, 51, 52; Rut 4:6, 7; Jer. 32:7).

B) En el N.T. encontramos verbos griegos que expresan la misma idea de cuatro maneras, y en las cuatro se aplican a la obra que Cristo llevó a cabo en el Calvario a nuestro favor y en nuestro lugar:

a') el verbo «agorazo» (o «agoradso»), que significa *comprar EN el mercado público* o «ágora» (1 Cor. 6:19, 20; 7:22, 23; 2 Ped. 2:1 —lugar muy importante, como veremos en la lección siguiente);

b') el verbo «exagorazo» (o «exagoradso») = *comprar DEL mercado*, lo cual implica, no sólo pagar el rescate, sino también *sacar* de allí al esclavo y hacerlo libre

(Gál. 3:13; 4:5), lo cual sólo puede aplicarse al que es salvo por gracia mediante la fe;

c') el verbo «*lytroo*» (de «*lyo*» = soltar) = *poner en libertad mediante rescate* (Tito 2:14; 1 Ped. 1:18), donde se ve la idea de *soltar;* así como los sustantivos derivados de dicho verbo: 1) «*lytron*» = precio de rescate (Mt. 20:28; Mc. 10:45); 2) «*lytrosis*» = la acción misma de rescatar soltando (Lc. 1:68; 2:38; Heb. 9:12); 3) «*apolytrosis*» = rescatar con recibo de pago (Rom. 3:24; Ef. 1:7; Heb. 9:15); 4) «*antílytron*» = rescate sustitutivo (1 Tim. 2:6 —único, pero muy importante, lugar en el N.T.);

d') el verbo «*peripoiumai*» = adquirir como posesión propia (Hech. 20:28), y su correspondiente sustantivo «*peripóiesis*» (1 Ped. 2:9), donde la cita de Éx. 19:5 le hace corresponder al hebreo *shegullah* = posesión o propiedad particular.[63]

Cuando todos los términos estudiados en la presente lección se presentan conjuntamente a nuestra vista, podemos percatarnos mejor del significado profundo y maravilloso que en sí encierra la obra sacrificial de Jesús en la Cruz del Calvario. Todas estas consideraciones no sólo sirven de alimento, estímulo e inmensa gratitud para el corazón de los creyentes, sino que capacitan a todo buen cristiano, y especialmente al predicador del Evangelio, para presentar el mensaje nuclear del mismo de una manera correcta y completa, de acuerdo con la Palabra de Dios y supuesto siempre el poder del Espíritu Santo que la inspiró y ejerce la función de aplicarla con eficacia a los corazones y a las mentes de los que las escuchan con disposición receptiva.

---

63. Para el uso y origen de todos los términos en que la Biblia expresa la obra de la redención, véase L. Morris, *o. c.*

CUESTIONARIO:

1. ¿*Qué aspectos pueden considerarse en la obra de la Cruz, en relación con las distintas facetas del pecado?* — *2.* ¿*De qué forma prefiguraba el antiguo propiciatorio la obra de la sangre de Jesús?* — *3.* ¿*Cómo se cumple en la Cruz el verdadero y definitivo Día de la Expiación del pueblo de Dios?* — *4.* ¿*Qué términos emplea el N.T. para expresar la idea de propiciación?* — *5.* ¿*Significa este término que la ira de Dios quedó apaciguada por el derramamiento de la sangre de Jesús?* — *6.* ¿*En qué consiste el aspecto expiatorio de la obra de Jesús?* — *7.* ¿*Qué términos usa la Biblia para expresar dicho aspecto?* — *8.* ¿*En qué se diferencian los términos «dejar a un lado» y «pasar por alto» de Rom. 25 y Hech. 17:30, respectivamente, del «no tener en cuenta» y del «perdón» de 2 Cor. 5:19 y Heb. 9:22 en los lugares correspondientes?* — *9.* ¿*Qué significado tienen en el original del N.T. el verbo* reconciliar *y el nombre* reconciliación? — *10.* ¿*Cómo expresa el verbo griego «logidso» esta transacción, a la vista de Flm. 18?* — *11.* ¿*Sirve la reconciliación para cambiar la actitud de Dios respecto al mundo pecador?* — *12.* ¿*Qué es, en realidad, lo que Dios pide a los hombres en 2 Cor. 5:20, en frase feliz de L. S. Chafer?* — *13.* ¿*Qué significan los términos con que el hebreo del A.T. y el griego del N.T. expresan la idea de* rescate, *llevada a cabo por Jesús en la Cruz del Calvario?* — *14.* ¿*Qué relación tiene con este concepto, a la luz de Heb. 2:11ss., el uso del verbo hebreo «ga'al» y del sustantivo «go'el» = pariente más cercano?* — *15.* ¿*Qué importancia tiene para todo creyente, y especialmente para el predicador del Evangelio, el conocer bien todos estos aspectos de la obra sacrificial de Cristo en la Cruz del Calvario?*

LECCIÓN 44.ª ¿POR QUIÉNES MURIÓ CRISTO?

1. Introducción al tema.

Llegamos ahora al tema más conflictivo de todo el presente volumen. Yo ruego a los hermanos en la fe que no estén de acuerdo conmigo en la respuesta que voy a dar al título que encabeza esta lección, que no vean en todo lo que voy a decir el menor afán de polemizar ni de herir los sentimientos de quienes piensan de manera diferente. Yo mismo, llevado por prejuicios denominacionales, creí en otro tiempo en la redención limitada, pero hoy estoy plenamente convencido de que quienquiera que vaya a la Palabra de Dios con los ojos y el corazón limpios de todo prejuicio de escuela teológica, no tendrá más remedio que admitir que «Cristo murió por todos» (2 Cor. 5:14, 15), «se dio a sí mismo en rescate por todos» (1 Tim. 2:6).

Como va implícito en lo que acabamos de decir, el tema de la presente lección trata de la *extensión* de la obra de la redención efectuada en la Cruz del Calvario, en los cuatro aspectos reseñados en la lección anterior. El planteamiento de la cuestión no puede ser, a mi juicio, otro que el siguiente: ¿Estuvo limitada la obra de la Cruz sólo a los elegidos, a los que iban a ser personalmente salvos, de modo que Cristo realizó para ellos, y sólo para ellos, la expiación sustitutiva, la propiciación, la reconciliación y el pago del rescate? ¿O fue dicha obra efectuada en favor de todo el mundo, de tal manera que Dios, mediante la redención llevada a cabo en el Calvario, proveyese a *todos* de suficientes medios de salvación, aunque sólo sean salvos los que personalmente *se apropian* dicha provisión conseguida mediante la obra redentora de Cristo? Sólo los calvinistas radicales abogan por una redención limitada, mientras que todos los demás evangélicos sostienen la universalidad de la redención, conforme al sentido obvio y literal de *toda* la Biblia.

Estoy personalmente convencido de que, tanto los que defienden una *redención limitada* como los que abogan por una *salvación universal* (K. Barth, por ejemplo), sufren el mismo error básico al plantear esta cuestión: ENTIENDEN LA OBRA DEL CALVARIO EN TÉRMINOS DE SUSTITUCIÓN FORMAL (PERSONAL), EN VEZ DE CONSIDERARLA COMO UNA SUSTITUCIÓN VIRTUAL (GLOBAL), como se deduce de un estudio meticuloso de toda la Escritura. De este error no se ven libres muchos de los que sostienen una redención *ilimitada,* entre los que se encuentra el propio L. S. Chafer, como veremos después.

Podrá preguntarse: ¿Qué se entiende por sustitución virtual o global? Sencillamente, lo siguiente: Cristo no me sustituyó personalmente en el Calvario, ni expió actualmente mis pecados, ni los tuyos ni los de nadie (de lo contrario, naceríamos ya justificados, puesto que nuestros pecados estarían ya borrados), sino que proveyó una salvación abundante para todos, propiciando a Dios globalmente *por el pecado del mundo,* de tal modo que, satisfecha la justicia divina, el amor de Dios se desbordase sobre un mundo perdido, cambiando contractualmente (en general) la *posición* del mundo respecto de Dios. Demostraremos este punto más tarde con los textos bíblicos (ineludibles) a la vista. Ahora bien, cuando una persona se apropia personalmente, por fe y arrepentimiento (Mc. 1:15), la obra del Calvario, es entonces cuando tiene en Jesús un sustituto formal; por eso, sólo a los creyentes se aplica en plural la sustitución por *sus pecados* (1 Ped. 2:24, 25). Un texto clave en favor de lo que vengo diciendo es 1 Tim. 4:10: «... *el Dios vivo, quien es el Salvador de todos los*

hombres, ESPECIALMENTE de los creyentes». Este texto
basta para demostrar que hay una salvación *global* (redención) y otra *especial* (personal).[64]

Para demostrar el error de planteamiento de los limitacionistas, voy a citar al limitacionista L. Berkhof, bien
conocido por su concisión y profundidad. Dice así: «EL
PUNTO EXACTO DE LA DISCUSIÓN. La pregunta con
que nos enfrentamos en este punto no es: *a)* si la satisfacción efectuada por Cristo fue suficiente de por sí para
salvar a todos los hombres, ya que esto todos lo admiten;
b) si los beneficios salvíficos se aplican actualmente a
todos los hombres, pues la gran mayoría de los que ense-

---

64. Las acrobacias exegéticas de W. Hendriksen (limitacionista)
en torno a este texto sólo sirven para confirmarme en mi opinión.
(V. su *Commentary on the Epistles to Timothy and Titus* —London,
The Banner of Truth, 1964—, pp. 153-156.) No se puede pasar por
alto, sin darle la debida respuesta, el famoso argumento (el principal de los muchos que aduce) de J. Owen que figura en el libro 2.º
del vol. 10 de sus obras completas, y que resumimos siguiendo la
cita que L. S. Chafer hace (o. c., I, p. 1015) de W. L. Alexander:
«Dios —dice Owen— hizo pender Su justa ira sobre, y Cristo sufrió
las penas del Infierno por, o todos los pecados de todos los hombres,
o todos los pecados de algunos hombres, o algunos pecados de todos
los hombres. Si lo último —algunos pecados de todos los hombres—,
entonces todos los hombres tienen algunos pecados de los que responder, y así nadie será salvo... Si lo segundo, eso es lo que nosotros afirmamos, a saber, que Cristo sufrió como sustituto por todos
los pecados de todos los elegidos del mundo. Si lo primero (a saber,
que Cristo murió por todos los pecados de todos los hombres), entonces ¿por qué no son liberados todos del castigo de todos sus
pecados? Tal vez diréis: por su incredulidad; no quieren creer. Pero
esa incredulidad, ¿es pecado o no lo es? Si no lo es, ¿por qué habrían de ser castigados por ella? Si lo es, entonces Cristo, o sufrió
por ella el castigo correspondiente, o no lo sufrió. Si lo hizo, ¿por
qué ha de obstaculizar ella, más que los otros pecados suyos por
los que Cristo murió, el que participen del fruto de Su muerte: Si
no lo hizo, entonces no murió por todos sus pecados.» Chafer replica
a esto diciendo que «el pecado de incredulidad asume una cualidad
específica, al constituir la respuesta del hombre a lo que Cristo llevó
a cabo por él, al llevar sus pecados en la Cruz». Sin embargo, EL
SOFISMA DE OWEN ESTRIBA EN SU FALSO CONCEPTO DE
SUSTITUCIÓN. Su argumento sería válido con una sustitución *formal.*

ñan una redención universal no creen que todos se salven efectivamente; *c*) si la oferta de salvación *de buena fe* se hace a todos los que oyen el Evangelio, bajo condición de arrepentirse y creer, pues las Iglesias Reformadas no ponen en duda este punto; *d*) ni si alguno de los frutos de la muerte de Cristo son de algún provecho para los no elegidos, en virtud de su estrecha asociación con el pueblo de Dios, ya que esto lo enseñan explícitamente muchos eruditos Reformados. Por otra parte, la pregunta dice relación al objetivo de la redención. Al enviar al Padre a Cristo, y al venir Cristo al mundo para hacer expiación por el pecado, *¿tuvo Dios la intención de salvar sólo a los elegidos o a todos los hombres?* Ésta es la pregunta, y sólo ésta.»[65]

Más adelante espero demostrar que no cabe una oferta de salvación *de buena fe* (bona fide) de parte de Dios para quienes, según los limitacionistas, han sido excluidos por un decreto eterno de Dios del número de los elegidos. Por ahora, me basta con afirmar que Berkhof se equivoca totalmente, precisamente en la parte subrayada de su planteamiento. Con la Biblia en la mano, se puede asegurar que Dios envió a su Hijo al mundo, no con el propósito decidido (voluntad antecedente) de salvar a muchos o a pocos, sino con la buena voluntad de proveer, en la entrega de su Hijo a la muerte en cruz, una fuente común de salvación (Is. 12:3), *«para que el mundo sea salvo por él».* Tanto el verbo de deseo («thelon), como la voz pasiva, usada tanto aquí como en 1 Tim. 2:4, nos demuestran que, según Jn. 3:14-17, Dios, en su benevolencia general para con todo el *mundo,* ha hecho una provisión suficiente y abundante, *«para que todo aquel que cree en él, no perezca, sino que tenga vida eterna».* El término «mundo» expresa la universalidad de la redención; la frase *«para que todo aquel que cree...»,* expresa la condición bajo la cual esa redención universal se aplica personalmente a los que son salvos (Ef. 2:8).

---

65. *O. c.*, pp. 393-394. (El subrayado es suyo.)

Una correcta respuesta a la pregunta que planteamos la encontramos en Strong: «Las Escrituras —dice— representan la redención como hecha para todos los hombres, y como suficiente para la salvación de todos.»[66] Y, entre los tres puntos en que detalla su planteamiento, dice en el *b*): «Que la redención de Cristo ha efectuado una provisión objetiva para la salvación de todos, al remover de la mente divina cualquier obstáculo para el perdón y la restauración de los pecadores, excepto la voluntaria oposición de éstos a Dios y la negativa a volverse a él.»[67] En esta frase última, Strong sufre una equivocación parecida a la de L. S. Chafer,[68] pues la oposición del incrédulo a Dios no pertenece al estadio de la redención *efectuada*, sino al de la redención *aplicada*; sin embargo, la exposición de las primeras frases es correcta.

2.   Los textos bíblicos.

Cuando los textos de la Escritura se examinan, dentro de todo el contexto de la Biblia, con ojos limpios de prejuicio denominacional, la evidencia en favor de la redención ilimitada es contundente.

Es cierto que, cuando la Biblia trata de los creyentes, aplica ya *directamente* a ellos el fruto de la redención, lo cual podría producir una visión unilateral del problema que nos ocupa. Pero ya hemos dicho que (aparte del contexto, que aclara las cosas) en el uso del plural: «por nuestros pecados...», o de un término específico («*exagoradsô*», en vez de «*agoradsô*»), vemos claramente cuándo la frase bíblica tiene un alcance universal o particular. Ejemplos de aplicación particular los tenemos en lugares como Jn. 10:15; 15:13; 17:2, 6, 9, 20, 24; Rom. 4:25; Ef. 1:3-7; 5:25-27. Una aplicación *eficaz* (sin entrar en el cómo, que no vamos

---

66. *O. c.*, p. 771.
67. *O. c.*, p. 772.
68. *O. c.*, I, p. 1016, al dar por «buena» («*fair*» en el original —vol. III, p. 199) la conclusión de J. Owen.

a soslayar) de la obra de la redención a los elegidos, da ocasión a los limitacionistas para hacernos creer que sólo los elegidos estaban incluidos en el pacto de la redención, sellado en el Calvario (2 Cor. 5:19).

Los textos que hablan claramente en favor de la *universalidad* de la redención son los siguientes:

Juan 3:16, 17. No cabe duda de que el término *mundo* designa aquí a la humanidad globalmente, como en otros textos que seguirán a éste. Dios *amó* sinceramente a toda la humanidad y proveyó un medio común de salvación para este *mundo*. Los limitacionistas afirman que *mundo* significa aquí a los elegidos. Como muy bien advierte Chafer,[69] basta sustituir aquí, como en Jn. 1:29; 2 Cor. 5: 14, 15, 19; Hech. 10:43; 17:30; 1 Tim. 2:4, 6; 4:10; Tito 2:11; Heb. 2:9 y 1 Jn. 2:2, los términos *mundo, todos, todo el que* (expresión que sale unas 110 veces en el N.T.) por el término «*elegidos*», para que se vea lo disparatado de la expresión. En el contexto posterior de Jn. 3:16ss. se ve claramente que la única causa de la condenación no es una *exclusión* por parte de Dios, sino que «los hombres prefirieron las tinieblas a la luz». Lo mismo vemos en 8:24, donde se pone causa única de la condenación el *no creer en Jesús*. La misma universalidad observamos en la invitación general de 7:37 (comp. con Apoc. 22:17).

Hechos 17:30. Este texto tiene, a mi juicio, una fuerza tremenda, puesto que, según Pablo, Dios *manda ahora a todos los hombres en todo lugar, que se arrepientan.* ¿Podemos concebir una intimación tal por parte de Dios sin la oferta sincera de una gracia suficiente para que *todos* los hombres queden capacitados para arrepentirse? Supongamos que a un paralítico le ordenan ponerse de pie y echar a correr sin curarle antes la parálisis y darle el vigor suficiente para que emprenda la carrera, ¿no sería un sarcasmo tal invitación? Si Dios manda a *todos* que se arrepientan es que ha provisto para *todos*, en virtud de una

---

69. O. c., pp. 1020-1021.

redención *ilimitada,* la gracia suficiente para que *todos* puedan ser salvos.

2 Corintios 5:14-21. Toda la perícopa nos habla de una redención *universal: a)* Claramente se dice que Cristo «murió por todos» (vers. 14); la conclusión «*luego todos murieron*» podría engendrar confusión; de hecho, J. Murray[70] pretende encontrar aquí una prueba decisiva contra nuestra opinión, ya que, según él, los que mueren en Cristo, resucitan también con él. Pero Murray no se percata de que aquí no se trata de la experiencia mística en que todo creyente, al ser salvo, es crucificado, sepultado y resucitado con Cristo (Rom. 6:3ss.; Ef. 2:4ss.), sino de una muerte, por llamarla de alguna manera, *contractual* (comp. con Rom. 7:6), por la que, al realizar Dios en el Calvario el pacto de la redención, poniendo al mundo entero en posición de *reconciliación* con él (2 Cor. 5:19), la humanidad entera ha entrado en el «*régimen nuevo del Espíritu*», aunque sólo se beneficien de tal posición global los que personalmente se reconcilian con Dios. *b)* Por eso, el apóstol, después de haber asegurado que Dios efectuó en Cristo la *reconciliación del mundo* con él, exhorta en el versículo siguiente a que los receptores de su mensaje *se reconcilien* («*katallágete*», aoristo 2.° pasivo = es decir, de una vez por todas) con Dios.

Esta muerte *contractual* de TODOS pone a la humanidad entera dentro del pacto de la redención, de la misma manera que el pacto antiguo ponía al pueblo entero de Israel en una posición global de santificación, en el sentido primordial de *apartamiento* de los demás pueblos; la razón la da el mismo Pablo en Ef. 2:12ss., al asegurar que la sangre de Cristo ha derribado el muro de separación entre judíos y gentiles, haciendo que ambos por igual quedasen *cercanos* virtualmente, teniendo a mano la oportunidad de ingresar en el nuevo pueblo de Dios y ser hechos así «*conciudadanos de los santos*» (Ef. 2:19), es decir, del verda-

---

70. En *Redemption Accomplished and Applied,* especialmente en pp. 71-72.

dero Israel en su *remanente* espiritual. Diremos algo más en el punto siguiente.

Para remachar lo dicho en el párrafo anterior, voy a citar dos versículos más, relevantes por su evidencia contundente en favor de la tesis que vengo sustentando. El primero de ellos es Heb. 10:29. Toda exégesis sana de la Palabra de Dios ve en este texto (lo exige una hermenéutica correcta) a gente inconversa, cuyo pecado se llama por antonomasia «voluntario» (vers. 26), por el hecho de que los tales han adquirido un conocimiento del Evangelio que añade una especial gravedad a su apostasía (son los mismos de 6:4ss., sobre los que cae la lluvia de gracia sin que respondan a la invitación divina). Ahora bien, de *éstos* se dice en 10:29 que «*han tenido por inmunda* ("*koinón*" = común, por contraste con la "limpia" —V. Hech. 10:15) *la sangre del pacto en la que FUERON SANTIFICADOS*». ¿De qué otra santificación puede hablarse aquí sino de la contractual? (V. un caso semejante, por afinidad, en 1 Cor. 7:14). Este pacto exige que la obra de la redención sea, de suyo, *universal*. El segundo texto es 2 Ped. 2:1. Aquí se habla de «*falsos maestros, que introducirán encubiertamente herejías destructoras, y aun negarán AL SEÑOR QUE LOS RESCATÓ, atrayendo sobre sí mismos destrucción repentina*». Por el contexto posterior parece que se trata de herejes antinomianos,[71] abocados a la perdición; y, sin embargo, se dice de ellos que «*continúan negando* (es decir, rechazando y desdeñando) *al dueño que los compró*» («ton agorásanta autús despoten arnúmenoi»). Las piruetas del limitacionista J. Gill sobre este versículo,[72] pretendiendo que no se trata de ningún rescate o compra, sino de los beneficios que Dios, como Soberano del Universo, imparte también a los malvados, no son otra cosa que vulgares evasivas o salidas de tono ante un texto

---

71. V. el comentario de A. McNab en *The New Bible Commentary* (London, The Inter-Varsity Fellowship).

72. En *An Exposition of the New Testament*, vol. II (London, William Hill Collingridge, 1853).

evidente. El hecho de que Pedro use «*despotes*» = amo, en vez de «*kyrios*» = señor, se debe a que el término «implica —como dice McNab[73]— un señorío y dominio absolutos, pensamiento que el apóstol remacha con la idea de "comprar", al modo como un amo compra a un esclavo», y cita, a este respecto, 1 Cor. 6:20; 7:23; 1 Ped. 1:18. En efecto, en los dos primeros lugares usa Pablo el mismo verbo en el mismo tiempo que aquí, mientras que Pedro usa, en 1 Ped. 1:18, el verbo «*lytroo*» (en que se enfatiza el precio pagado por la compra o rescate —V. la lección anterior, punto 4, B), c'). Vimos en la lección anterior, punto 4, que el verbo «*agoradso*» se usa indistintamente de inconversos y de creyentes, mientras que el verbo «*exagoradso*» = comprar *del* mercado, sólo se aplica a los que, poniendo su fe en el Señor, *han salido* del lugar de esclavitud. Éstos de 2 Ped. 2:1 fueron «comprados», pero rehusaron salir del mercado. Siendo, sin embargo, dicha «compra» uno de los cuatro aspectos particulares de la obra de la redención, el hecho de que dicho término se aplique a hombres *perdidos* es una prueba evidente de la *universalidad* de la redención.

1 Timoteo 2:4, 6. En estos versículos se nos dice que *Dios* «quiere (es su deseo, no su designio impositivo) *que todos los hombres sean salvos y lleguen al conocimiento pleno* (o reconocimiento) *de la verdad»*, añadiendo después que *Jesucristo Hombre «se dio a sí mismo en rescate sustitutivo por todos»*. Tres cosas son de notar en este pasaje: 1) la universalidad del término «*todos*». Los limitacionistas han acuñado sutilmente una peregrina evasiva afirmando que, en éste y en todos los lugares paralelos a éste, se trata de «todos *sin distinción* de clases, etc., pero no de todos *sin excepción*»; «son los mismos —añaden— del vers. 1».[74] Entonces, si hacemos excepciones en los que Dios quiere que sean salvos, también habrá que hacerlas en aquellos por los que Pablo ruega que se ore. Precisamente Pablo intercala en el vers. 5 la mención de «*un solo*

---

73. *O. c.* y lugar citado.
74. V. W. Hendriksen, *o. c.*, sobre este pasaje.

Dios y un solo Mediador» (comp. con Hech. 4:12), para
que, dentro del plan salvador de un solo Dios de *todos,*
todos puedan tener acceso a la salvación provista mediante la obra del único Salvador; 2) la forma del verbo *salvar,*
en aoristo pasivo de infinitivo (*«sothenai»*), da a entender
que no se trata de que Dios *haya decidido salvar a todos,*
sino de que *ha hecho la provisión suficiente y abundante
para que todos, según su deseo* (de Dios), *puedan tener
acceso a las fuentes de la salvación;* 3) el rescate sustitutivo, del que habla el vers. 6, ha sido pagado *a favor de
todos;* es decir, de todos los que se habla en el vers. 1 y
en el vers. 4. Dice Donald Guthrie a este respecto, comentando los vers. 4 y 6:

«Esto, pues, expresa la seguridad de la misericordia de Dios hacia todos, sin distinción de raza, color,
condición o estado. Ha podido haber alguna tendencia
hacia la exclusividad por parte de algunos, quizás
influenciados por el mismo impulso que arrastró a
los posteriores gnósticos a encerrarse en sus círculos
cerrados de iniciados, y Pablo, para proveer un antí-
doto, estaría aquí recalcando la compasión universal
de Dios. Aun cuando sea difícil conciliar esta aserción con la constante enseñanza de Pablo sobre la
soberanía de Dios, nadie se atrevería a negar que
dichas palabras representan bien la magnanimidad
de la benevolencia divina. Las palabras *todos los
hombres* deben ser conectadas con el "todos" del
vers. 1. La oración por todos los hombres sólo podría
justificarse a base del deseo de Dios de salvar a
todos (cf. Jeremías)... Se concibe a Cristo como "el
precio transaccional" a favor de, y en lugar de, *todos,*
a base del cual precio puede ser garantizada la libertad. Con todo, no todos disfrutan de tal libertad. El
precio del rescate, es cierto, tiene un valor infinito,
pero los beneficios requieren ser recibidos. El apóstol supone aquí que, puesto que el rescate es adecua-

do para todos, Dios debe de desear la salvación de todos.»[75]

1 Timoteo 4:10. En este versículo se afirma que Dios *«es el Salvador de todos los hombres, mayormente* ("málista" = principalmente, especialmente) *de los fieles»* («pistón» = los que han creído y son de fiar). La lectura obvia de este texto nos dice, sin más, que, dentro de una distinción, no hay exclusión *a priori* de la salvación. Dios ha provisto una salvación que se hace eficaz en aquellos que se apropia tal provisión. Una limitación en el plano de la *redención,* que supondría cerrar todo acceso a los *no elegidos,* sería una burda mofa de la bondad de Dios. Cuando leemos en el Sal. 145:6: *«Bondadoso* ("tob") *es Dios para con todos, y sus compasiones* ("rajamayw" = ternura de entrañas, como el griego "splankhnídsomai" —Mt. 9:36; 14:14; Mc. 6:34; Lc. 7:13; 10:33; 15:20, etc.) *se extiende a todas sus obras»,* nos percatamos de que el amor que Dios tuvo al *mundo* (Jn. 3:16) fue algo muy grande, muy serio y tan *universal* como para que la Biblia entera ensalce su bondad hacia *todos.* Ahora bien, si Dios hubiese excluido positivamente a alguien del plan de la redención, por muchos beneficios que aquí dispensase a los no elegidos, ¿cómo podría llamársele *«bondadoso para con todos»* cuando, frente a un tiempo de vida tan corto, se extendería una desgraciada eternidad, no sólo *prevista,* sino deliberadamente *escogida* para los no elegidos? Pensar tal cosa del Dios manifestado en Jesucristo, es para mí una de las mayores blasfemias.

Tito 2:11 recalca la misma idea de 1 Tim. 2:4, 6; y *Heb. 2:9* incluye a todos en la sustitución llevada a cabo en la Cruz, cuando Jesús, no sólo sufrió la muerte, sino que la *paladeó* («géusetai») lentamente, consciente y libremente, con todo su acíbar, *por todos.*

---

75. *The Pastoral Epistles* (London, The Tyndale Press, 1961), pp. 71-72. (Los subrayados son suyos.)

1 Juan 2:2. Con este texto ponemos fin a este desfile impresionante de pasajes bíblicos que atestiguan la *universalidad* de la redención. En él se afirma que *Jesucristo «es la propiciación por nuestros pecados; no sólo por los nuestros, sino también por los del mundo entero»* («perí HOLU tu cosmu» —no cabe mayor rotundidad en el adjetivo escogido por el Espíritu Santo). Dice Stott en su comentario a este texto: «Este texto no puede ser forzado a indicar que todos los pecados quedan automáticamente perdonados mediante la propiciación de Cristo, sino que se ofrece un perdón universal por los pecados de todo el mundo, perdón que es disfrutado por los que se acogen a él.»[76] La misma universalidad vemos en 2 Ped. 3:9, donde, de acuerdo con el sentido del aoristo *«khoresai»*, habríamos de traducir *«... y sean capaces de dar cabida al arrepentimiento»*, lo cual, en el contexto anterior (*«no quiere que ninguno perezca»* —«apolesthai»), difícilmente puede entenderse de simples *caídas* de creyentes. También Rom. 5:20 constituye una prueba implícita.

3. El Gran "Yom Kippur".

No cabe ninguna duda de que el sacrificio de Jesús en la Cruz del Calvario fue el antitipo del «Yom Kippur» o «Día de la Expiación» del A.T. (V. Heb. 9:23-28). Levítico 16 nos dice que el sumo sacerdote entraba al Lugar Santísimo *«con un becerro para expiación, y un carnero para holocausto»* (vers. 3). Ya vimos, al hablar sobre Lev. 1:4, que el sacrificio de holocausto comportaba el imponer las manos sobre la víctima en señal de *identificación;* por eso, en su holocausto, Jesús es nuestro representante; pero en el sacrificio de *expiación por el pecado* (del que se ocupa la mayor parte del cap. 16) no comportaba tal gesto, pues significaba *sustitución;* en este sentido fue Jesús nuestro sustituto en la Cruz del Calvario, y

---

76. J. R. W. Stott, *Epistles of John* (London, The Tyndale Press, 1966), p. 84.

sólo allí. El vers. 27 tiene su resonancia en Heb. 13:11, lo
cual nos ofrece otra analogía entre el sacrificio del Calvario y el «Yom Kippur» del A.T. Ahora bien, si, además
de todo esto, echamos una ojeada a lugares como Ef. 2:
11ss. y 2 Co. 5:14-21, nos daremos cuenta de dos detalles
significativos que, por una parte, contraponen y, por otra
parte, asemejan al sacrificio del Calvario con el «Yom
Kippur». La contraposición está en que, mientras el «Yom
Kippur» estaba limitado por las fronteras de Israel («*las
iniquidades de los hijos de Israel*» —Lev. 16:21), la expiación del Calvario es «*por los pecados del mundo entero*»
(1 Jn. 2:2). Pero la semejanza está —y esto es lo más importante— en que ni la obra del Calvario ni el «Yom
Kippur» fueron designados para quitar automáticamente
los pecados, sino que, en ambos casos, se aprecia la necesidad de la fe y del arepentimiento *personal* para disfrutar
del perdón personal de los pecados («*afligiréis vuestras
almas*» —Lev. 16:29, 31; «*arrepentíos*» —Mc. 1:15; «*recon-
ciliaos con Dios*» —2 Cor. 5:20).

Hay, pues, en ambos casos una expiación *general* (sustitución virtual), que se expresa de una manera especial
por el singular «*pecado*» de Is. 53:6; Jn. 1:29; 2 Cor. 5:21)
y una aplicación *personal* (sustitución formal), perfectamente expresada en lugares como Hech. 3:19; 10:43 y muchos otros. DISTINGUIR BIEN LOS DOS TIEMPOS DE
LA REDENCIÓN: SU EJECUCIÓN Y SU APLICACIÓN,
es de importancia vital para no caer ni en el limitacionis-
mo de la redención, ni en el universalismo de la salvación,
que son dos errores igualmente opuestos a la Palabra de
Dios.

4. Pero ¿no hay una unidad de designio en la obra de la Cruz?

Dije al principio de esta lección que no pensaba soslayar el problema que comporta la forma de *aplicación*
de la obra del Calvario. Ni puede soslayarse en buena

teología bíblica. Rectificando en este punto alguna que otra frase de sabor «calvinista», esparcidas en mis anteriores libros, y especialmente en mi libro *Doctrinas de la Gracia*, quiero puntualizar aquí lo siguiente:

A) Es hora de que los evangélicos, que siempre hemos abominado de la «Tradición», no sigamos ciegamente a *hombres*, por muy relevantes que éstos hayan sido (V. 1 Cor. 1:10-12; 3:1-5, etc.), ni a *denominaciones*, por muy fundamentalistas que puedan ser, sino que nos atengamos pura y simplemente, sin prejuicios de ninguna clase, a lo que la Biblia en su conjunto nos dice. Es obvio que, para ello, se requiere, primeramente, una hermenéutica correcta y, después, un estudio sincero, profundo y constante, empapado de oración, de las Escrituras en su contexto, tanto lingüístico (conocimiento de los originales) como histórico (conocimiento de la historia y de la mentalidad del pueblo hebreo).

B) Hasta hace menos de un siglo, era extremadamente raro el caso de un teólogo o exegeta, tanto católico como protestante (incluidos Calvino y Lutero), que conociesen a fondo la mentalidad semítica. Casi todos veían (y la mayoría aún ven) el contexto lingüístico, histórico y conceptual de la Biblia con una óptica *occidental* que les impide enfocar de un modo correcto los temas fundamentales de la Historia de la Salvación.[77]

C) En la Palabra de Dios, tomada en su conjunto y sin prejuicios, destacan las siguientes enseñanzas sobre el tema de la *salvación;* es decir, de la redención *aplicada:*

a) *Dios es soberano en su iniciativa salvífica,* es cierto, y el hombre caído en pecado no puede hacer nada para cambiar su miserable situación, *pero* el santo amor de Dios a la humanidad perdida le ha hecho comprometer su palabra (que no puede volverse atrás) de *proveer* para esa

---

77. De ahí que me parezcan lamentables y de una lógica muy pobre las afirmaciones del gran predicador C. H. Spurgeon en su sermón sobre la redención limitada. (En *No hay otro Evangelio,* Barcelona, A. Estrada, 1965, p. 252.) Toda la argumentación es indigna de su talento.

misma humanidad los medios necesarios y suficientes para que todos tengan acceso a la salvación provista en el Calvario (Jn. 1:9: «*alumbra a todo hombre*»; 3:16: «*De tal manera amó Dios al mundo*»; 1 Tim. 2:4: «*quiere que todos sean salvos...*»; 2 Ped. 3:9: «*no queriendo que ninguno perezca*»; etc.). Todos estos textos, y muchos otros, nos hablan de una VOLUNTAD DE DIOS ANTECEDENTE SALVÍFICA UNIVERSAL.

b) Todas las exhortaciones de la Palabra de Dios a creer y arrepentirse serían *una pura farsa* si Dios no proporcionase, junto con la intimación a *todos*, la gracia suficiente para que *todos* fuesen capacitados para ejercer los actos de fe y arrepentimiento (Mc. 1:15; Lc. 13:3; Hech. 2:38; 3:19; 17:30). ESTOS TEXTOS, Y OTROS MUCHOS, ENSEÑAN QUE EL HOMBRE DEBE ARREPENTIRSE Y CREER PARA ALCANZAR LA SALVACIÓN. Y ¿cómo podrá sin la ayuda suficiente de Dios? Dice Agustín en un texto célebre: «Dios no manda cosas imposibles, sino que, al mandarlas, enseña que hagas lo que puedas, y que pidas lo que no puedas. Veamos ahora de dónde puede, y de dónde no puede... Es cierto que el hombre no puede ser justo por su voluntad, en cuanto al poder de su naturaleza, pero podrá con la medicina (de Dios) lo que no puede por su vicio.»[78]

c) La Palabra de Dios nunca pone la causa de la condenación en un *decreto eterno de Dios* de excluir a alguien de la salvación, sino sólo en *la resistencia voluntaria del hombre* a la bondad de Dios y a la verdad del Evangelio (Is. 5:5; 55:6, 7; 59:1, 2; Ez. 18:23, 31; 33:11; Mt. 23:37; Lc. 13:34; Jn. 3:19-21; 8:24; Hech. 13:46; Rom. 1:18; 2:4, 5 —texto clave). Dentro de este contexto de *resistencia voluntaria*, como disposición permanente, pueden entenderse los textos en que el endurecimiento del corazón parece achacarse a Dios (comp. Is. 6:9, 10 con Mt. 13:14, 15).

d) El hombre es un ser moral y responsable, a la vez que es incapaz por sí mismo de volverse hacia Dios; pero

---

78. *De natura et gratia*, *43*, *50* (Rouet, 1795).

Dios se ha comprometido a dejarle *sin excusa* al proporcionarle los medios necesarios (gracia suficiente y convicción del Espíritu Santo) para poder creer y arrepentirse. Siendo la salvación una obra de iniciativa divina, no es extraño que la Palabra de Dios recalque especialmente la acción de Dios (V. Jn. 1:13; 6:37, 44; 15:16; Hech. 5:31; 11:13; 13:48; 18:9, 10; 1 Cor. 1:24-29; Gál. 1:15, 16; Ef. 1:4; 2:8-10; Flp. 2:12, 13, etc.). Sin embargo, dos observaciones son dignas de tenerse en cuenta: 1) la gracia de Dios no es «irresistible» como si fuese una fuerza física, sino al contrario (V. Jn. 6:64; Heb. 2:3; 6:4-6; 10:26-30; 2 Ped. 1:10; 2:21); es, más bien, un *atractivo* (Jn. 6:44);[79] 2) la gracia de Dios es una *energía que capacita* para la acción humana, pero *no la ejecuta* sino a través del albedrío del hombre, quien no tiene poder para alcanzar la gracia por sí mismo, pero sí para resistirla (Rom. 1:18: «*detienen* —*katekhónton* = reprimen, impiden— *con injusticia la verdad*»). Vamos a examinar tres textos interesantes:

1 Corintios 15:10. Aquí Pablo atribuye a la *gracia* de Dios *todo* lo que él es; en especial, su don, su llamamiento al apostolado, los frutos de su ministerio. Pero añade que esa gracia no cayó en terreno baldío, sino que fue bien aprovechada por él. La última frase determina la conjun-

---

79. Agustín de Hipona tiene un delicioso comentario a este versículo en su *In Ioannis evangelium tractatus 26, 4.* Dice así: «¿Cómo puedo creer voluntariamente, si soy atraído (*"trahor"* = soy arrastrado)? Yo te digo: Resulta pobre decir "voluntariamente", pues eres atraído también voluptuosamente (*"voluptat"e* = placenteramente)... Porque si el poeta pudo decir: "A cada uno le atrae su propio placer" (Virgilio, *Égloga 2, 64*); no la necesidad, sino el placer; no la obligación, sino el deleite; ¿con cuánta más fuerza debemos decir que es atraído hacia Cristo el hombre que se deleite en la verdad, en la felicidad, en la justicia, en la vida eterna, todo lo cual es Cristo?... Dame alguien que ame, y entenderá (*"sentit"*) lo que digo. Dame alguien insatisfecho, hambriento, peregrino y sediento en esta soledad, y suspirando por la fuente de la patria eterno; dame a ése, y sabrá lo que digo. Pero si estoy hablando a uno que esté frío, no sabe de qué estoy hablando» (Rouet, 1822). Y en otra de sus frases lapidarias dice: «El que te hizo sin ti, no te justifica sin ti» (Rouet, 1515).

ción de agencias que intervienen en el resultado: «*no yo, sino la gracia de Dios conmigo*». Esta expresión (teniendo en cuenta el uso de «*syn*» en vez de «*metá*») sólo puede interpretarse, en mi opinión, de la siguiente manera: No es mía la gloria, pues la iniciativa es divina; todo eso (su fructífero ministerio) ha sido llevado a cabo por mí, gracias al poder y energía divinos que, como una reserva inagotable, ha estado siempre a mi entera disposición. No hay, pues, sinergismo («*metá*») —lo cual iría contra la primera parte («*no yo*»), ni monergismo («*aneu*») —lo cual iría contra lo último («*conmigo*»), sino energismo («*syn*»), por el que Dios suministra la «*enérgeia*» (1 Cor. 12:6) necesaria para *poder obrar*.

Efesios 2:8: «... *mediante la fe; y eso no de vosotros, (es) el don de Dios*». Personalmente, opino que lo de *don* («*doron*» = regalo, dádiva) se refiere a la *fe*, pues decir que la gracia es un regalo sería una tautología. Pero ¿en qué sentido puede ser la *fe* un puro don de Dios?; ¿es el *acto* de la fe puesto por Dios?; ¿es, entonces, Dios el que cree, o el que me obliga a creer?; ¿cómo, entonces, se achacará a los que no creen la responsabilidad por no creer? Ciertamente, no es Dios el que cree a través de mí, ni me usa como instrumento para creer. Decir lo contrario es apoyarse en un falso supuesto de la filosofía nominalista —el ocasionalismo—, en la que, por cierto, habían sido imbuidos los reformadores, especialmente Lutero. Sólo puede entenderse en el sentido de que Dios nos regala la *energía* o *fuerza activa* necesaria para creer, pero somos nosotros, al fin y al cabo, los que *creemos o rehusamos creer* (Jn. 3:36). Con todo, la fe sigue siendo un *regalo*, como lo sería un piso que alguien comprase con el dinero que otra persona le hubiese regalado, aunque también podría malgastar dicho dinero y quedarse sin piso.

Filipenses 2:13: «*Dios es el que obra* ("energón") *en vosotros tanto el querer como el hacer, por* ("hyper") *su beneplácito.*» La referencia va especialmente, dentro del contexto, a la *fuerza activa* que Dios suministra a su

iglesia a fin de que, tanto los *buenos deseos* («to thelein»)
como las *correctas actuaciones* («to energein» —nótese que
no usa «poiein» = *hacer*, ni «prassein» = *practicar*), se rea-
licen de acuerdo con el beneplácito de Dios (comp. con
1:6). Pretender que aquí se hace a Dios *autor* de nuestras
mismas acciones es falsificar el texto y hacer traición al
contexto.

Para terminar esta larga (inevitablemente) lección, voy
a escoger unas pocas frases de J. Wesley, en carta a su
buen amigo Whitefield (calvinista), y con las que estoy
completamente de acuerdo:

> «Y no niego (aunque no puedo demostrar que sea
> así) que (Dios) ha elegido incondicionalmente a algu-
> nas personas a la gloria eterna. Pero no puedo creer
> lo siguiente: Que todos aquellos que no han sido ele-
> gidos así para la gloria deban perecer para siempre;
> o que haya un alma en la tierra que jamás haya teni-
> do la posibilidad de escapar a la condenación eter-
> na... Creo que, en general, no actúa (la gracia de
> Dios) irresistiblemente, sino que podemos obedecerla
> o no... Pero no puedo creer... que haya un alma en
> la tierra que no tenga, y nunca haya tenido otra gra-
> cia, que aquella que en realidad aumenta su conde-
> nación, y que estaba designada por Dios para que
> así ocurriera...»[80]

---

80. Citado por M. Pearlman, *Teología Bíblica y Sistemática* (Terrassa, CLIE, 1973), pp. 310-311.

CUESTIONARIO:

1. ¿Cuál es el correcto planteamiento del tema sobre la extensión de la redención? — 2. ¿Dónde estriba el error básico, tanto de los que limitan la redención como de los que universalizan la salvación? — 3. ¿Qué clase de sustitución realizó Jesús en la Cruz? — 4. ¿En qué falla Berkhof al plantear la discusión sobre este tema? — 5. ¿En qué punto aciertan, y en cuál se equivocan, tanto Chafer como Strong, al atacar a los que limitan la redención a sólo los elegidos? — 6. ¿Cómo sabemos cuándo un aspecto determinado de la obra de la redención se refiere a todos los hombres o sólo a los creyentes? — 7. Cite y analice algunos textos bíblicos que expresen claramente la universalidad de la obra de la redención. — 8. ¿Cuál es la especial relevancia, a este respecto, de textos como Heb. 10:29 y 2 Ped. 2:1? — 9. Semejanzas y contrastes entre el Día de la Expiación en el A.T. y el sacrificio expiatorio de Jesús en la Cruz. — 10. ¿Qué incidencia tiene este tema en el designio eterno de Dios? — 11. ¿Qué claves nos suministra la Escritura para defender conjuntamente la libre y soberana iniciativa salvífica de Dios, por una parte, y la plena y voluntaria resistencia de muchos a dicha gracia, por otra? — 12. ¿Cómo pueden conjugarse ambos factores en textos como 1 Cor. 15:10, Ef. 2:8 y Flp. 2:13?

LECCIÓN 45.ª   LA FUNCIÓN INTERCESORA DE JESUCRISTO

1. Jesucristo es sacerdote eterno.

Ya adelantamos en la lección 35.ª que las funciones del sacerdote son dos: ofrecer sacrificios, e intereceder por el pueblo de Dios. En las diez lecciones anteriores hemos tratado de la obra sacrificial de Cristo. Sólo nos resta hablar de su función intercesora, por la que se perpetúa su oficio sacerdotal. Hebreos 7:23-25 nos da este hecho consolador para todos los que, por medio de él, se acercan a Dios, *«puesto que vive perpetuamente para interceder por ellos»* (vers. 25). En 8:2 se añade que él está allí *«como ministro del santuario, y del tabernáculo verdadero, que el Señor erigió y no el hombre».*

2. Símbolo en el Antiguo Testamento.

Es curioso observar que, en el santuario del pueblo de Israel, había dos altares: el altar de bronce, delante del santuario, donde se ofrecían las víctimas de los sacrificios, y el altar de oro, el de los perfumes, desde el que se elevaba cada día a la presencia del trono de la gracia el incienso, símbolo de la oración intercesora; este altar estaba ya dentro del santuario y contiguo al velo que separaba el lugar santo del lugar santísimo. El altar del incienso era, así, tipo de la intercesión que nuestro Gran Sumo Sacerdote ejercita en el Cielo. Por eso, vemos en el libro del Apocalipsis la mención del altar —único, pero con doble función (V. Apoc. 6:9; 8:3). Esta intercesión de Cristo está basada en la obra que realizó en la Cruz del Calvario. De ahí que el *Cordero* aparezca en Apoc. 5:6 *«de pie»* —resucitado para interceder—, *«como degollado»*; es decir, llevando siempre las marcas de la crucifixión.

Esto quedaba simbolizado de una manera especial en el Día de la Expiación, cuando el sumo sacerdote, después de inmolar la víctima de expiación por el pecado y de rociar con su sangre los cuernos del altar de oro de los perfumes (como se hacía siempre), no sólo rociaba el velo, sino que entraba dentro del lugar santísimo para rociar también el mismo propiciatorio. Esta operación que el sumo sacerdote llevaba a cabo con la sangre, presentándola ante el Dios que tenía su trono de gracia en medio de los querubines, iba acompañada de otro elemento simbólico: el incienso era quemado en ascuas ardientes tomadas del altar de los holocaustos, con lo que se daba a entender que la intercesión estaba basada en el sacrificio y que no podía tener eficacia a no ser de esta manera. «Esto indica claramente —dice L. Berkhof— que la obra intercesora de Cristo en el cielo se basa en su obra sacrificial ya efectuada, y que es aceptable sólo sobre dicha base.»[81]

3. El testimonio del N.T.

1 Juan 2:1 aplica a Cristo la palabra *«parákletos»*, que nuestras versiones traducen, conforme al contexto, por «abogado». Ese mismo término se aplica implícitamente a Jesús en Jn. 14:16, ya que, al decir Jesús: *«Yo rogaré al Padre, y él os dará OTRO "paráclito" (el Espíritu Santo)»*, da a entender que él es *también* «paráclito». Esta palabra significa, tanto en el griego clásico como en el de la «koiné», «alguien que es llamado al lado de una persona»; se entiende que es llamado para ayudar, consolar o acon-

---

81. *O. c.*, p. 400.

sejar. Juan aplica preferentemente el término al Espíritu Santo (Jn. 14:16, 26; 15:26; 16:7), pero al aplicarlo también a Jesús, indica que tenemos dos abogados: Jesús y el Espíritu Santo. La diferencia estriba en que, mientras Jesús aboga por la causa de los creyentes, junto al Padre, contra Satanás (Zac. 3:1ss.; Heb. 7:25; 1 Jn. 2:1; Apoc. 12:10), el Espíritu Santo aboga por nuestra causa frente al mundo (Jn. 16:8) y, al mismo tiempo, aboga por la causa de Cristo con los creyentes y les ayuda con su iluminación para entender la Palabra y con sus sabios consejos (Jn. 14:26; 15:26; 16:14; Rom. 8:16, 26, 27; 1 Cor. 2:10; 1 Jn. 2:20, 27), y sirve de «ujier» en el acceso que, por Cristo, tenemos al Padre (Ef. 2:18).

4. Naturaleza de la intercesión de Jesús.

La Palabra de Dios nos da a entender que la función intercesora de Jesús en los cielos no se limita a una defensa verbal a favor nuestro ni a una mera presentación de las señales que recuerdan su obra sacrificial en la Cruz. Es una verdadera continuación de su obra sacerdotal mediante su continua intercesión junto al Padre. Ya hicimos notar en el punto 1 de la presente lección la importancia que Heb. 7:25 da a este aspecto de su obra sacerdotal, así como la relevancia de su intercesión, en 1 Jn. 2:1, como perpetua propiciación viviente en favor nuestro, en la que *la sangre de Jesús su Hijo nos purifica de todo pecado*. La idea es, pues, que, de la misma manera que en el A.T. la sangre de las víctimas era derramada primeramente en el altar de los holocaustos y después llevada al altar del incienso, donde la impetración se hacía efectiva, así también el recuerdo de la sangre de Jesús vertida en el Calvario acompaña siempre a su función intercesora, por la que el sacerdocio de Cristo se perpetúa hasta el fin de los tiempos. Hebreos 9:11, 12, 24; 10:19-21 nos hablan con toda claridad de Jesús como perfecto antitipo del sumo sacerdote, enfatizando así la idea de que la función intercesora de Jesús junto al Padre está indisolublemente unida a su función sacrificial. Podríamos aplicar a la sangre de Cristo lo que en Éx. 12:13 se dice del cordero pascual: «*y veré la sangre, y pasaré de vosotros*». Si la sangre del cordero pascual sobre los dos postes y sobre el dintel de las casas (Éx. 12:7) preservaba de la acción exterminadora a los judíos, ¡cuánto más la sangre de Cristo derramada en los dos postes cruzados del Calvario ejercerá su eficacia perpetua con la presencia misma, delante del Padre, del «*Cordero, en pie como degollado*»! (Apoc. 5:6).

Con esta relación íntima entre los dos aspectos del oficio sacerdotal de Cristo: su obra sacrificial y su función intercesora, la tarea de Jesús junto al Padre ofrece las siguientes facetas:

a) es una continua propiciación a favor nuestro junto al Padre (1 Jn. 1:7; 2:1);

b) es una refutación de los cargos que Satanás pueda presentar contra los escogidos (Rom. 8:33, 34; Apoc. 12:10);

c) es una garantía de que nuestro sacrificio espiritual y nuestras oraciones son aceptables ante el Padre (1 Ped. 2:5; Apoc. 5:8; 8:3);

d) es una perpetuación de su sacerdocio eterno, como en el altar de los perfumes (Heb. 5:1), intercediendo a favor del pueblo de Dios, como continuación de la sublime plegaria de Jn. 17;

e) es el Mediador *único* de nuestras oraciones ante el trono de la gracia (1 Tim. 2:5; Heb. 13:15; Apoc. 5:8, y especialmente Jn. 14:13; 15:16; 16:24), de tal manera que ningún otro ser humano, por muy santo que haya sido en la tierra, puede participar de esta función intercesora junto al Padre. Cuando ha salido el sol,, ya no sirve el fulgor de las estrellas.

De este modo, «toda verdadera intercesión es —como dice Strong— directa o indirectamente la intercesión de Cristo. Los cristianos son órganos del Espíritu de Cristo. El suponer que Cristo en nosotros ofrece oraciones a uno de sus santos, en vez de ofrecerlas directamente al Padre, es blasfemar de Cristo y equivocarse totalmente acerca de la naturaleza de la oración».[82] El mismo autor hace notar que, de la misma manera que el sumo sacerdote llevaba en el pectoral los nombres de las doce tribus de Israel, así también los creyentes, por su unión con Cristo, nuestro sumo sacerdote, hemos de constituirnos en intercesores por los hermanos, por la Iglesia, por el mundo (1 Tim. 2:1); pero una cosa es orar *por* otros, y otra cosa orar *a* otros.

5. Extensión de la función intercesora de Jesús.

En este punto no nos referimos a la extensión en el espacio o en el tiempo, pues ya hemos dicho que la intercesión de Jesús, además de tener un valor tan infinito como su obra sacrificial, posee una duración perpetua (Heb. 7:25); nos referimos más bien a la extensión del objeto, en forma parecida a como hemos hablado de la extensión de la redención en la lección anterior. Hemos de distinguir, en este sentido, algo así como dos círculos concéntricos: en un círculo amplio, la intercesión de Cristo abarca a *todos,* en la misma forma que su obra redentora abarcaba a *todos,* como hemos explicado en la lección anterior, y tiene por objeto el procurar para toda la humanidad los beneficios generales de parte de Aquel que «*de tal manera amó al MUNDO, que ha dado a su Hijo Unigénito...*» (Jn. 3:16). Strong cita como anticipación de esto Is. 53:12; Lc. 23:34.[83] Como es lógico, los limitacionistas, como Berkhof, limitan también el ámbito de la intercesión de Cristo a *sólo* los elegidos.[84] Es cierto que, en un círculo más estrecho, la función intercesora a favor de los elegidos adquiere más relieve, como en Mt. 18:19, 20; Jn. 17:9, 17, 20, 24; Ef. 2:18; 3:12; Heb. 2:17, 18; 4:14, 16; 10:21, 22;

---

82. *O. c.,* p. 775.
83. *O. c.,* p. 774. Berkhof equipara esto a lo de Mt. 5:44 (*o. c.,* p. 404).
84. Véase Berkhof, *Sumario de Doctrina Cristiana,* pp. 61-66.

1 Ped. 2:5; Apoc. 3:5, y aun en Lc. 22:52. Quizá seríamos más exactos diciendo que, en un círculo amplio, Cristo sigue siendo *Mediador* universal, mientras que ejercita su función *intercesora* a favor de sólo los salvos. Por otra parte, no dudo en asegurar, con todos los mejores exegetas a mi favor, que el término «mundo» en Jn. 17:9 tiene un sentido peyorativo —el sistema mundano pervertido, regido por Satanás—, del que carece en Jn. 3:16; 1 Jn. 2:2 y otros.[85]

Notemos, finalmente, que la intercesión de Cristo es siempre *eficaz*, de modo que ya conoce de antemano el resultado (Jn. 11:42), y *auutoritativa*, pues no es la oración de un súbdito, sino la de un copríncipe; de ahí que aparezca simbólicamente como *sentado* (Heb. 10:12), no sólo para indicar la consumación de su sacrificio, sino también la actitud *regia* de su oración.[86]

---

85. Contra Berkhof (*o. c.*, p. 404), que hace de dicho lugar un argumento a su favor. Acerca de la inútil evasiva de que «mundo», en esos y otros lugares, significa *sólo* los elegidos, véase la lección 44.ª, punto 2 (sobre *Jn. 3:16, 17*).

86. Dice Trench en *New Testament Synonyms*, p. 136 (citado por Berkhof, *o. c.*, p. 405): «La conciencia de Su parigual dignidad, de su poderosa y prevalente intercesión, habla por sí sola de que, tantas veces cuantas pide, o declara que pedirá, algo al Padre, siempre se usan los términos *erotó, eroteso* = pedir, es decir, en términos de igualdad (Jn. 14:16; 16:26; 17:9, 15, 20), nunca *aiteo, aiteso*.»

CUESTIONARIO:

1. ¿Cuál es la perpetua función sacerdotal de Cristo? — 2. ¿Qué símbolos de esta función intercesora encontramos en el A.T.? — 3. ¿Qué significado especial tenía el que, en el Día de la Expiación, entrase el sumo sacerdote con la sangre de la víctima en el Lugar Santísimo? — 4. Textos del N.T. que expresan de una manera especial la función intercesora de Jesús. — 5. ¿En qué consiste realmente la intercesión que Jesús ejerce a nuestro favor? — 6. ¿Qué conexión pueden tener textos como Heb. 4:16; 10:19, 22 con Éx. 12:7, 13, a la luz de 1 Jn. 1:7? — 7. Exponga algunas de las facetas de la función intercesora de Cristo. — 8. ¿Cabe alguna otra intercesión mediadora aparte de la de Jesús? — 9. ¿A quiénes se extiende la intercesión de Jesús? — 10. ¿Cómo muestra el original del N.T. que la intercesión de Cristo es peculiarmente eficaz y autoritativa?

LECCIÓN 46.ª   EL OFICIO REGIO DE JESUCRISTO

1. Tres distintos términos de una misma raíz.

La lengua castellana hace surgir de la palabra «rey» (adjetivos: «real», «regio») tres sustantivos que indican tres aspectos distintos, aunque *análogos,* como dirían los escolásticos, *con analogía de atribución.* Estos términos son: 1) *realeza,* que indica la dignidad del rey; 2) *reinado,* que indica la duración de su autoridad y el modo de ejercerla; y 3) *reino,* que indica el espacio dentro del cual se ejerce la autoridad real, connotando especialmente *los súbditos del rey.*

2. La realeza de Cristo.

Siendo Jesucristo Dios verdadero y hombre verdadero, su *realeza* ha de considerarse en dos tiempos. Como Dios, comparte con el Padre y con el Espíritu Santo la realeza suprema, eterna, infinita.

Dos son los términos hebreos que expresan esta autoridad: *'adonay,* al que corresponde el griego *kyrios* = Señor, en el sentido de Supremo Dueño y Gobernador del Universo, que todo lo rige y lo controla; y *mélekh,* al que corresponde el griego *basiléus* = rey, en el sentido más particular de quien ejercita su gobierno directo en un territorio y sobre unos súbditos determinados. A su vez, el hebreo *malkut* tiene su correspondiente griego en el término *basiléia* = reino o reinado.

Nos interesa especialmente considerar las frases *basi-*

léia tu Theú y *basiléia ton uranón* con que el N.T. expresa el reino de Dios. Digamos ya de entrada que ambas frases son sinónimas, y bastaría para confirmarlo comparar Mt. 3:2; 4:17 con Mc. 1:15. La razón de la disparidad está en que el Evangelio de Mateo va especialmente destinado a lectores judíos, los cuales evitaban, supersticiosamente, el nombrar a Dios (de ahí el cambio de *Yahweh* por *Yehovah*, poniendo al tetragrammaton las vocales de *'adonay*); en cambio, el Evangelio de Marcos está especialmente destinado a lectores de extracción gentil.

En la lección siguiente consideraremos las distintas fases y modos del reinado de Dios. Baste con decir que ya en el A.T. se atribuye a Dios la soberanía total, gobernadora y controladora de todo lo creado, como puede verse con un simple vistazo a la Concordancia. La misma nos ofrece un amplio muestrario de textos en que Dios aparece como *rey* del Universo, en este sentido amplio de regirlo y controlarlo todo (V. Sal. 47:8; 93:1; 96:10; 97:1). Pero, muchas veces, este reinado de Dios tiene una connotación peculiar: él es, sobre todo, el rey de Israel, que reina (y reinará) en Sión (Sal. 146:10; Is. 24:23; 52:7; Miq. 4:7).

Jesucristo, como hombre, es el Mesías-Rey. Este pensamiento, que está implícito en el salmo 110 (donde domina el concepto del sacerdote-rey), aparece explícito en el salmo 2, donde el reinado (y la entronización) de Jesucristo aparece claramente profetizado en dos tiempos: 1) en su Primera Venida, como lo denotan lugares como Hech. 2:36 y, más explícitamente, 4:25, 26, así como en Zac. 9:9; Mt. 21:5 y paral. (en este estadio: 21:43); y 2) en su Segunda Venida, como lo indican textos como Mt. 25:34; Lc. 1:32, 33; 1 Cor. 15:24, 25; Apoc. 11:15; 12:10; 19:15; 20:5, 6. En realidad, Cristo es el que, en nombre de Dios, ejerce los poderes reales (Mt. 28:18; Jn. 5:27; Apoc. 5:12, 13; 11:15-18; 17:14; 19:17; 20:4; 22:1, 3).[87]

---

87. Para todo el tema de esta lección y de la siguiente pueden consultarse con provecho los siguientes autores: A. H. Strong, *o. c.*,

3. El mensaje del reino en la predicación de Jesús.

La predicación del *reino* es un tema central en la predicación de Jesús. Basta con repasar los siguientes lugares: Mt. 4:23; 5:3, 10, 19; 6:33; 9:35; 10:7; 11:12; 12:28; 19:12; Mc. 1:15; 4:11; 9:47; 10:14; 14:25; Lc. 4:43; 8:1; 10:9, 11; 11:20; 12:32; 13:24; 17:20ss.

No estará de más el advertir que, como hace notar J. Jeremias, «para el oriental, la palabra *malkuta* tenía un sentido distinto al de la palabra "reino" para el occidental».[88] Según él, no designa un territorio, sino más bien el poderío de un rey; y nunca en sentido abstracto, sino como algo concreto que se está realizando continuamente. «Por consiguiente —añade—, el reino de Dios no es ni un concepto espacial ni un concepto estático, sino *un concepto dinámico*.»[89] Es algo que Dios ejercita de acuerdo con su *justicia*, entendida ésta, no como muestra de juuicios rectos e imparciales, sino como muestra de protección al desvalido y al pecador arrepentido, como se ve por Dan. 9.

La predicación del *reino* tiene en el mensaje de Jesús un aspecto peculiarmente escatológico, como veremos en la lección siguiente. Sin embargo, de la misma manera que el *éschaton* («los últimos tiempos» —V. 1 Jn. 2:18) se inaugura, según la mentalidad judía, con la Venida del Mesías (de ahí la *doble* perspectiva profética de lugares como Jer. 31; Ez. 36; Joel 2:28, comp. con Jn. 6:45; Hech. 2:16; etc.), así el *reino* se puso ya al alcance de la mano con la Primera Venida del Mesías (Mc. 1:15). Este «ya»

pp. 775-776; L. Berkhof, *o. c.*, pp. 406-411; Berkouwer, *The Work of Christ*, 85-87; O. Cullmann, *Cristología del Nuevo Testamento*, pp. 227-274; y, de modo especial, J. Jeremias, *Teología del Nuevo Testamento, I*, pp. 119-126; L. S. Chafer, *Teología Sistemática, II*, pp. 773-834; D. Pentecost, *Eventos del Porvenir*, pp. 327-361; E. Trenchard, *Estudios de Doctrina Bíblica* (Madrid, Literatura Bíblica, 1976), pp. 323-345; S. Vila, *Cuando Él venga*, y J. Mervin Breneman, en *Boletín Teológico de la Fraternidad Teológica Latinoamericana*, 1973, n.º 5, pp. 2-8.

88. *O. c.*, p. 121.
89. *O. c.*, p. 121.

se pone de relieve en *Juan* (2:1-11; 4:23; 5:25; 6:45; 7:37-39). Pero la tensión entre el «*ya*» y el «*todavía no*»,[90] hace que, aunque *ya* estemos en los últimos tiempos, falte por venir la final «*epifáneia*» = manifestación (Col. 3:4; 2 Tes. 2:1; 2 Tim. 4:8; 1 Jn. 2:28, así como Hech. 1:11; Heb. 9:28); ese día será «el Día de Dios» (2 Ped. 3:12; Apoc. 6:17, a la luz de las numerosas referencias del A.T. —desde Is. 2:12; 13:6, 9; Jer. 30:7; Joel 2:11, 31; Zac. 14:1; Mal. 4:5; Mt. 24:36; Mc. 13:12; Lc. 17:30; Hech. 2:20; Flp. 1:6; 1 Tes. 5:2; Heb. 10:25; 2 Ped. 3:10; Apoc. 6:17).

4. Definición bíblica del Reino de Dios.

Para desentrañar el concepto de «*Reino de Dios*» o «*Reino de los cielos*» es preciso fijarnos en lo que dicho término connota a lo largo de la Biblia. Podemos describirlo como «*la iniciativa libre y amorosa de salvación con la que Dios irrumpe en la Historia de la humanidad caída para levantar al hombre de su estado de esclavitud y curarle de las heridas que el pecado le había infligido*». Para realizar este propósito eterno, Dios despierta, ilumina, llama la atención del hombre y exige que éste se someta a la voluntad divina, porque sólo siguiendo el plan divino puede el hombre realizarse plenamente; ésta es la verdad del hombre (Ecl. 12:13), así como la verdad de Dios es la fidelidad a sus promesas; de ahí que la fe sea una *seguridad* (Jn. 8:32, 36; Heb. 11:1).

Es evidente que un rey sólo *reina* de veras cuando su voluntad se cumple mediante la obediencia de sus súbditos. Al rey que gobierna (ése es, por antonomasia, el caso de Dios) le pertenece administrar con equidad la justicia distributiva. Pero, en el caso de Dios, la *justicia* es, por necesidad, *misericordia* (Dan. 9:7-9), ya que no hay un solo ser humano que por sí mismo cumpla con la justicia que Dios requiere (Rom. 3:9-11). Dios, en Jesucristo, cumple con *su* justicia y hace que, por sustitución solidaria, la

---

90. Expresión favorita de O. Cullmann.

justicia suya nos sea *imputada* mediante la fe y cumplida por medio del poder del Espíritu Santo, que implanta en nosotros el nuevo principio de conducta: el amor (Gál. 5: 6, 22).

De esta manera, el *escogido en Cristo* se encuentra destinado a ser un *hijo de Dios* («*partícipe de la naturaleza divina*» —2 Ped. 1:4), «*para alabanza de la gloria de su gracia*» (Ef. 1:4-6). El Dios *rico en gracia y en misericordia* (Ef. 1:7; 2:4) —que es el amor al miserable— manifiesta y colma su *gloria* siendo el Salvador único, necesario y suficiente de su pueblo; esto lo realiza por su *gracia,* que vino incorporada, encarnada, en su Hijo hecho hombre (Jn. 1:14, 17; 2 Cor. 8:9; 13:14; Ef. 1:6: «*con su gracia, con la cual NOS AGRACIÓ* —"ekharítosen"— *en el Amado*»; 2:5-10). Esta realidad estupenda debe suscitar en nosotros la *alabanza,* que es la forma más elevada de *gratitud,* y la *obediencia,* que es la manifestación más perfecta de la fe. No es de extrañar, pues, que en la oración que Jesús enseñó a sus discípulos (Mt. 6:9-13; Lc. 11:2-4) *el Reino de Dios* se encuentre, dentro de las peticiones, entre la *gloria de Dios* y el *cumplir su voluntad.*

5.   Cómo se establece el Reino de Dios en la Tierra.

Al reino de Dios no se puede entrar, ni aun se le puede comprender, sin haber antes nacido de nuevo, de arriba (Jn. 3:3, 5), y la condición que se requiere de parte del hombre es «*arrepentirse* —cambiar de mentalidad— *y creer las Buenas Noticias*» (Mc. 1:15, a la luz de Is. 61:1ss.).

Todo reino requiere una «Constitución» o *Leyes Fundamentales* (V. 1 Sam. 10:25). Podríamos anticipar que la Constitución del Reino de Dios se halla en el Sermón del Monte (Mt. caps. 5 - 7). Pero no puede olvidarse que esta «Constitución» tiene un Apéndice importantísimo en Jn. 13:34, el mandamiento que amplía la llamada «Regla de oro» de Mt. 7:12 y explica la posibilidad de cumplir la exhortación de Mt. 5:48 mediante la fe viva, asentada en la esperanza (Gál. 5:4-6 y 13, 22; Sant. 1:25; 2:12).

La única forma de llegar a cumplir la Ley Fundamental del Reino de Dios es una perfecta *consagración* (Rom. 12:1, 2), de forma que, al vivir Cristo en nosotros (Gál. 2:20), no estemos ya *bajo ninguna Ley*, sino *totalmente identificados con la Ley de Cristo* («*énnomos Christú*» —1 Cor. 9:21).

Antes de entrar en el estudio de los «*tiempos y sazones*» del Reino de Dios en la Tierra, no se olvide que, aunque Dios siempre reina mediante su control omnipotente del Universo, incluida la Historia, el reino de Dios sólo se realiza en el sentido propio de la palabra *cuando los súbditos se someten a la voluntad del rey, observando las leyes del reino.* Esta observación nos servirá grandemente en la discusión que comporta el tema que trataremos en la lección siguiente.

CUESTIONARIO:

1. ¿En qué se distinguen los términos realeza, reinado y reino? — *2. ¿Con qué términos expresan los originales de la Biblia el señorío de Dios?* — *3. ¿Cuál es el sentido general por el que Dios reina siempre y en todo?* — *4. ¿Qué perspectiva nos ofrece la Biblia, desde el salmo 2, del Mesías-Rey?* — *5. ¿Qué lugar ocupa el «reino» en la predicación de Jesús?* — *6. Concepto semítico de reino.* — *7. Aspecto escatológico del reino en la predicación de Jesús.* — *8. ¿Cómo podemos definir, de acuerdo con la Palabra de Dios, el Reino de Dios en sentido propio?* — *9. ¿Cómo se combinan, en este sentido, los conceptos de justicia y misericordia, de gracia y de gloria de Dios, así como de obediencia, gratitud y alabanza del hombre?* — *10. ¿Cómo se hace alguien súbdito de este reino, y cómo se observan las leyes del Reino de Dios en la Tierra?*

LECCIÓN 47.ª LA PERSPECTIVA BÍBLICA DEL REINO DE DIOS EN CRISTO

1. Necesidad de una hermenéutica correcta.

Entramos en un tema muy discutido y que exige, junto con una correcta hermenéutica, una gran serenidad, para no caer en ninguno de los dos extremos en que, a mi ver, caen la mayoría de los que tratan este tema, tanto los dispensacionalistas rígidos como los amilenaristas a ultranza.

Dentro de las reglas de hermenéutica destaca la necesidad de mantener el sentido *literal* (histórico-gramatical) del texto sagrado, mientras no se nos diga en el mismo texto que se trata de una parábola o de una alegoría. Es cierto que, dentro del sentido literal, se encuentran a menudo *símbolos* que expresan de una manera figurada lo que no podría entenderse si los términos se tomasen en sentido estrictamente propio. Así, nadie puede pensar que Jesús sea, al mismo tiempo y en sentido propio, *un «león» y un «cordero»* (Apoc. 5:5, 6). Pero asegurar que la enorme cantidad de profecía referida a los últimos tiempos ha tenido ya su cumplimiento con la Primera Venida del Señor, a base de *alegorizar* todo lo que en esos pasajes se dice, es contrario a todas las reglas de hermenéutica.

Otro elemento muy importante para no confundirse en la interpretación de la profecía es el *doble* (y a veces *triple*) *plano* en que se mueve la profecía. Tomemos, por ejemplo, los caps. 31 de *Jeremías* y el 36 de *Ezequiel*. No cabe duda de que han tenido cierto cumplimiento en la Primera venida del Señor (comp. Is. 54:13 y Jer. 31:33, 34 con Jn. 6:45; Heb. 10:16; 1 Jn. 2:20, 21, 27; y Ez. 36:22 - 37:28, con la vuelta de la cautividad, con el nuevo nacimiento por medio de la obra de Cruz, y con el final de los tiempos, así como Joel 2:28 - 3:2 con Jn. 7:37; Hech. 2:16-21; Apoc. 6:12, 13). El mismo Señor Jesús empleó dos planos bien manifiestos en su Sermón del Monte de los Olivos (Mt. 24 y paralelos). Pero pensar que con el texto de Jn. 6:45 ya se ha cumplido enteramente Jer. 31:34, alegorizando por entero Is. 11:6-9, es perder la perspectiva. Notemos que la profecía bíblica, según el estilo literario semita, superpone los distintos planos de forma que parecen encerrados dentro del mismo horizonte, a la manera en que aparece una panorámica observada con prismáticos, perdiéndose así la perspectiva, como si las cimas próximas estuviesen completamente unidas a las que resaltan en el mismo horizonte, pero están separadas de las primeras por anchos valles y, quizá, por otras invisibles cimas.

2. Los distintos tiempos y sazones.

Cuando el Señor Jesucristo estaba para ser ascendido a los cielos, dijo una frase digna de meditarse. A la pregunta de los discípulos: «¿*Restaurarás el reino a Israel en este tiempo?*», contestó Jesús: «*No os toca a vosotros saber LOS TIEMPOS* ("khronus" = el tiempo del reloj) *Y SAZONES* ("kairús" = las oportunidades diversas —comp. con Ef. 5:16), *que el Padre puso en su sola potestad* (Hech. 1:6, 7). Nótese la diferencia entre Jn. 14:9, en que Jesús habla sin evasivas, asegurando así que a Dios sólo se le puede contemplar en Cristo (1 Tim. 6:16), y el texto que tenemos a la vista, cuya evasiva (comp. con Mc. 13:32) denota que se trata de algo que está por venir, cuyo *tiempo* preciso está oculto en los designios del Padre (el Hijo lo sabe como *Dios,* pero no como *hombre),* y que pertenece a una *sazón* (podríamos decir: dispensación) especial, *no identificable con el tiempo en que vivimos, ni con la sazón actual.*

Esto nos advierte que, a pesar de que el *Reino* se acercó con Cristo, hasta hallarse al alcance de la mano (Mc. 1:15), en medio de nosotros (Mt. 17:20, 21), de forma que todos los que cumplen con las condiciones de Sof. 3:12 ya pueden entrar en él, queda, sin embargo, por venir una *sazón* especial en que el Reino se cumplirá sobre Israel de una manera en que todavía no se ha cumplido. Mateo 21:43 ha de interpretarse, según el contexto, del rechazo que el Israel del tiempo de Jesús hizo del reino teocrático ofrecido por éste. Pero este rechazo no puede echar por tierra los propósitos de Dios. Romanos 11:25-31 nos dice con toda claridad que, cuando se hayan cumplido los tiempos de los gentiles, *todo Israel será salvo* (vers. 26. El adjetivo «*pas*» indica que todas y cada una de las tribus de Israel se convertirán, aunque no precisamente *todos* los individuos —debería emplear «*holós*»—; quizá la ausencia de *Dan* en Apoc. 7 implique un terrible juicio contra dicha tribu). El versículo citado nos retrotrae a Is. 59:20, y el vers. 27, a Jer. 31:33-34, con lo que dichos lugares quedan confirmados en su sentido plenamente escatológico. La razón de que el rechazo de Israel (V. Hech. 13:46) sea provisional nos la da el vers. 29: «*porque los dones y el llamamiento de Dios son irrevocables*» (comp. con 2 Cor. 7:10, donde sale el mismo adjetivo). Son todavía *elegidos* por amor a los patriarcas de Israel (vers. 28).

3. La Iglesia no agota el concepto de Reino de Dios.

Es cierto que los que pertenecen a la Iglesia de Cristo han entrado al Reino y constituyen ya un cuerpo de *reyes, sacerdotes y profetas* (1 Ped. 2:9; Apoc. 1:6; 5:10). Pero las diferencias entre el «Reino» y la Iglesia son también acusadas: el Reino viene de arriba, mientras que la Iglesia surge de abajo; el reino abarca diversas épocas y dispensaciones, mientras que la Iglesia tiene una duración ceñida —en su estadio terrenal— a una época y dispensación determinadas; de ahí que *las llaves del Reino de los Cielos,* dadas a Pedro (Mt. 16:19; Hech. 2:38, 39; 10:43), no son *las llaves de la Iglesia,* pues no es Pedro, sino Dios, el que añade miembros a la Iglesia (Hech. 2:41, 47).[91] Para evitar toda confusión, debo añadir que, al entrar en la Iglesia, es cierto que se entra, *a la vez,* en el Reino de Dios (Jn. 3:5), pero el Reino de Dios se establecerá, en toda su plenitud, en la Tierra, cuando se imponga su «cetro de hierro» sobre toda la humanidad durante el Milenio (Sal. 2:9; Apoc. 19:15).

La confusión entre «Reino de Dios» e «Iglesia» ha sido especialmente patrocinada por la Iglesia de Roma; y, cosa curiosa, desde dos vertientes contrapuestas:

A) Desde tiempos de Cipriano de Cartago († 258), pero especialmente a partir de Agustín de Hipona (354-430) con su libro *De civitate Dei,* se identificó a la Iglesia como Reino de Dios, haciendo de la estructura visible o exterior de la Iglesia Universal el espacio en que una nueva teocracia estaba destinada a imperar en la medida en que el mundo asimilase la doctrina del amor de Dios.[92] Ello le llevaba a confundir el mundo con la Iglesia en la interpretación de la parábola del trigo y la cizaña de Mt. 13:24-30, a pesar de admitir que «el campo es el mundo», pues dice así: «Veis cizaña en medio del trigo, veis cristianos malos mezclados a los buenos; queréis descuajar a los malos...; estaos quietos, aún no es hora de segar.»[93] La doctrina de Agustín fue puesta en práctica especialmente cuando el obispo de Roma, tras el traslado a Bizancio de la sede del emperador, se proclamó Pontífice Romano —título pagano— y hasta Soberano supremo en el mundo

---

91. V. mi libro *La Iglesia, Cuerpo de Cristo* (Terrassa, CLIE, 1973), pp. 27-28, corrigiendo ahora yo mismo la visión parcial que entonces tenía del concepto de «Reino de Dios».

92. V. Rouet, 1763.

93. *Sermo 73, 1.*

(Inocencio III - Bonifacio VIII), como representante de Dios y Vicario de Cristo.

B) Modernamente, y debido al giro antropocéntrico que ha tomado la teología católica, especialmente la llamada «Teología de la liberación», el Reino de Dios ha adoptado un tinte de humanismo social (liberación de las opresiones sociales y políticas), en que la línea de demarcación para la entrada en el Reino, el nuevo nacimiento, queda totalmente difuminada. A base de un nuevo pelagianismo y de un proceso evolutivo inmanente (sin descartar la acción de Dios en la historia), se obtiene siempre la clara impresión de que la liberación del hombre en este Reino de Dios ha de ser mayormente un producto del esfuerzo humano. De ahí que el compromiso del cristiano con los movimientos revolucionarios sociales y políticos lleve a muchos curas católicos a participar en acciones de violencia, como las guerrillas armadas, para instalar un cristianismo de tipo marxista, lo cual queda facilitado por el marxismo revisionista (por ejemplo, de R. Garaudi), según el cual, después del Vaticano II, ya no puede decirse que «la religión es el opio del pueblo».[94] Esta corriente se llama progresista, frente a la línea propugnada desde Agustín, que pasa a ser la corriente tradicionalista.

En uno u otro de los dos extremos se confunde el Reino de Dios con la actual etapa de la Historia de la Iglesia. No es extraño que la Iglesia de Roma sea radicalmente amilenarista. Un Reino que trasciende los límites actuales de la Iglesia pone en entredicho la autoridad suprema de los jerarcas romanos.

En el lado protestante, no se puede negar que el anti-dispensacionalismo radical es de base reformada, es decir, presbiteriana en su mayor parte (exceptuando el área del Seminario Teológico de Dallas), debido al abuso de lo que se puede llamar «Teología del Pacto», por el cual el bau-

---

94. V. mi libro *Catolicismo Romano* (Terrassa, CLIE, 1972), pp. 73-74.

tismo sustituiría a la circuncisión en la señal de entrada al nuevo Israel.

Para refutar todas las corrientes que confunden el Reino de Dios con la Iglesia, bastaría con adivinar que en el N.T. jamás se llama a Cristo *Rey de la Iglesia*, sino *Cabeza* o *Esposo* de la Iglesia, mientras que siempre se le llama *Rey de Israel*. Por cierto, esto no es hacer de menos a la Iglesia; todo lo contrario, Israel ya no tendrá el privilegio de poder decirle a Dios: *Marido mío* (Jer. 31:32 está ya en *pasado*). Los israelitas que no se hayan convertido durante la presente dispensación, sólo podrán asistir como *invitados* a las bodas del Cordero con su Iglesia, mientras Dios se dispone a ser el verdadero Rey de Israel (Apoc. 19:6-9). Así se entiende mejor la parábola de las diez vírgenes, de Mt. 25:1-13, mientras que el juicio del *Rey* va dirigido a las *naciones* (vers. 34-46 —la versión hebrea del N.T. traduce acertadamente *ethne* por *goim* = los gentiles). Es entonces cuando se cumplirá lo que leemos en Apoc. 11:15, tras el sonido de la séptima trompeta: *LOS REINOS DEL MUNDO HAN VENIDO A SER DE NUESTRO SEÑOR Y DE SU CRISTO.*

4. El Milenio.

Todo esto, dentro de una hermenéutica correcta, nos lleva a interpretar literalmente el *Milenio,* como un período de una duración *perfecta,* en que los que durante la Gran Tribulación no hayan adorado a la bestia ni a su imagen, y no hayan recibido la marca de la bestia, *reinarán con Cristo mil años* (Apoc. 20:4). Por cierto, aquí tenemos un caso en que lo *literal* (el hecho del futuro reinado de Cristo en la tierra) se combina con lo simbólico (*mil,* que es el número matemático perfecto, por ser el cubo de *diez,* número base en la matemática judía —V. Gén. 18:32; Éx. 20:1ss. = los *diez* mandamientos de la Ley antigua; Rut 4:2, donde se requieren *diez* testigos, por la importancia del asunto —V. 1 Rey. 21:8).

Los que se oponen a la interpretación literal del Milenio se ven obligados a admitir que el diablo está ya *atado* (Apoc. 20:2). Pero a esto se oponen multitud de lugares del N.T. Después de haber desposeído al diablo de sus derechos (Col. 2:15; Ef. 4:8), el Señor nos dice por su Palabra que el diablo es todavía «*el dios de este siglo*» (2 Cor. 4:4) y «*el príncipe de la potestad del aire*» (Ef. 2:2), que gobierna su feudo «*en las regiones celestes*» (comp. con Apoc. 12:9, 13), y que está tan «suelto» que no sólo domina el mundo (comp. con Apoc. 11:15), sino que se permite el lujo de «*ir alrededor* —de los creyentes— *buscando a quien devorar*» (1 Ped. 5:8), y al cual hay que resistir con firmeza (vers. 9, comp. con Sant. 4:7). La única diferencia en el *status* de Satanás como rey de este mundo está en que, antes de la obra de Cristo en la Cruz, tenía sobre el mundo unos derechos (V. Lc. 4:6, a lo que Jesús no replica) de los que ha sido desposeído. Precisamente en esto se apoya el apóstol Pablo para decirle al creyente que, ya que ha sido muerto *legalmente* al pecado con Cristo (ha dejado de pertenecer al reino de las tinieblas —1 Ped. 2:9), no permita que reine *de hecho* sobre él alguien que ha perdido sus *derechos* para que él (Rom. 6:6 —donde la traducción «destruido» es incorrecta, porque el original significa «abolido»—, comp. con el vers. 12: «*No reine, pues...*»).[95]

5. Aspectos dispensacionalistas de la Ley del Reino.

Las opiniones contrapuestas de los evangélicos en esta materia han desembocado, muchas veces, en agrias controversias que pueden perturbar la comunión eclesial, por falta de amor y sobra de fanatismo. Uno de los debates más actuales (no puede soslayarse su importancia práctica) se centra en la vigencia o no del Sermón del Monte

---

95. Afirmo todo esto tras un detenido estudio de la profecía y, en especial, de *Apocalipsis*. Respeto las opiniones de otros hermanos, como deseo y espero que se respeten las mías.

para la Iglesia. Después de haber oído las razones aportadas por ambas partes, me permito sugerir una solución de acuerdo con todo el contexto de la Palabra de Dios.

Uno de los versículos más importantes para entender todo el Sermón es, sin duda, Mt. 5:17, que introduce toda la temática del Sermón sobre la Ley. Dice el original: «*No penséis que vine para destruir* ("katalysai" = disolver completamente) *la ley o los profetas; no vine a destruir, sino a completar*» («plerosai» = llenar). Cristo vino a llenar la Ley de algo que le faltaba: *el espíritu,* ya que los fariseos se atenían a la letra muerta (Jn. 5:39-40, donde el *«eraunate»* del original no debe traducirse por «escudriñad», sino por «escudriñáis», como pide el contexto). Era preciso llenar de espíritu a la Ley, antes de *sublimarla* con el nuevo mandamiento, quitándole así su aspecto de *atadura* («obligación»), para convertirla en *ley de la libertad* (Rom. 10:4; Gál. 5:1, 6, 13; Sant. 1:25; 2:12, así como Jn. 8:32, 36; 15:15; 1 Cor. 9:21). La Ley, pues, cesa de ser la «norma» del creyente, no por *abrogación,* sino por *sublimación.* Basta comparar Mt. 7:12 con Jn. 13:34 para darse cuenta de dicha sublimación. Mateo 5:48 queda pálido, a pesar de las apariencias, cuando se le compara con Rom. 12:1; Gál. 2:20. No hay en el Sermón del Monte *ninguna* alusión al nuevo nacimiento, a la justificación por la fe, a la inhabitación del Espíritu Santo. Los discípulos aprenden una oración en la que, en una jerarquía admirable de valores, se ora por sendos capítulos de las máximas necesidades —desde la glorificación de Dios hasta nuestra liberación de cualquier asechanza del Maligno. Pero más adelante Jesús tiene que decir a sus apóstoles: «*Hasta ahora NADA HABÉIS PEDIDO EN MI NOMBRE*» (Jn. 16:24).

Todo ello nos lleva a concluir que la enseñanza del Sermón del Monte no es típicamente *cristiana,* sino *judaica.* Pero no por eso rebajamos las demandas morales del creyente; al contrario, las elevamos a un nivel en que sólo un «*nacido de nuevo*», con un «*corazón nuevo*» (Ez. 36:26), obra de un «*espíritu nuevo*» (Jn. 3:5-8), puede cumplirlas = llenarlas y rebasarlas (Gál. 5:6, 22, 23). ¿No es precisamente esto lo que «el *maestro de Israel*», Nicodemo, desconocía? (Jn. 3:10).

Creo, pues, que el Sermón del Monte no ofrece la «norma» de la Iglesia, sino del Reino, lo cual es manifiesto cuando se contrastan sus aspectos con los que se detallan en el conjunto epistolar apostólico a las iglesias. Podríamos decir que nos ofrece una normativa *precristiana*, que no sólo *debe* ser observada *también* por los creyentes, sino que *puede* y *debe ser* rebasada mediante el cumplimiento gozoso del nuevo mandamiento de Jesús.

Por otra parte, me niego a admitir que los *salvos* del Milenio lo sean por el cumplimiento, *en pacto de obras*, de la Ley y por el ofrecimiento de sacrificios que tengan otro valor diferente del de Rom. 12:1; Heb. 13:15, 16. El acto consumador de la obra de la salvación es irreversible (Heb. 9:23-28; 10:1-14), y la necesidad de la fe para ser justificado y agradar a Dios es irrevocable (Heb. 11:6).

6. Algunas características del futuro Reino Mesiánico.

Las principales características del futuro Reino Mesiánico, según aparecen ya en las profecías del A.T., son:

A) *Será un Reino de paz*. Mientras ahora vivimos en un mundo de guerras calientes y frías, siempre bajo la amenaza de un conflicto bélico de proporciones insospechadas, debido al numeroso armamento atómico, el futuro Reino del Mesías se caracterizará por una *paz* que Isaías describe ya maravillosamente en el cap. 11 de su profecía. Será una paz fruto de la justicia (vers. 3-8, comp. con 32: 17). Reinará el «*Príncipe de Paz*» (9:6).

B) *Será un Reino de conocimiento de Jehová*. «*Porque la tierra será llena del conocimiento de Jehová, como las aguas cubren el mar*» (Is. 11:9). Israel se convertirá en un pueblo de «maestros» para los gentiles, hasta tal punto que incluso los enemigos más acerbos de Israel (astillas del mismo tronco), Edom, Moab y Amón, les servirán y obedecerán (Is. 11:9-14). Egipto mismo, otrora cabeza de la confederación del sur —los grandes enemigos de Israel—, vendrá también a Jerusalén, cambiando el Corán por la Torah, con el camino expedito para pasar a pie enjuto desde todos sus territorios (vers. 15).

C) *Será un Reino gobernado por el Mesías* (Jer. 23:3-6; 33:15 y, especialmente, Ez. 34:23, 24; Os. 3:5). Es probable que los dos últimos textos citados se refieran a David como prototipo del rey que ejercerá, en nombre del Mesías, las funciones ejecutivas del futuro Reino Mesiánico, pero no hay por qué descartar a David redivivo en persona.

D) *Los apóstoles tendrán un papel preponderante en el gobierno de Israel.* Admito como probable la opinión de que los 24 ancianos (reyes-sacerdotes) de Apoc. 4 y 5, con sus tronos y coronas, al mismo tiempo que representan a las 24 clases sacerdotales del antiguo Israel, pueden designar a los patriarcas de las 12 tribus y a los 12 apóstoles del Cordero. Es significativo lo que Jesús dice a los apóstoles en Mt. 19:28. Nótese que la *«regeneración»* («palingenesía)) coincide con la enseñanza de Pedro en Hech. 3:19-21, donde se alude claramente a la Segunda Venida del Señor. La Peshito traduce «en el nuevo siglo período» o *«siglo venidero»* de Mt. 12:32. Comp. con Mt. 7:22; 16:27; 25:31. Este último lugar tiene una importancia extraordinaria, puesto que está clarísimo que en él se trata del juicio de las *naciones* al final de la Gran Tribulación; en este juicio los gentiles serán juzgados de acuerdo con la conducta que hayan observado en relación con los judíos. Téngase en cuenta que el verbo usado para «juzgar», en Mt. 19:28, no es «katakrino» = condenar, sino «krino» = *juzgar,* en el sentido primordial que el verbo hebreo *shafat* tiene; es decir, en el sentido de *hacer justicia a alguien.* De esta manera, Mt. 19:28 y 25:31ss. se iluminan mutuamente.[96]

---

96. Quizá podría añadirse también, como una característica del futuro Reino Mesiánico, aunque en tono conjetural, que, de acuerdo con el Sal. 2:9 (comp. con Apoc. 2:26, 27; 12:5; 19:15), las naciones serán regidas con *cetro de hierro* cuando el Señor vuelva para

Un tratado más extenso del tema rebasaría los límites del presente volumen. Por otra parte, hay muchos otros detalles en los que no se puede sentar cátedra de una manera dogmática. Me remito para ello a la bibliografía citada en la nota 87, recomendándole al lector, de una manera especial, la lectura de los estudios XIX y XXI de *Estudios de Doctrina Bíblica,* del señor Trenchard, aquel inolvidable maestro, estudioso infatigable de la Palabra de Dios y fiel observante del lapidario adagio agustiniano: «En lo necesario, unidad; en lo dudoso, libertad; en todo, caridad.»

---

reinar con sus santos. El hierro es símbolo de *fuerza* (como el oro es de pureza y *amor*) y, aunque es cierto que el salmo 2 y Apocalipsis, en los textos citados, pueden tener pleno y final cumplimiento cuando el Señor derrote, junto *con sus llamados, escogidos y fieles* (Apoc. 2:26, 27; 17:14), al Anticristo y a toda su satánica coalición, bien podría prolongarse este reinado de *hierro* durante todo el Milenio, y ello por dos razones: 1.ª, porque el término «*exusía*» de Apoc. 2:26 se aviene mejor con la potestad para gobernar que con el poder o la fuerza para vencer en una batalla; 2.ª, porque el hecho mismo de que, al final del Milenio, el diablo pueda «*engañar a las naciones*» y reunirlas para entablar una batalla, según se nos describe en Apoc. 20:8-9, es señal manifiesta de que estas naciones de corazón inconverso se sometían al reinado de Cristo *por la fuerza.* Dice el Dr. Pentecost:

«6) Es necesario (el nuevo reino teocrático) para poder proveerle una prueba final a la humanidad caída. El hombre será puesto bajo las más ideales circunstancias. Se le quitará toda fuente externa de tentación, Satanás será atado, y toda necesidad será suplida, de manera que nada haya que codiciar; se demostrará por medio de los que nazcan en el milenio con naturaleza caída, pecaminosa, que el hombre está corrompido y que es digno de juicio. A pesar de la presencia visible del Rey, y de todas las bendiciones que emanan de él, los hombres probarán, mediante la rebelión al final del milenio (Apoc. 20:7-9), que su corazón está corrompido» (*Eventos del Porvenir,* p. 360).

CUESTIONARIO:

1. ¿Qué nos dictan las leyes de la hermenéutica respecto a la interpretación de la profecía? — 2. ¿Cómo demuestra la propia Palabra de Dios la existencia de dos o más planos en la perspectiva de las profecías mesiánicas? — 3. ¿Qué prueba nos suministran, en favor del futuro Reino Mesiánico, Hech. 1:7 y Rom. 11:25-31? — 4. ¿En qué sentido coincide el ámbito del Reino con el de la Iglesia, y en qué sentido desborda aquél a éste? — 5. Consecuencias de la peligrosa confusión de ambos ámbitos en la enseñanza de la Iglesia de Roma, tanto en su corriente progresista como en la tradicionalista. — 6. ¿Hace de menos a la Iglesia el hecho de que el N.T. jamás llame a Cristo «Rey de la Iglesia», sino «Rey de Israel»? — 7. Según los amilenaristas, el diablo ya está atado (Apoc. 20:2); ¿qué le parece de semejante aserción? — 8. Comparando Mt. 5:17 con Rom. 10:4 y 1 Cor. 9:21, ¿puede decirse, y en qué forma, que el Sermón del Monte contiene la normativa de la Iglesia? — 9. ¿Qué nos insinúan, por ejemplo, la comparación de Mt. 7:12 con Jn. 13:34, y Mt. 6:9-13 con Jn. 16:24, así como la ausencia de conceptos tan fundamentales como el nuevo nacimiento y la justificación por la fe, en la enseñanza del Sermón del Monte? — 10. ¿Cuáles son las principales características del futuro Reino Mesiánico?

APENDICE

Allá por la Navidad de 1933 se le ocurrió al gran pensador catalán Eugenio D'Ors componer un genial villancico que decía así:

«*¡Qué bien que el eterno nazca!*
¡Qué bien que el genio trabaje!
Y si el milagro se inscribe
Dentro de un padrón, ¡qué bien!
¡Aquí nos tienes, María,
Encantados de la vida!»

Lo que no se podía figurar don Eugenio es que sus enemigos políticos de izquierda tomaran el rábano por las hojas, pensando que el tal villancico encerraba un metafórico sentido político, entendiendo lo del «encantados» por una supuesta alegría debida al triunfo de José MARÍA Gil Robles en las —a la sazón— recientes elecciones legislativas de noviembre. Se revolvió furioso don Eugenio, airado de que su villancico fuese tomado en sentido político, cosa que él nunca pensó. Lo cierto es que don Eugenio supo colocar, en tres bellas paradojas, el misterio insondable de la Encarnación del Verbo: la gran condescensión del Dios eterno al irrumpir en la Historia de la humanidad; la gran condescensión del Dios Creador (Jn. 1:3) al trabajar, fatigosa y (no cabe duda) sudorosamente (Gén. 3:19) en el taller de un humilde carpintero (y en el andamiaje

APÉNDICE **375**

de un arriesgado *tékton* = albañil, como dice el original);
y, finalmente, que el *milagro* enorme de una concepción
virginal fuese a ser inscrito en un vulgar censo o padrón
municipal de la pequeña Belén.

Durante las pasadas Navidades (1978), a 45 años de distancia de aquel villancico, me vino con fuerza a las mien-
tes un versículo del salmo 139: «*Mi embrión vieron tus
ojos...*» (vers. 16). ¡Pensar que el Infinito, al que el Universo entero no puede contener, estuviese *todo entero* (Col.
2:9) en un *embrión*! ¡Una célula tan pequeña que sólo el
microscopio puede detectarla, y en ella el Verbo de Dios,
Dios como el Padre! Nunca me había dejado tan atónito
la consideración de aquel verbo tan fuerte que Pablo emplea en Flp. 2:7: «heautón *ekénosen*» = «se vació a sí
mismo». Sí, ya sabemos que no dejó su divinidad, pero ese
verbo viene a sugerir (el misterio es insondable) hasta qué
nivel descendió en el despojo de su gloriosa majestad, antes inaccesible... ¡Dios, hecho un embrión! Se saborea
mejor así la fuerza del sustantivo griego «*sarx*» en Jn. 1:
14: El Hijo de Dios asumió nuestra naturaleza desde su
punto más débil, excepto el pecado.

Pero éste no era el último salto desde la suprema, infinita, altura del Cielo empíreo hasta lo más bajo de la
tierra (Ef. 4:9-10). Quedaba por dar otro salto más difícil
para cualquier otro mortal: Desde la humanidad asumida,
ejercitar la más absoluta y tremenda servidumbre del esclavo que obedece —y obedece de todo corazón (Heb. 10:
5-7)— «*hasta la muerte, ¡Y MUERTE DE CRUZ!*» (Flp.
2:8). Como si fuese un Hijo odioso, y odiado, para el Padre,
es hecho *maldición* (comp. Gál. 3:13 con Deut. 21:18-23)
para que nosotros recibamos la gran bendición de Abraham: adoptados por hijos, a costa del *despido* hacia este
mundo pecador, del Hijo inocente (Gál. 4:4, 5, donde el
verbo «*exapésteilen*» adquiere esa modalidad de «echar
de casa», «despedir»). ¡Misterio sobre misterio! «*¡Gracia
sobre gracia!*» (Jn. 1:16). ¡Nunca podremos ser lo sufi-

cientemente agradecidos a nuestro Padre de los Cielos por su don inefable! (2 Cor. 9:15).

Hace muchos años leí una especie de dramatización del Sal. 2:1, en que las gentes todas, apiñadas en corrillos de revuelta contra un Dios que se les antoja injusto e impasible desde las alturas de su Olimpo, le lanzan al rostro, en son de vituperio, las miserias, tribulaciones y penas de los seres humanos. En un corrillo se oye:

—¡Ah, él no sabe lo que es quedar marginado por no haber nacido de una unión legítima!

En otro corrillo se oye:

—¡Él no sabe lo que significa trabajar, sudar, ser explotado como una bestia de carga!

Y otro corrillo más allá murmura:

—¡Y nosotros, en un campo de concentración! ¡El látigo restallante, la cámara de gas! ¡La muerte, en lenta agonía!

Y así sucesivamente. Por fin, todos juntos, en actitud blasfema, gritan con los ojos ensangrentados de cólera, vueltos hacia el Trono de Dios:

—¡Que baje acá, que trabaje, que sude, que sufra, que sea tenido por hijo ilegítimo, que sea escupido, perseguido, azotado, maldecido! ¡QUE MUERA!

Se hizo un silencio sepulcral. Después sonó con fuerza desde lo alto, *«y su voz como estruendo de muchas aguas»* (Apoc. 1:15):

¡ESTOY DE ACUERDO!
¡LA SENTENCIA YA SE HA CUMPLIDO!

¿Una dramatización? ¿No ha sido aquí superada la imaginación por la tremenda realidad? (Heb. 4:15; 5:7, 8). ¡Sí! Dios bajó a cumplir la condena de la humanidad. Se hizo hombre, trabajó y sudó, fue tenido por hijo ilegítimo,[97]

---

97. Eexegetas de tanto peso como W. Hendriksen, en su comentario a Jn. 8:41, dan como posible una insinuación malévola de los judíos en este sentido.

fue incomprendido, calumniado, perseguido, tenido por loco por sus propios hermanos y, probablemente, hasta por su madre (Mc. 3:21); finalmente, tras haber sido tratado como blasfemo, imbécil y sedicioso, fue condenado a la muerte más ignominiosa y cruel y, allí en la Cruz, sufrió el desamparo del Padre, algo que nadie ha sufrido como él y que nadie puede comprender en toda su profundidad. ¡Sí, la sentencia se ha cumplido! Y, precisamente porque él fue maldito, desamparado y *hecho pecado* (2 Cor. 5:21), nosotros podemos quedar revestidos, por la fe en el valor propiciatorio de su sangre, de su justicia inmaculada e infinita.

Nada mejor para terminar este volumen (pequeño para un tema tan grande) que repetir la alabanza que la creación entera tributa al Señor Dios nuestro y a su Hijo amado y Salvador nuestro adorable, en Apoc. 5:13:

«AL QUE ESTÁ SENTADO EN EL TRONO, Y AL CORDERO, SEA LA BENDICIÓN, EL HONOR, LA GLORIA Y EL DOMINIO POR LOS SIGLOS DE LOS SIGLOS. AMÉN.»

FRANCISCO LACUEVA

BIBLIOGRAFIA

(Los marcados con * son católicos)

I. Barchuk, *Explicación del libro del Apocalipsis* (Terrassa, CLIE, 1975).

K. Barth, *Church Dogmatics,* espec. IV, tomos 1-4. Trad. al inglés por G. W. Bromiley (Edinburgh, T. S. Clark, 1974). Aunque sólo es para teólogos maduros y hay que tomarlo con grandes reservas (sobre todo en su falsa idea de sustitución formal universal), tiene profundidades —que no han sido sobrepasadas— muy provechosas.

*S. Bartina, S.I., *Apocalipsis de S. Juan,* en *La Sagrada Escritura* (Madrid, B.A.C., 1967).

L. Berkhof, *Systematic Theology* (London, The Banner of Truth, 1963), pp. 305-412. (Hay edición castellana.)

— *The History of Christian Doctrines* (London, The Banner of Truth, 1969).

G. C. Berkouwer, *STUDIES IN DOGMATICS, The Person of Christ* (1973).

— *The Work of Christ* (1973).

— *The Return of Christ* (1963). Todos editados por Eerdmans en Grand Rapids, Michigan, U.S.A.

G. B. Caird, *The Revelation of St John the Divine* (London, A. and Ch. Black, 1977).

J. Calvino, *Institutes of the Christian Religion.* Trad. al inglés por H. Beveridge (London, J. Clark and Co., 1962), I, pp. 400-459. (Existe edición castellana.)

*T. Castrillo, *Jesucristo Salvador* (Madrid, B.A.C., 1956).

O. Cullmann, *Cristología del Nuevo Testamento*. Trad. de G. T. Gattinoni (Buenos Aires, Methopress, 1965).

— *La Historia de la Salvación*. Trad. de V. Bazterrica (Barcelona, EP, 1967).

W. Cunningham, *Historical Theology* (London, The Banner of Truth, 1960), I, pp. 267-320, y II, pp. 155-270.

L. S. Chafer, *Grandes Temas Bíblicos*. Trad. de E. A. Núñez (Barcelona, Publicaciones Portavoz Evangélico, 1972), temas VI-XII.

— *Teología Sistemática*. Trad. de varios autores (Dalton, Georgia, Publicaciones españolas, 1974), I, pp. 337-403, 813-1029, y II, pp. 451-834.

R. Dubarry, *Pour faire connaissance avec un trésor caché* (Valence-sur-Rhône, Imprimeries réunies, 1954).

W. Eichrodt, *Teología del Antiguo Testamento*. Trad. de D. Romero (Madrid, Ediciones Cristiandad, 1975), II, pp. 439-477.

*M. García Cordero, O. P., *Teología de la Biblia*, II (Madrid, B.A.C., 1972).

*O. González de Cardedal, *Jesús de Nazaret* (Madrid, B.A.C., 1975).

*J. I. González Faus, *La Humanidad Nueva*, Ensayo de Cristología, I-II (Sal Terrae y otras editoriales, 1975).

J. Grau, *Estudios sobre Apocalipsis* (Barcelona, EEE, 1977).

W. H. Griffith Thomas, *Christianity is Christ* (Grand Rapids, Eerdmans, 1955).

— *The Principles of Theology* (London, Chruch Book Room Press Ltd., 1965), Art. I, II, III, IV, XV, XVIII y XXXI.

W. Hendriksen, *More than Conquerors* (London, The Tyndale Press, 1962).

Ch. Hodge, *Systematic Theology* (London, J. Clarke and Co., 1960), II, pp. 313-638.

*A. M.ª Javierre, *Cinco días de meditación en el Vaticano* Madrid, PPC, 1974), pp. 59ss.

J. Jeremias, *Teología del Nuevo Testamento*, I (Salamanca, Sígueme, 1974).

E. F. Kevan, *London Bible College Correspondence Course, Doctrine of the Person of Christ* (a multicopista).

— *The Doctrine of the Work of Christ*, less. I-XII (Lowestoft, The Tyndale Press, sin fecha).

*X. Léon-Dufour, *Resurrección de Jesús y Mensaje Pascual*. Trad. de R. Silva (Salamanca, Sígueme, 1973).

J. M. Martínez, *¿Cree usted que Cristo era Dios?*, en *Treinta mil españoles y Dios* (Barcelona, Nova Terra, 1972), pp. 131-162.

— *Cristo, el Incomparable* (CLIE).

E. Y. Mullins, *La Religión Cristiana en su expresión doctrinal*. Trad. de S. Hale (Casa Bautista de Publicaciones, 1968), pp. 157-206 y 309-344.

J. Murray, *Redemption Accomplished and Applied* (London, The Banner of Truth, 1961), pp. 9-78.

*L. Ott, *Fundamentals of Catholic Dogma*. Trad. al inglés de P. Lynch (Cork, The Mercier Press, 1966), pp. 125-218 y 485-496. (Hay edición castellana.)

J. Owen *(The Works of)*, vol. 10 (London, The Banner of Truth).

W. Pannenberg, *Fundamentos de Cristología*. Trad. de Joan Leita (Salamanca, Sígueme, 1974).

M. Pearlman, *Teología Bíblica y Sistemática*. Trad. de B. Mercado (Ed. Vida, Miami-Vimasa, 1973), pp. 147-238 y 450-457.

*M. Peinado (obispo de Jaén), *Exposición de la Fe Cristiana* (Madrid, B.A.C., 1975), pp. 75-240.

J. M. Pendleton, *Compendio de Teología Cristiana* (El Paso, Texas, Casa Bautista de Publicaciones, 1960), pp. 70-88 y 172-249.

J. D. Pentecost, *Eventos del Porvenir.* Trad. de L. G. Galdona (Maracaibo, Editorial Libertador, 1977).

G. von Rad, *Teología del Antiguo Testamento* (Salamanca, Sígueme, 1972), I-II.

*K. Rahner y W. Thüsing, *Cristología.* Estudio teológico y exegético (Madrid, Ediciones Cristiandad, 1975).

*J. Ratzinger, *Introducción al Cristianismo* (Salamanca, Sígueme, 1971), pp. 163-287.

*J. Salgueró, O.P., *Apocalipsis,* en *Biblia Comentada* (Madrid, B.A.C., 1965).

E. Sauer, *La Aurora de la Redención del mundo* (Madrid, Literatura Bíblica, 1967). Trad. de E. Trenchard.

— *El Triunfo del Crucificado.* Trad. de varios autores (Edit. Moody, 1959).

— *De Eternidad a Eternidad.* Trad. de G. Serrano V. (Barcelona, Publicaciones Portavoz Evangélico, 1977).

*F. J. Sheen, *Life of Christ* (London, Pan Books Ltd., 1958).

A. H. Strong, *Systematic Theology* (London, Pickering and Inglis Ltd., 1958), pp. 665-776.

F. A. Tatford, *El Plan de Dios para las edades.* Trad. de S. Vila (Barcelona, Publicaciones Portavoz Evangélico, 1971).

P. Tillich, *Teología Sistemática,* II. Trad. de D. Sánchez-Bustamante (Libros del Nopal, Ediciones Ariel, S.A., 1972). (Hay que ir con cuidado.)

*Tomás de Aquino, *Summa Theologica, III* Pars* (Madrid, B.A.C., 1958), qq. I-LIX.

E. Trenchard, *Estudios de Doctrina Bíblica* (Madrid, Literatura Bíblica, 1976), pp. 61-108, 121-208, 323-347 y 371-382.

— y José M. Martínez, *Escogidos en Cristo* (Madrid, Literatura Bíblica, 1965).

D. P. Turner, *Exposición del Apocalipsis* (Academia Cristiana del Aire de la HCJB, Quito-Ecuador, 1967).

S. Vila, *Cuando él venga* (Terrassa, CLIE, 1967).

G. Vos, *Biblical Theology* (London, The Banner of Truth, 1975), pp. 299-402.

J. F. Walvoord, *The Revelation of Jesus Christ* (Chicago, Moody Press, 1978).

*K. Wojtyla (Juan Pablo II), *Signo de contradicción* (Madrid, B.A.C., 1978).